图书文献信息研究文集（第二辑）

石渠論壇

主　编／李德龙
副主编／徐丽华　崔　莲

中央民族大学出版社
China Minzu University Press

图书在版编目（CIP）数据

石渠论坛：图书文献信息研究文集．第二辑/李德龙主编．—北京：中央民族大学出版社，2011.3
ISBN 978-7-81108-961-5

Ⅰ.①石…　Ⅱ.①李…　Ⅲ.①图书馆学—文集　Ⅳ.①G250-53

中国版本图书馆 CIP 数据核字（2011）第 025190 号

石渠论坛：图书文献信息研究文集（第二辑）

主　　编　李德龙
责任编辑　黄修义
封面设计　布拉格
出 版 者　中央民族大学出版社
　　　　　北京市海淀区中关村南大街 27 号　邮编：100081
　　　　　电话：68472815（发行部）传真：68932751（发行部）
　　　　　　　　68932218（总编室）　　　68932447（办公室）
发 行 者　全国各地新华书店
印 刷 厂　北京骏驰印刷有限公司
开　　本　880×1230（毫米）　1/32　印张：10.625
字　　数　267 千字
版　　次　2011 年 3 月第 1 版　2011 年 3 月第 1 次印刷
书　　号　ISBN 978-7-81108-961-5
定　　价　30.00 元

石渠论坛

——图书文献信息研究文集

（第二辑）

中央民族大学图书馆主办

主　编　李德龙
副主编　徐丽华　崔　莲

主编按语

两年前，《石渠论坛》第一辑由国家图书馆出版社正式出版发行，标志着中央民族大学图书馆馆员的科学研究工作迈上了一个新台阶。成立近60年的中央民族大学图书馆，不仅藏书丰富，特色鲜明，而且名家云集，成果丰硕。曾经在中央民大图书馆工作过的陈述、吴文藻、吴丰培等大学者早已驰名中外。中央民族大学图书馆整理编辑的《五边典则》、《河套新编》、《中国民族古籍集成》、《饶应祺稿本文献集成》等成果更是泽惠众人，享誉全国。在此基础上，中央民族大学图书馆馆员们并没有停止图书文献整理与图书馆学研究的步伐，《石渠论坛》第二辑的出版，正是最好的说明。

这一辑《石渠论坛》，共收入中央民族大学图书馆馆员所撰写的学术论文17篇，其中有对图书馆管理学的探讨，也有对图书文献学的研究，更有对图书馆网络信息与数字化建设的总结。文章虽然不多，却几乎涵盖了从传统图书馆向现代化图书馆发展过程中各种问题的研究。这些研究可能还不够深入，或者说尚未达到广大读者期望的高度，但却是篇篇从真实的现状出发，句句有可靠的数据支撑，使这本《论坛》成为值得当今图书馆人借鉴与参考的资料，这也正是我们编辑出版本文集的目的所在。

当然，由于文章撰者的水平所限，也由于各位馆员们主要的工作是忙于日常的图书编目、流通、阅览以及图书馆的各项管理，因此，文集中的所有文章都会存在或多或少的错误与不足，对此，恳请读者向我们提出批评指正，以便把我们的《石渠论坛》办得更好。

主编　李德龙

2010年10月10日

目　录

图书馆管理研究

图书文献资料研究

图书馆自动化建设研究

图书馆管理研究

发挥民族高校图工委作用 促进民族高校图书馆发展

高桂芬

民族文献资源是民族文化的结晶，是中华民族丰富的文化知识资源的重要组成部分，加强民族地区高校图书馆文献资源建设对促进民族地区高等教育事业的发展，增进民族团结和民族文化交流，对民族地区经济的振兴有着深刻的意义。根据2005年5月16日在北京中央民族干部学院召开的全国民族高等学校图书馆工作委员会会议上通过的新的《全国民族高等学校图书馆工作委员会章程》中第二条“民族高校包括国家民委、教育部、各省、市、自治区以及地区（州）所属各类民族高等院校、民族自治地区的综合性高等学校、民族自治地区具有培养少数民族学生鲜明特色的专业高等学校。以上三类高等学校图书馆均可参加全国民族高等学校图书馆工作委员会”。初步统计，到2006年，我国民族自治地方各类高等院校共有155所[1]，除此之外还有中央民族大学、大连民族学院等10所非民族自治地方的民族高等院校，这些图书馆的馆藏文献信息资源非常丰富，十分珍贵。截至目前，全国共有34所院校图书馆成为全国民族高等学校图书馆工作委员会的成员馆。在全国15所民族高等院校中，除2009年3月刚刚建立的四川民族学院（前身为四川省康定民族师范高等专科学校）和呼和浩特民族学院（前身为内蒙古民族高等专科学校）尚未加入民族高校图工委外，其他13所民族院校已经全部加入。这34所全国民族高校图工委成员馆分别是：

国家民委所属6所：

中央民族大学图书馆

大连民族学院图书馆

中南民族大学图书馆

西南民族大学图书馆

北方民族大学图书馆

西北民族大学图书馆

地方所属28所：

广西民族大学图书馆

云南民族大学图书馆

贵州民族学院图书馆

青海民族学院图书馆

西藏民族学院图书馆

内蒙古民族大学图书馆

湖北民族学院图书馆

四川民族学院图书馆

呼和浩特民族学院图书馆

新疆大学图书馆

新疆师范大学图书馆

新疆医科大学图书馆

西藏大学图书馆

西藏大学农牧学院图书馆

内蒙古大学图书馆

内蒙古师范大学图书馆

内蒙古农业大学图书馆

内蒙古财经大学图书馆

包头师范学院图书馆
广西医科大学图书馆
广西师范大学图书馆
右江民族医学院图书馆
阿坝师专图书馆
延边大学图书馆
河北旅游学院图书馆
甘肃合作民族师专图书馆
黔南民族师范学院图书馆
吉首大学图书馆

一、全国民族高等学校图书馆工作委员会成立的意义和取得的成果

1. 全国民族高等学校图书馆工作委员会成立概况

1985 年在国家民族事务委员会的大力支持下，全国民族高等学校图书馆工作委员会（以下简称“民族高校图工委”）成立，为民族院校和民族地区高校图书馆的交流与合作构建了一个很好的平台，对民族地区高校数字化图书馆的建设、促进民族地区教育事业的发展、繁荣民族地区经济等都起到很大的作用。按照当时《图工委工作章程》的规定，民族高校图工委每两年召开一次全国民族高校图工委会议，研究民族高等学校图书馆发展的规律，商讨、解决民族高等学校图书馆事业发展中遇到的问题，合作开发民族文献信息资源。在全国民族地区各高校的大力支持和图书馆同仁的积极努力下，截止到 2008 年 10 月，先后共计召开了 10 次全国民族高校图书馆工作委员会会议。为了开展工作，民族高校图工委秘书处先后在西南民族大学图书馆和中央民族大学图书馆设立。民族高校图工委秘书处所在的高校，主管

图书馆工作的校长担任图工委主任委员，秘书处所在图书馆馆长担任图工委副主任委员兼秘书长，其余各馆领导和参会人员皆为民族高校图工委委员，所有参加图工委会议的民族地区高等学校的图书馆都是民族高校图工委的成员馆。

2005 年 5 月 16—19 日，全国民族高等学校图书馆工作委员会会议在北京中央民族干部学院召开。中央民族大学、中南民族大学、新疆大学、西北民族大学、内蒙古大学等 19 所全国民族高等院校或地方所属民族院校以及民族地区的高等学校图书馆参加了会议，本次会议研究和探讨了民族高等学校图书馆内部管理、民族高等学校图书馆民族文献信息数字化与资源共享等问题。会议决定将新一届全国民族高等学校图书馆工作委员会秘书处仍然设在中央民族大学图书馆，会议还通过了《全国民族高等学校图书馆工作委员会章程》，选举产生了 34 名新一届全国民族高等学校图书馆工作委员会委员。中央民族大学副校长艾比布拉同志担任主任委员，中央民族大学图书馆馆长李德龙教授担任副主任委员兼秘书长，广西民族学院副院长袁鼎生、新疆大学图书馆馆长王开元、内蒙古大学图书馆馆长阿拉坦仓等主管图书馆工作的副校长或图书馆馆长担任副主任委员。西北民族大学图书馆陈自仁等图书馆馆长或副馆长担任副秘书长。湖北民族学院图书馆馆长袁艳梅等其他参会的图书馆领导担任了本届全国民族高校图书馆工作委员会委员。此次会议，对各参会馆的图书资源、馆员情况、经费投入等情况进行了详细的调查，为各个成员馆之间加强了解和互通信息，起到了重要作用。会后，编辑印刷了全国民族高校图书馆工作委员会 2005 年北京会议简讯，下发到民族高校图工委的各个成员馆。

2008 年 10 月 21—23 日，由全国民族高校图书馆工作委员会主办、大连民族学院图书馆承办的 2008 年全国民族高校图书馆工作会议在大连民族学院召开，来自全国民族院校以及民族地区的内蒙古大学、西藏大学等36位民族高校图书馆领导参加了会议。本次会议民族高校图书馆界的同仁就民族高校本科教学水平评估工作中图书馆建设的经验进行了交流，并且探讨了民族高校图书文献信息资源共享，图书馆合作项目开展的内容、方式与方法，相互切磋交流了民族高校图书馆现代化建设和管理的模式。此次会议重新调整了全国民族高校图工委委员。中央民族大学副校长艾比布拉同志仍然担任主任委员，中央民族大学图书馆馆长李德龙教授担任副主任委员兼秘书长，西南民族大学图书馆馆长罗新本、西藏大学图书馆馆长时剑明等七位同志担任民族高校图工委副主任委员，大连民族学院图书馆馆长包和平、延边大学图书馆馆长朴正阳等四位同志担任副秘书长，青海民族学院图书馆馆长马生海等三十位同志担任民族高校图工委委员。在本次会议上，来自四川汶川地震灾区的阿坝师专图书馆馆长陈春勤介绍了学校的受灾情况以及图书馆的老师们为了保护图书，冒着生命危险抢救国家财产的感人事迹。大会组委会还发起了向地震灾区图书馆援助的倡议。会后，民族高校图工委秘书处所在地中央民族大学图书馆起草了向阿坝师专图书馆发出援助的倡议书，与2008年全国民族高校图工委大连会议简讯一并下发到各成员馆。

2. 发挥全国民族高等学校图书馆工作委员会作用，加强少数民族地区图书馆之间的合作

第一，通过民族高校图工委的工作，使全国东西南北各个地区的民族高等学校图书馆之间的联系更加频繁与紧密，业务工作上的交流日益扩大。众所周知，民族高校既有普通高校的共同之处，又带有十分显著的民族学科建设与和民族教育管理等方面的特点。就图书馆而言，文献典藏与建设、信息化搜集与文献数字化建设，都有着明显不同于一般高校的特点。因此，民族高校图书馆的对外交流，首先应该是民族高等学校图书馆之间的交流，应该通过不同地区民族高等学校图书馆之间进行业务上的沟通与

切磋，才能有针对性地作好图书馆的工作，才能尽快适应图书馆现代化管理的发展趋势。在几届民族高校图工委的工作中，始终将以上的思路作为工作的重点，通过大量细致、繁杂的工作，促成了十次全国性图工委会议的召开，各参会图书馆都已经从中得到了很多启示，并运用到自己的工作之中，取得了很好的效果。

第二，通过民族高校图工委的直接或间接的牵线、组织，部分民族高等学校图书馆已经开始了具体的业务合作。比如：有的两校或多校图书馆之间开始进行馆际互借文献；有的图书馆之间进行了文献互补，通过各种方式的文献复制，取他馆馆藏之长，补自己馆藏之缺，丰富了馆藏文献；也有的在图书管理软件、硬件建设上交流经验，先期建设者将经验与教训毫无保留地告诉后期建设者，甚至主动派出技术人员进行指导，或者接受后期建设图书馆人员到本馆进行实习，使民族高校图书馆在现代化建设的道路上快速前进。2007 年 7 月，在西北民族大学图书馆倡议下，中央民族大学图书馆、西南民族大学图书馆、西藏大学图书馆、西藏民族学院图书馆、青海民族学院图书馆、甘肃合作师专图书馆等在西北民族大学召开会议，研讨共同开展馆藏“藏文古籍联合编目”工作。会后，实质性的藏文古籍联合编目项目立即启动，西北民族大学开发的藏文软件系统已经发放至参与项目的各图书馆，各馆已经使用共同的藏文编目系统、按照相同的原则展开藏文古籍的编目工作，为我们民族院校图书馆之间开展项目合作树立了很好的榜样。

第三，民族高校图工委促进了各民族高校图书馆之间内部管理模式的交流与探讨。民族高等学校图书馆，既有一般高校图书馆管理的规律，也有民族高等学校图书馆自身的特殊性。如：一般高等学校图书馆只进行中文、外文书刊的采访、编目，而民族高校图书馆则要由掌握各种少数民族语言的专业人员从事各种民族文字图书、期刊的采编与著录工作；在图书购置经费上要考虑中文、外文图书和民族文字图书购置比例的问题；再比如民族高校图书馆面对的读者是各个不同民族的师生，在借阅、流通工作中与读者进行语言交流上也有自己的特点；还有民族高校图书馆内部工作人员也是由不同民族的职工组成。在民族团结和民族融合方面，如具体到本民族节假日的安排这样细节性问题都需要做通盘考虑。因此，民族高校图工委对如何搞好民族高校图书馆的内部管理，如何进行怎样合理分配与使用人力、财力，如何搞好图书馆工作人员民族团结等问题作了探讨。由于民族高校图工委多次组织各馆交流管理经验，使各馆得以相互借鉴别人之长，从而提高了各馆的工作效率和管理水平。

第四，民族高校图工委成立以后，民族高等学校图书馆与外部的交流日益扩大。民族高校图书馆先后以各种形式参加了中国图书馆学会、各省、市、自治区图工委、图书馆学会、协会、图书情报委员会等学术团体的工作和学术会议，了解了国内重点高校图书馆的先进管理模式和现代化建设水平，为自己学校图书馆的数字化建设找到了方向和目标。同时，各个民族高校图书馆在理论与实践的研究上也取得了丰硕的成果。

二、全国民族高等学校图书馆工作委员会目前存在的问题

目前全国民族高校图工委虽然开展了许多工作，但是还存在一些问题，主要有以下几点：

第一，作为民族高校图书馆桥梁的图工委组织，属于民族高校部门之间自发组织的联合体，没有专职人员编制和经费预算，因此在民族高校图书馆之间开展一些工作存在实际困难。

第二，在学术交流与研究方面，全国民族高校图工委没有自己的内部通讯和学术交流刊物，组织高水平的学术交流会议不

够，也没有学术论文集。

第三，在图书馆现代化建设方面，图工委应该积极搜集图书馆数字化的信息，主动与各馆联系，甚至可以推荐优秀的图书管理软件、优秀的图书数据公司和优秀的数据库。

第四，民族高校图工委与国家民委、教育部等上级部门尚缺乏沟通，与中国图书馆学会高校分会的直接联系还没有建立起来。有些民族高等学校图书馆还没有全面加入教育部高等学校文献保障系统。民族高校图书馆的联合编目还需要探讨和加强。

全国民族高校图书馆工作委员会只是一个民间组织，没有任何活动经费，按照图工委工作章程，成员馆每年要向图工委秘书处缴纳一定会费，主任成员馆每年700元，一般成员馆每年500元，截止到目前，图工委秘书处共收到会费7800元。况且即使图工委收齐会费，数量毕竟是有限的。开会经费大多由社会赞助，要进行这样一项大的工程，单单靠会费和社会赞助是远远不够的。

三、全国民族高等学校图书馆工作委员会今后的发展方向

1. 实现资源共建共享

以全国民族高校图工委为平台，将不同馆际之间的信息资源进行交流，实现有限资源的无限共享。民族院校之间由于办学方向和专业特色都不同，因此在藏书的结构和侧重也是不同的，如中央民族大学在民族理论、民族语言、民族艺术等许多方面的成就较有优势；中南民族大学在物理、化学、计算机等理科方面有一定的实力；西南民族大学在文学、畜牧兽医等领域特色明显；另外贵州民族学院图书馆的傩文献、广西民族学院图书馆的壮学和瑶学文献、湖北民族学院图书馆的土家族文献等都各具特色，

因此实现资源共享非常有利于各个学校的发展。

另外，对于有民族文字的图书馆来说，充实大量的民族文字是非常重要的，但是目前各个民族院校对于民族文字图书购书途径非常困难，如新疆地区的维吾尔文、哈萨克文的图书每年能采购到的很少、一些图书公司因为民族文字的图书发行量小、成本高、利润小而不愿意经营，因此每年采购民族文字图书困难很大。另外一点是民族文字图书在编目上也比单纯中文图书编目的难度大，中文图书可以直接从 CALIS 套录编目格式，而对于民族文字的图书，我国目前尚无能识别多种民族文字的图书馆系统集成软件，没有一个统一的编目检索平台，不同文种的民族文字要有会懂得本民族语言的工作人员进行原始编目，因此民族文字在采访、编目的速度、效率上与只有单一文种的图书类型相比就会有很大差别，如果有交流的平台就可以将有限的少数民族文献资源进行交流和共享。

目前我国图书文献信息资料剧增，数量十分庞大，价格不断上涨，馆际之间互通有无，实现文献资源共享，既可节省经费又可充分提高文献的利用率，达到逐步实现民族院校图书馆资源共享的保障体系。目前绝大多数图书馆都达不到教育部《普通高等学校图书馆规程》所规定的图书购置费占学校教育事业费的 5% 的标准。由于受资金、技术的限制，地域信息的阻隔，实现民族资源共享真正操作起来难度非常大，这是一项十分艰巨的系统工程，面临涉及面广、技术复杂、耗资巨大等一系列问题，因此需要做大量的工作，要有强有力的经济保证和技术支持，采取协同协调的战略，开展系统内，系统与系统的横向联系，克服困难和不利因素，逐步建立起一个多层次、多渠道、多系统、多领域、完备的组织，从而最大限度地开发利用文献资源。

2. 建立民族文献资源的信息化和数字化

在今天这个现代化程度很高的社会里，要实现民族文献资源共享必须是在计算机网络资源极为发达的条件下才能实现跨时间、跨地域、跨文种的交流。为此各馆可以从两个方面着手进行，一个方面是将馆藏资源进行数字化加工，并通过平台各馆之间互通有无；另外一个方面是通过集体采购数据库或网络资源，节省大量的资金并能互相传递获取文献信息。同时要实现业务工作标准化，在图书分类、著录格式、主题词表的采用加工和目录组织规划等，要积极采取MARC格式进行存储，严格执行国家制定的文献标准的要求进行著录。鉴于少数民族文字的复杂性和特殊性，还要考虑民族文字的文献工作的著录标准和自动化管理，为实现网络一体化提供业务基础。据悉，全球首款在统一系统框架中支持蒙古文、藏文、维吾尔文、哈萨克文、柯尔克孜文、朝鲜文以及阿拉伯文的双向印刷文档识别系统日前在北京文通信息技术有限公司问世。这标志着我国在联体文字识别领域已经位居国际前列。该系统是在清华大学丁晓青教授的带领下，由清华大学电子工程系智能图文实验室与内蒙古、新疆等多个地区高校联合开发的“统一平台少数民族文字（蒙古、藏、维、哈、柯、朝、阿）文档识别综合系统”，它可以准确、高效地将蒙、藏、维、哈、柯、朝、阿文的纸质文档转化为电子文档，方便了上述文字资料的信息化处理，将促进我国少数民族地区的经济文化建设和对外交流。同时，此系统可以全面支持全球1亿多人口使用的阿拉伯文的识别，因此，也将对我国与阿拉伯国家的合作、交流产生深远影响[2]。

我国的民族文献情报事业发展的战略目标是：以提高民族文献情报事业的社会效益为核心，以满足民族地区经济社会需要为目的，建立合理的、有序的、科学的、动态的文献收藏结构，逐步采用以计算机为核心的先进技术和方法，加强对文献信息资源开发利用的深度和广度[3]。全国民族高校图书馆工作委员会将积极探索今后工作的发展道路，开展各种形式的馆际之间的交流与合作，推动全国民族高等学校图书馆的发展，为推进整个民族地区经济文化的发展做出自己应有的贡献。

参考文献：

1.《中国民族统计年鉴》，民族出版社，2006年，第410页。

2. 光明网2009-02-19。

3. 阿达莱提·吾买尔：《试论民族文献资源开发及其共建共享》，载《西南民族学院学报》，总19卷第二期，1998年4月。

浅谈民族高校图书馆与勤工助学青年学生素质教育

其其格

随着我国政治、经济和社会的发展，高等教育改革不断深化，加上民族地区经济、文化、教育发展相对滞后等因素，使民族高校贫困学生的比例呈上升态势，普通高校困难生一般为20%，特困生10%－15%，而民族高校困难生达40%－45%，特困生比例也高达35%左右。为此，国家和政府为保证贫困家庭学生上学后能顺利完成学业，保证没有一个学生因为贫困而辍学，采取奖、贷、助、勤、减等政策给以帮助。其中勤工助学成为校园扶贫计划的新亮点，开展勤工助学活动是解决这一问题的一条重要途径。民族高校图书馆开展勤工助学工作，对于提高青年学生的思想品德、综合素质，解决一定的经济负担、密切读者与图书馆之间的联系有着重要意义，同时也对解决图书馆工作人员不足的问题，进而提高图书馆的服务质量和水平起着良好作用。

1. 民族高校图书馆要发挥其教育职能提升少数民族青年学生的综合素质

国内外高校图书馆一直把读者教育视为图书馆工作的重要内容。对民族高校图书馆来说，对少数民族青年学生素质进行培养和教育是一项义不容辞的责任。随着科学文化的发展，图书馆的教育手段、内容及功能正向着系统化、多元化的方向延拓。民族高校图书馆正在通过各种途径和形式，在帮助、引导、提升青年学生的整体素质，锻炼他们的实践能力，宣传图书馆终身教育理论，使他们成为一个良好公民等方面，起着其他部门无法替代的作用。

民族高校青年学生主要来自于经济、文化、教育发展相对滞后的边缘民族地区，他们到图书馆勤工助学，参与图书馆各项业务工作，有利于他们更好地了解图书馆，利用图书馆，学到知识的同时培养良好的思想品德，树立科学的世界观、正确的人生观和价值观。例如，在图书馆勤工助学的文传学院2006级学生萧文在《在工作中熏陶与成长》文中写道："记得第一次到图书馆工作，我被这里丰富的藏书'震'了，人类知识的丰富繁多而自己所知所读却是如此少，自己要更加珍爱时光多读书。"勤工助学学生参与图书馆的工作主要是以读者服务工作和图书加工工作为主，他们经过工作一段时间以后，同时也熟悉了图书分类法，藏书布局及功能，能在最短的时间内找到自己所需要的文献资料，因此，他们和其他同学相比就有着得天独厚的优越条件，利用图书馆进行学习的能力明显高于一般同学，对信息的获取比其他同学有更多的优势。特别在工作的过程中，接触到多文种的馆藏和本专业以外的许多文献资源，这不仅对本民族语言文字及历史文化和自己所学的专业知识了解更深，更扩大和丰富了知识面。勤工助学虽然花去了他们不少宝贵的时间，但也给他们提供了更加完善自我的机会，勤工助学青年学生的综合素质明显提高。一方面，他们能从图书馆多种语言和各类文献信息资料中学习、巩固和扩展自己的知识结构；另一方面，图书馆在注重培养他们的智力发展的同时注重道德品质的教育，在图书馆老师的指导和帮助下，通过一起工作，了解了图书情报知识，增长了知识和才干，提高了自立能力和实践能力，增强了与不同民族同学之间的友谊与团结协作精神和劳动观念，起到了课堂上起不到的教育作用。为毕业后当融入社会的角色提供了良好的精神储备和心理准备。

2. 勤工助学有利于民族高校青年学生综合素质的提高，推进素质教育

2.1　自立、自强，形成积极的人生观

随着民族高校规模的扩大，在校生人数不断增加，使图书馆面临着很大的发展压力。图书馆不仅为了满足教学科研发展需要，要不断加大进书量，而且延长开馆时间。服务方式、服务内容不断拓展深化，故工作量的增加与工作人员紧张的矛盾日趋突出。勤工助学学生参与图书馆工作，正好使这一矛盾得到缓解，他们成为了整顿馆舍、图书加工、调整和整理图书架位的主力军。勤工助学不仅增强了学生的组织纪律性、劳动观念和对工作的责任感，还培养了吃苦耐劳、勇挑重担、团结协作、乐意助人的思想品德，使他们逐步形成了积极向上的自力更生的人生观。2006 年寒假在图书馆整理报刊的勤工助学学生格桑（数学与计算机学院 2004 级）和衡世果（文学与新闻传播学院 2005 级）在工作总结中分别谈道："总的来说这项工作比较累，而且工作环境脏、干热，到处是灰尘。如果没有老师细心的帮助，我们可能无法正常上班。经过了这次工作以后我们认识到了一个问题，赚钱是多么难啊！经过这次报刊整理工作我学到了很多东西，也懂得了很多道理，我想这些东西会对我以后的人生有所帮助。感谢图书馆给我们这次机会，让我们学到了很多东西，觉得这次寒假过得很有意义。我们以后会更加努力，工作会有所贡献的！不会忘记这次学到的一切东西。报刊整理，不仅使我们得到了锻炼，更重要的是，它让我们得到一种感悟。我们深深地感受到了老师们工作的辛苦和他们的奉献精神。这对我们的人生是一种启发，更是一种激励！通过工作学习掌握了图书馆的许多专业知识，熟

悉了图书馆的业务，锻炼了自己的工作能力，综合素质得到很大提高，我们衷心感谢图书馆给我们这次锻炼的机会。在今后的学习生活中，我们会继续发扬不怕吃苦的实干精神；继续发扬严谨认真的工作作风；继续发扬老师们的奉献精神！不辜负老师和社会的期望，争取早日成为祖国的栋梁之材！”因此，每学期要求到图书馆参加勤工助学的学生特别多，我们从众多学生中挑选一些家庭困难又品学兼优的学生到图书馆工作。

2.2　促进图书馆服务工作，实现自我价值

在图书馆勤工助学的青年学生兼有读者和工作人员双重身份，他们来自不同的民族，不同的专业，各有所长，是图书馆与读者间的桥梁和纽带。一方面，由于勤工助学的学生本身就是读者，最了解读者的阅读心理和需求，最能代表读者的利益，能及时地把读者的意见、建议和要求反馈给图书馆，图书馆则可以及时了解读者的需求信息，完善各项规章制度，调整馆藏和服务方式，最大限度地满足读者的要求，起到了双向沟通的作用；另一方面，密切了图书馆和学生读者之间的关系，有利于读者服务工作的开展。同时他们在图书馆勤工助学，参与、了解和熟悉图书馆各部门具体工作，他们在同学中的宣传更具说服力、影响力和渗透力，可以让更多的读者了解图书馆，进而理解和认可图书馆的工作。在真正实现图书馆与学生读者相互理解、相互尊重、相互合作、高度和谐的境界的过程中起到了重要的作用。曾在图书馆勤工助学的朱林霞同学说：“经过在图书馆工作，学会了怎样检索图书，也了解了各类书的号是怎么组成的，什么书在什么位置等。我还经常帮助不会找书的同学，希望同学们好好利用图书馆的每一本书，这不仅是实现图书自身的价值，也是提高自己文化素养的良好途径。”从事勤工助学工作两年的信息工程学院2005级学生龚京《在图书馆勤工助学期间的感受》中写道：“在图书馆勤工助学的这段日子，是对我人生的一次很好的锻炼，我

将终生难忘。在这里，我总会想到马克思和毛主席，我会向他们学习，奋发图强，报效祖国”。可以说他们既在实践中提高了自身的素质，又用实际行动实现了自身的价值，可谓一举两得。

2.3 感受师生友谊，到图书馆有归属感

民族高校青年学生远离家乡和亲人，学习和生活上都需要自立和适应。尤其到图书馆勤工助学的学生，大都家境贫寒，语言交流也有一定的困难，要比常人承受更大压力。他们有些人因自卑而敏感，害怕别人误解自己，有心理障碍而难以启齿，将自己的紧张、焦虑、愤怒、忧郁等消极情绪压抑。所以在帮助他们解决经济困难的同时，还应注意他们的精神培养及心理引导。在这方面图书馆各个岗位的老师都是责无旁贷地和这些学生交流思想，了解他们的家庭情况、学习状况和个人心理状况，发现心理问题及时引导、疏通，关心他们的冷暖，在生活上给予适当的帮助。建立一种同事式、亲人式的和谐、融洽与互敬互爱的良好氛围和工作环境，让他们充分感受到同事间的关心与友爱，感受到图书馆大家庭的亲情与温暖。让他们在这里汲取优秀的民族文化的营养，增强他们的民族自豪感和责任感，这对他们将是受益匪浅的。曾两年在图书馆勤工助学的信息工程学院2005级学生杨磊在《浅谈勤工助学的感受》中写道：“我来自一个并不富裕的家庭，所以我从来没有向父母索取过什么，勤工助学帮助了我，给了我更多的机会，让我从痛苦中解脱出来，对此我非常感谢身边帮助过我的老师、同学，正是有了这些无处不在的关怀，才感觉到生活还是很美好的！”同样在图书馆勤工助学两年的生命与环境科学学院2003级黄芳蕾同学说：“回首过去，在图书馆工作的一段经历，陪伴我走过大学很重要的一个阶段，使我懂得了很多。老师们对我的支持与关爱，令我明白了人间的温情，有你们的关怀才使我在大学的学习与生活中更加幸福快乐。”

民族高校青年学生在图书馆勤工助学，实现了图书馆对青年学生的教育职能。勤工助学学生参与图书馆的工作，零距离的接触图书馆，强化他们对图书馆各项职能的认同与了解，学习和掌握了更多的文献检索知识和技巧，提高了对馆藏文献的利用率。他们通过与图书馆的老师们接触、与其他工作伙伴的相处与合作，学到了人际交往，为人处世的道理，对尊重、关心、宽容、信任、责任等有了更深入的体会和理解，得到了与人沟通，协调解决问题等方面的锻炼。图书馆作为以它的特殊性质和特点决定了最适合成为青年学生进行勤工助学活动的理想场所，也是一个特殊的参加社会实践的平台，无疑为将来走出校门步入社会求职打下良好的基础。另外，通过应聘竞争上岗机制，激发了青年学生的学习斗志，更加深刻地感受到了工作的艰辛，增强了他们的时代紧迫感和工作危机感，也锻炼了青年学生应对新环境的能力。

勤工助学的青年学生参与图书馆的业务已经被高校图书馆所普遍采用，它将形成制度化、规范化，这支新生力量将为高校图书馆的建设和发展作出更大的贡献。

3. 勤工助学在民族高校图书馆的前景

勤工助学作为素质教育的重要手段和资助体系的重要组成部分，作为社会实践的重要场所，将成为高校青年学生的自觉行为，具有美好而乐观的前景。

大学毕竟是积累精神资本的地方，民族高校图书馆将会成为各民族勤工助学青年学生树立自强、自立和弘扬民族文化，砥砺健全人格的重要场所。对于今天的青年学子而言，尤其需要的是一种对国家、对民族、对社会的责任。读书，和先辈的事迹与理性的思想对话，往往可以体会到一种精神的延续；实践，在与社会生活的互动中，可以体会到时代的脉搏和青年应该承担的责任。在图书馆勤工助学的各民族学子们不仅缓解贫困，减轻心里负担，提高实践能力，顺利完成学业，而且使他们在勤工助学过程中，锻炼意志，奉献社会，提升信息素质，实现自我价值，培养优秀品格和创新意识，为将来的就业创业打下良好的基础。

随着教育体制和毕业生分配制度的改革以及市场经济的高速发展，越来越多的青年学生需要具备较高的综合素质和社会实践能力，才可被社会认可。但真正具备高素质高能力的学生毕竟为数不多，必须经过长期的经验积累和不断实践才能具备这样的能力。由此可见，勤工助学将日益成为青年学生步入社会的必经阶段，勤工助学的良性循环将为青年学生提供这种实践锻炼的机会。其实许多发达国家青年学生的学费都是靠自己打工挣来的，与家庭经济状况和父母的收入无关。青年学生自筹上学费用是现代社会发展的必然趋势，靠勤工助学上学的贫困生已经走在了时代发展的前列。我国老一辈革命者在 20 世纪初远涉重洋到海外勤工俭学，后来成为了中国革命的领导人物，应该说这与勤工俭学过程中的素质磨炼不无关系。因此民族高校开展青年学生的勤工助学工作比单纯地发放困难补助，对学生的健康成才更有利，勤工助学解决的不仅仅是贫困生的经济问题，而在这过程中的经历更是青年学生一笔宝贵的精神财富，构成了他们成长的重要环节，单纯地发放困难补助只能缓解一时之需。勤工助学与素质教育相结合，不仅帮助他们减轻了生活的压力，而且更让他们体会到劳动的乐趣和实现自身价值的成就感。他们是正在成长的青年学生，是高校教育培养的对象，具有教育职能的高校图书馆，应从培养学生的高度出发，把青年学生在图书馆的勤工助学当做一项促进学生成长、发展学生能力、提高学生综合素质的重要工作，这也是素质教育赋予图书馆的神圣职责。在培养未来合格人才和高校帮困体制改革的客观要求下，民族高校图书馆勤工助学工作将会朝综合素质化、服务育人化的正确方向发展。

“天行健，君子当自强不息；地势坤，君子以厚德载物。”希望每个勤工助学的各族学子都自强不息、厚德载物，开拓属于自己的美好明天。

参考文献

1. 中央民族大学学生工作部：《中央民族大学勤工助学工作手册》，2006 年。

2. 康春英：《中国少数民族大学生素质教育的特殊性及对策研究》，民族出版社，2006 年。

3. 乔辉：《浅谈大学学生义务管理员与高校图书馆管理》，载《产业与科技论坛》，2007 年第 12 期，第 184－185 页。

4. 张海洋：《学会爱与分享：贫困学生当自强》，载《劲草》（内部刊），2005 年合刊，第 17－18 页。

5. 中央民族大学助学工作专刊：《自强创造感恩》，2005—2006（内部刊）。

网络环境下高校图书馆学位论文的管理与获取

董印红

学位论文是高校学生为获取相应的学位而撰写的学术论文，它既是学生及其导师的宝贵研究成果，同时也是高校自身的重要情报源。学位论文分为学士、硕士、博士三个等级。而其中的硕士和博士学位论文则具有内容丰富新颖、论述详尽完整、参考文献丰富、专业性强等特点，优秀的学位论文更是深入科技前沿，对本学科提供出创造性的见解，具有较高的学术价值而受到重点的收藏。阅读学位论文对于了解本学科发展状况，研究生选题，避免重复研究等方面都有很大帮助。硕士、博士点学科覆盖面的扩展和研究生招生规模的扩大，使得学位论文数量激增，重要性也越来越显著。学位论文不公开出版，也无法通过一般渠道购买，通常只收藏于本校，难于获取和利用。因此对于高校图书馆来讲，对本校学位论文进行收藏与管理并提供相应的服务也是一项重要的馆藏资源特色。

一、网络环境下学位论文资源的整合与获取

网络环境是学习者利用网上的信息资源和多种检索工具获取学习内容和解决问题所处的场所。学位论文为非公开出版物，一

般无法通过正常渠道购买获得，但在网络环境下，至少有部分学位论文得到公开或通过有偿服务获得包括全文内容的资源。因而网络环境下的学位论文可以为学习者提供最新和全面的研究内容。目前网络环境下的学位论文的收集整理则是指在现有网络资源和网络设施汇总中对学位论文进行的收藏与管理，从而为读者即学习者提供快捷、方便的服务。

目前，国内的几大学位论文网开始覆盖各学科体系中的重点学科，收集了主要学位论文，其收藏与获取特点如下：

1. 中国知网。

据中国知网介绍，中国知网的中国优秀博士硕士学位论文全文数据库是目前国内相关资源最完备、高质量、连续动态更新的中国博硕士学位论文全文数据库，至2005年4月止，已累积博士硕士学位论文19万余篇。包括九大专辑的121个专题文献数据库。其知识来源于全国300家博士培养单位的优秀博、硕士学位论文。其特点是涉及学科范围广，更新频率快。

2. 高校系统的“高校论文数据库”。

“高校学位论文（文摘）数据库”由CALIS全国工程中心——清华大学图书馆负责承建。经过2年多51个成员馆的共同努力，通过网上直接采集电子文本的方式，逐年累积，目前已完成7万余条记录。该论文数据库由于经费缘故，只收录题目和文摘，没有全文。全文服务通过CALIS的馆际互借系统提供实现。

3. 国家图书馆的馆藏学位论文库。

国家图书馆是国家规定的博士论文缴送本接收馆，是国内博士论文最大藏家。20多年来，国家图书馆收藏博士论文近12万种，此外，还收藏部分院校的硕士学位论文、台湾博士学位论文和部分海外华人华侨学位论文。其特点是对博士论文的收集全面、丰富。

4. 中国学位论文全文数据库。

该数据库资源由国家法定学位论文收藏机构中国科技信息研究所提供，并委托万方数据加工建库，收录了自1977年以来我国各学科领域的博士、硕士研究生论文。《中国学位论文全文数据库》精选相关单位近几年来的博硕士学位论文，涵盖自然科学、数理化、天文、地球、生物、医药、卫生、工业技术、航空、环境、社会科学、人文地理等各学科领域，充分展示了中国研究生教育的庞大阵容和学位论文数量的巨大。

从以上几个较大的论文数据库来看，国内论文库的特点是：学科覆盖面广——哲学、法学、经济学、教育学、文学、历史学、理学、工学、农学、医学等学科的主要专业论文都有涉及；数量大——各论文库的博硕士学位论文全文或文摘数据库都超过了十万篇；更新速度快——各学位论文库每年都会将从各学位点收集上来的部分论文做成可下载阅读格式，以供读者进行全文下载浏览。

二、高校图书馆收藏学位论文的特点和优势

从上述提到的几家论文数据库来看，其优势还是很明显的。但也不难看出，依据网络环境下的论文数据库，其资源和获取方式也有局限性，如：（1）对网络的依赖性很强。上述几家论文数据库必须是在学校购买了该论文数据库的基础上，才能提供给读者获取和使用；（2）对全文的获取并不完备。有些论文数据库仅提供论文摘要或全文部分的内容；（3）论文收集不全面。对于没有论文作者授权的论文，数据库不能提供论文摘要及其全文的阅读；（4）海量信息影响读者检索。（5）没有规范的检索方式，各家论文数据库的检索方式没有统一、规范，读者不能使用同一主题词获得所需学科论文资料。

而作为专门收藏本校学位论文的图书馆来说，对本校学位论文的收藏和管理有其自己的特点和优势。能够使其在方便快捷的论文资源管理中，发挥自身优势，为读者提供全面、快捷的检索与使用。

1. 对本校学位论文收藏完备

根据论文管理规定，本校硕士、博士学位论文需全部（包括纸制和电子版）送交本校图书馆收藏，这就使得图书馆的学位论文收藏具有完备性，包括那些作者不愿在论文数据库中公开的论文。论文的格式和载体也有一个发展过程，格式从不太规范到现在要求有统一的规范格式，不仅有利于论文的规范化，而且有利于图书馆对论文进行统一著录；载体也从单一的纸本式到后来的软盘到现在移动盘、光盘等电子文本，再到通过网络传送的网络版，使得论文不仅便于收集与整理，更保证了论文的安全性、方便性。

2. 有现代化技术和管理经验

目前，各高校图书馆都拥有了先进的现代管理技术和计算机网络技术，计算机技术和网络数据的应用为学位论文的整理和建库工作提供了条件。从管理上说，以馆长负责制建立起来的图书馆各专业部门的设立，做到责任制强、分工明确的科学管理方法，都为包括论文数据库在内的各数据库的建立提供了保障和基础。

3. 有稳定的专业队伍

随着高校学科建设与图书馆人才管理、使用的发展，各高校图书馆工作人员综合素质较高，业务能力较强，在进行资料的整理开发，包括专业化的分类和计算机编目，并通过计算机管理和数据库建库工作中具有丰富的经验和较高的专业技能，这些都是其他收藏、整理学位论文的单位所不具备的条件。

4. 有较大的存储空间

随着大多数高等院校招生规模的逐渐扩大，对图书馆的馆舍面积一般也都有较大扩展，馆舍空间的扩大为提高藏书量和提供更好的服务提供了较大的空间。另外，高校图书馆一般都设有本校的“专藏文库”，收藏本校的师生专著、论文等，也为收藏、整理、借阅学位论文提供了固定的、条件较好的场所。

5. 特色收集与整理

某些高校还有自己具有特殊性的学位论文。如民族院校的学位论文因其学科特点，部分论文以少数民族文字撰写，这也是民族类院校硕士、博士论文与其他高等院校硕士、博士论文的主要区别和特点之一，也是目前各论文数据库还难以进行全文转录的，故图书馆在进行收集、整理、著录少数民族文字论文时，具有较大优势。对特种论文的管理与获取服务显示出高校图书馆的自身特色。

三、网络环境下高校学位论文的管理与优势

查阅快捷、下载方便、资源丰富等优势，使得更多的读者从网络环境下获得所需学位论文信息、资料。但是，大多通过网络提供的论文检索服务体系，也有其局限性，如从获取角度来说，有些不完备的地方，各数据库收集到的学位论文不是最完备的，其中原因是多方面的，如有些读者暂不愿公开论文内容，文字原因无法被各数据库收集进行数字化等；另外，从上述数据库等获取论文须是其用户方可检索下载使用。也有些论文库，如国家图书馆的馆藏学位论文库仅可提供论文检索信息，如看全文，仍需到国家图书馆阅览纸制文献。上述这些问题也恰恰是本校图书馆论文管理与获取体系所能弥补和完善的地方。

首先，论文数据库的建立应和本馆的数据库系统相结合。目前，各民族高校图书馆都建立有自己的文献数据库，尽管所使用的系统各有不同，但其目的、方法、要求等都大同小异，学位论

文数据库的建立应以本馆的数据库为依托，建立独立的子库，提供规范的字段格式等。做到既和本馆数据库相呼应，又有独立的子库，这样才能完善本馆的文献检索体系，便于读者检索利用。

对提交论文进行统一的格式规范，根据馆藏和使用的需要规范提交的纸质论文复本数量，电子版的规范格式，如论文题目、作者姓名、学号、学科名称、研究方向、导师姓名、中英文关键词等基本信息。还有电子版正文是否可用等。对这些内容的审核应由图书馆专门的工作人员来完成。

其次，对论文数据的检索点进行专业化的加工，力求检索点规范、完备。一般来说，硕士、博士论文探讨的学科内容应该说更加精细、尖端，有些是分类法中没有细分到的学科细目，而著者大多是根据学科或专业大类给予的分类号。网络化的论文数据库对论文的分类号的选择一般是采纳原著者给予的分类号。而作为图书馆进行论文数据的加工时，便可根据论文的详细内容给予更准确的分类号，并可将原著者给予的分类号作为第二分类号进行参考，CNMARC 中 690 字段是可重复的；另一个重要的检索点就是主题词的给予，图书馆编目人员亦可根据主题词表重新进行专业化、标准化的主题词，以便提供给读者完备的检索需求；此外，论文和一般图书检索点的差异，主要还有学位名称、院系、专业、研究方向等，对此检索点进行统一规范，有利于加强对学位论文的规范管理，更可提高读者在检索、使用过程中的方便、快捷。

最后，加强对论文数据库的长期维护，以保证读者能方便、快捷地检索到所需论文资料。同时，要随时关注著者研究动向，很多论文在著者继续工作研究几年后，会以专著的形式公开发表，故应对其论文与专著之间的关系进行互见，在数据上提供相应的链接。读者在查阅原论文时可方便地查到作者专著的内容，查阅到其专著时亦可看到其公开的研究内容等。这些是高校图书馆在进行文献加工、整理中具有的独特优势，是网络环境下进行论文检索所不具备的。

总之，高校图书馆在网络环境下，应充分发挥自身优势，体现出馆藏管理和读者获得方式的特色，更好地为读者提供服务。

参考文献：

1. 黄玲玲，李桂珠：《学位论文的管理及分类浅识》，载《图书馆建设》，1994 年第 2 期，第 33 – 34 页。

2. 门中全、于晶、李华：《高校图书馆应加强学位论文全文数据库的建设》，载《科技情报开发与经济》，2004 年第 9 期，第 14 – 15 页。

3. 中国知识资源总库——CNKI 系列数据库，中国博士学位论文全文数据库，中国优秀硕士学位论文全文数据库。

4. 中国高等教育文献保障系统（CALIS）http：//www. calis. edu. cn/高校学位论文子库。

竞争情报分析方法在现代图书馆中的应用研究

郭凤文

传统图书馆作为社会公益性的事业，通常都是由国家或某个集团给予支持，因此可以说与竞争无缘。但是随着计算机、通信、网络技术为核心的现代信息技术的发展，传统图书馆进入一个巨大的变革时期，既有国家或组织资助的（公益性的）一面[1]，也有符合市场需求的（市场性的）一面。正确看待图书馆的竞争性应从图书馆的价值说起。社会需要图书馆，图书馆满足社会的知识、信息需求，因而图书馆就会有自己的社会价值。不同的图书馆在服务质量和社会对它的需求方面是有差异的，这就决定了其价值的不同。为了获取较高的价值，图书馆间必然会产生竞争，这就是其竞争性的根源。

竞争情报（Competitive Intelligence）是关于竞争环境、竞争对手和竞争策略的信息和研究。它既是一种过程，又是一种产品。过程，是指对竞争情报的搜集和分析；产品，是指由此形成的情报或策略[2]。竞争情报产生于20世纪80年代初期，80年代中期引入中国，90年代，竞争情报作为知识经济的产物和智能服务的构成部分，在国际上迅速崛起，引起世人瞩目。美国是现代竞争情报研究和咨询的发源地，进入世界500强的美国公司中90%设有竞争情报部。可见，具备了较高竞争情报力的企业，的确更容易确立自己的竞争优势，在残酷的竞争中脱颖而出。图书馆的竞争情报策略就是关于图书馆朝何处发展的选择，竞争情报策略要解决的核心问题是图书馆如何凭借实力寻求一个有利的竞争地位，确定自己的竞争目标和方针，形成自己特有的差异化特点，以指导图书馆在竞争中取胜。当今图书馆的发展，将逐渐进入战略制胜的时代。正确的战略能提高图书馆对环境的应变能力，促使图书馆获得长足的发展。竞争情报分析研究是竞争情报工作的重要组成部分，是竞争情报发挥竞争决策支持作用的关键过程，常用的竞争情报分析方法有：定标比超分析法、SWOT 分析法、价值链分析法等。这些分析方法不仅在企业的竞争情报工作中发挥了重要的作用，也可完美地应用到图书馆工作中。

（一）定标比超分析法

定标比超分析法，是由英文单词 Benchmarking 翻译而来。所谓定标比超分析法，是将本企业经营的各个方面状况和环节与竞争对手或行业内一流企业进行对照分析，通过评价自身企业和研究其他组织，将外部企业的优秀业绩作为自身企业的内部发展目标，并把外界最佳做法移植到本企业经营环节中，以提高自身竞争力的一种方法[2]。定标比超分析一般按选择的定标比超目标和评价指标体系，分为以下三种类型：

1. 内部流程定标比超分析（internal process benchmarking）是指一个组织内部不同部门的相同工作流程的相互评价比较，如：比较图书馆总馆与各分馆间参考服务的工作流程，可寻找出全馆内最佳参考服务模式和解决参考服务过程中所共同遭遇的问题。通过图书馆内部流程定标比超分析，可以快速发现问题的症结，找出解决问题的方法。

2. 外部流程定标比超分析（external process benchmarking）是指用同业竞争者的产品、服务、作业流程作为评价比较的“标”

（标准），以找出自身的优势或缺点。如选择类型、规模大致相同的图书馆为“标”，比较彼此图书馆借阅流程的差异，进而采纳对方的经验，弥补自己的不足。该种方法需要充分寻找恰当的定标比超伙伴。

3. 功能性流程定标比超分析（functional process benchmarking）

功能性流程定标比超分析的对象不限同行或同业，其分析的对象为某一领域内卓越超群的企业中某一特定功能或典范的作业流程[3]，如图书馆为提升馆员的人力资源管理，可以向图书馆界以外的人力资源管理优良且有名的企事业机构取经。这种定标比超分析通常可以引发创造性的思考，更有助于图书馆服务的创新和工作流程的改善。

图书馆引进定标比超分析作为绩效评估方法，其主要作用在于：一方面，评价图书馆服务构架的合理性，增进图书馆的服务效益；另一方面，证明图书馆的价值，获取与增进管理高层对图书馆的支持，以协助达成图书馆整体的策略目标，建立图书馆相互间的竞争与协作关系。

（二）SWOT 分析方法

SWOT 是英文单词 Strengths、Weaknesses、Opportunities 和 Threats 的首字母缩写，意指优势、劣势、机会和威胁，SWOT 分析法实际上是将企业内外部各方面条件进行综合和概括，分析企业的优劣势、面临的机会和威胁，在此基础上，将企业内部的优势资源与外部因素造成的机会与风险进行合理的、有效的匹配，从而制定良好的战略，把握外部机会，回避外部威胁。在明确企业的行业背景和主要对手等环境后，通常可以编制 SWOT 矩阵图来进行 SWOT 分析

关于图书馆竞争力的 SWOT 矩阵图可见表 1：

表1

	优势（strengths）	劣势（weaknesses）
内部条件	1. 读者满意度较高 2. 专业人才优势 3. 提倡文化创新，以人为本 4. 设备技术优势 5. 图书馆管理制度化规范化程度较高 6. 开发自主知识产权的特色数据库，软件资源丰富	1. 读者满意度不高 2. 部分图书馆馆员素质较低，岗位分配不合理 3. 图书馆文化落后于时代 4. 资金不足，硬件设备陈旧 5. 图书馆管理缺乏标准和规范 6. 缺乏自主知识产权的特色数据库
	机会（opportunities）	威胁（threats）
外部条件	1. 政府或学校对图书馆的发展提供了大量的优惠政策并给予巨大的投入 2. 数字图书馆联盟不断涌现 3. 信息系统得到进一步完善 4. 具备完善的组织结构	1. 数字图书馆需要昂贵的知识产权保障费用 2. 没有成熟的技术来维护现有的信息系统，系统存在安全隐患 3. 国外同行涌入国内市场，竞争压力增大 4. 组织职能转换滞后，不适应变化的环境

SWOT 分析方法可以使图书馆看清自己内在的优势和劣势，认清外部的机遇与挑战，从而抓住机遇迎接挑战，达到读者最高满意度。这种方法的应用是网络环境下资源共享的一种新探索，具有现实指导意义。

（三）价值链分析方法

1985 年，美国哈佛大学的迈克尔·波特教授提出了价值链管理的思想。经过近 20 年众多成功的大企业的实践证明，价值链理论是研究竞争优势的有效工具。迈克尔·波特认为：企业的价值增值过程，按照经济和技术的相对独立性，可以分为既相互独立又相互联系的多个价值活动，这些价值活动形成一条独特的价值链。价值链分析方法，最初是为了在企业复杂的制造程序中分清各步骤的利润率而采用的一种会计分析方法[4]，其目的在于确定在哪一步可以削减成本或提高产品的功能特性。关于图书馆价值链分析的内容见下：

1. 外部价值链分析

外部价值链分析是站在整个图书产业系统角度来分析图书馆的价值链，以实现数据库供应商或出版社、图书馆间工作流程的敏捷通畅，最大程度地满足读者需要。图书馆要寻找自己的理想合作伙伴（供应商或出版社），要和自己相对稳定的合作伙伴充分合作，考虑提高整个价值链的优化程度。整个供应链优化了，一方面供应商、出版社可以从中获益，另一方面，对于图书馆来说则可充分满足读者对信息的需求。

2. 内部价值链分析

内部价值链分析是指从图书馆各部门活动的工作流程中，确定出能直接提高图书馆服务水平的核心流程，如扩大图书或数据库的采购面、加快编目工作的进度、在流通部加大读者自我服务的能力等。分析流程现状，找出流程中的不合理之处，运用企业流程再造理论中的流程优化原则，重构敏捷有效的业务流程。

3. 价值网

在目前的新经济形势下，越来越多的企业从对抗性竞争走向合作性竞争，合作竞争理论是战争与和平“双赢”的竞争，合作竞争的主要模式是战略联盟和供应链管理，在战略联盟中，众多企业价值链的两两合作就组成了一张价值网，每个企业的价值链都是价值网中的一个节点，网络内部以合作、资源共享的方式创造了竞争优势，而网络外部则是一种动态的竞争关系。与企业联盟相类似的是，国内外众多图书馆为了实现彼此间资源的共享，组建了许多成功的图书馆联盟，比如：OCLC，OhioLINK，

CALIS 等。在图书馆联盟中，众多的图书馆价值链（包括图书馆联盟体与数据库供应商间的价值链；图书馆联盟体会员之间馆际互借形成的价值链；图书馆联盟体会员与图书馆联盟体间的价值链等）两两合作形成了现在图书馆联盟体中的价值网。通过分析图书馆联盟体价值网中各条独立的价值链，及各条价值链的相互关系，可以找到使图书馆、出版社、数据库供应商、作者等多方受益（多赢）的途径。

（四）总结

情报职能的加强是网络环境下现代图书馆与传统图书馆的重要区别之一，深化和创新图书馆工作是图书馆强化其情报职能的具体体现，也是现代图书馆服务于知识经济、服务于市场经济的要求。竞争情报已成为 21 世纪最重要的竞争工具之一。它不仅成为政府和企业知己知彼、百战不殆的重要手段，而且也将成为图书馆开辟市场、求胜避败的战略举措。开展竞争情报战略研究，提升情报竞争力是图书馆在竞争中生存与发展的强大推动力。竞争情报的分析方法在图书馆中的成功应用，是现代图书馆在竞争中取胜的法宝。

参考文献

1. 范艳芬：《论图书馆的竞争性与竞争情报服务》，载《现代情报》2004 年第 11 期，第 2－3 页。

2. 王知津：《竞争情报》，北京：科学技术出版社，2005－53。

3. 蒋晓：《图书馆绩效评估方法评析》，http：//www. chinalibs. net/。

4. 王普查：《试述信息技术环境下的价值链分析》，载《情报杂志》2005 年第 1 期，第 102－103 页。

关于在《中图法》中增设“非物质文化遗产”类目的思考

郭伟时

一、非物质文化遗产的概念界定及其特性

为应对世界文明单一化带来的精神危机，从20世纪70年代起，联合国教科文组织出台了一系列保护世界文化遗产工作的部署和会议文件。其中，从1972年颁布的《世界遗产公约》到近年来出台的《保护非物质文化遗产公约》，都极大地推动了世界各国文化遗产的保护，同时也在国人心中引发了强烈的共鸣。这既是一项新时期文化建设的开拓性工作，也是一项文化创新工程。我们中华民族在悠久的历史进程中，创造了丰富多彩的文化遗产，这些非物质文化遗产承载着丰富的多元文化功能。我们党和政府非常重视非物质文化遗产的保护工作，党的十七大报告指出：“加强对各少数民族文化的挖掘和保护，重视文物和非物质文化遗产保护。”“要全面认识祖国传统文化，取其精华，去其糟粕，使之与当代社会相适应，与现代文明相协调，保持民族性，体现时代性。”这些内容都为我们指出了科学对待文化遗产和传统文化的态度和方法，充分说明了党和政府对非物质文化遗产保护工作的重视。

联合国将非物质文化遗产界定为："被各群体、团体、有时为个人视为其文化遗产的各种实践、表演、表现形式、知识和技能极其有关的工具、实物、工艺品和文化场所。在本公约中，只考虑符合现有的国际人权文件，各社区、群体和个人之间相互尊重的需要和顺应可持续发展的非物质文化遗产。"非物质文化遗产的特性包括：非物质属性、文化属性、遗产属性和传承特定的属性等。具体来说，非物质文化遗产是指各民族人民世代相承的，与广大人民群众密切相关的各种传统文化表现形式和与文化表现形式相关的文化空间，是人类精神文化遗产，民族民间的文化遗产，即非物质的、无形的、动态的、记忆的遗产，其中包括语言、文字、音乐、舞蹈、神话、故事、游戏、宗教礼仪、风俗和手工技艺等。

二、《中图法》设置非物质文化遗产类目的必要性

非物质文化遗产承载着丰富的多元文化功能和人类社会的文明，是人类历史发展的创造，是人类文明的结晶，而少数民族非物质文化遗产是人类文化遗产的重要组成部分，是世界多样性的重要体现，无论是从语言、文学、音乐、舞蹈、美术、曲艺、礼仪、节日、手工技艺、文化空间等都构成了各民族丰富多彩的非物质文化遗产。

当前，随着经济全球化和社会现代化的不断加快，非物质文化遗产保护工作也日益受到关注和重视。图书馆作为一个搜集、整理、传播信息和发展文化的社会机构，是知识的宝库，是文献信息的集散地。一切物质文化遗产和非物质文化遗产都可转化为文献信息资料，在图书馆保存并传播，因此，图书馆理应责无旁贷地关注并积极参与这项保护以文化为本义的非物质文化遗产的工作。而对于我们民族院校图书馆而言，民族文献众多，充分体

现了我们中华民族包括各地区、各少数民族优秀的传统文化。随着这项保护与抢救非物质文化遗产工作的逐步深入，如何对这些口口相传、源远流长的民族民间活态文化知识更有效地进行采集、保存、整理与利用，对图书馆来说是一次新的挑战，也是图书馆的一项基本的社会职能。而作为图书馆最基础、也是最重要的分类标引工作而言，能够及时、准确地将此类文献进行科学的采集、分类，并有序的加以整理，从而使其能够得以充分的利用，是图书馆工作的重要环节。但由于目前《中图法》未单独设立非物质文化遗产这一类目，因而在类分此类文献时，各图书馆均将其分散到了各个类中，查找起来极为不便。鉴于此，笔者认为有必要在《中图法》中单独设立非物质文化遗产类目，以便此类文献的相对集中。下面将国家图书馆和北京大学CALIS中心数据中有关非物质文化遗产类的文献在《中图法》中的归类情况做一简要介绍：

例：1.《国家级非物质文化遗产大观》类号为：K203

2.《抢救保护非物质文化遗产——西北各民族在行动》类号为：K280.4-53

3.《中国非物质文化遗产教程》类号为：K28

4.《活态文化——中国非物质文化遗产初探》类号为：G122

5.《蒙古长调》类号为：J607.212

6.《民族记忆的背影——云南少数民族非物质文化遗产研究》类号为：K280.74

7.《口传心授与文化传承》类号为：K103-53

8.《最后的木屋村落：长白山满族非物质文化遗产保护研究》类号为：K282.1

从上述例子中我们可以看出，这几种书的归类比较分散，每种书各为一类，由于在《中图法》中对非物质文化遗产这类文献的归类没有一个统一的标准和准确、清晰的定位，造成了这类文献的分类和主题标引没有一个准确性和一致性，从而给分类标引工作带来了一定的困难和混乱，致使这类文献在分类标引时无据可依，分类标引人员在类分这类文献时只能将有些内容相同或相近的文献分入不同的类目中，使这些文献的分类显得过于牵强。继而同书异号、异号同书的现象时有发生。这种分类混乱的状况，极不利于读者的检索和利用，也不利于分类人员对类分文献的把握，从某种意义上讲也可以说是影响和削弱了图书馆对于非物质文化遗产保护这一新时期文化创新工程的社会职能。

三、非物质文化遗产类目设置的一点建议

非物质文化遗产类文献内容庞杂，涉及人类和社会文明的各个方面。因此在设置此类目时就要贯彻《中图法》以科学分类为基础，采取从总到分、从一般到具体、从简单到复杂、从理论到实践的类目划分原则进行合理的类目划分。就是将总论非物质文化遗产类的文献集中在“G112 文化专题研究”类下，将专论文献各入其类。具体建议如下：

1. 增设类名

从以上非物质文化遗产的概念界定和特性来看，从广义上讲它仍属于文化的范畴，且为文化的子系统。因此建议将总论非物质文化遗产的文献归入 G 大类的“G112 文化专题研究”类下，将此类目扩充，单独增设“非物质文化遗产”类目，这样可以将总论性文献集中于此，按照这种做法，将上述几种关于综合论述非物质文化遗产的文献均可归入此类，如《国家级非物质文化遗产大观》、《中国非物质文化遗产教程》、《口传心授与文化传承》等。

2. 增加类目注释

在增设非物质文化遗产类目的基础上增加类目注释，即“总论非物质文化遗产入此，专论入有关各类。”即将其他专论各地区、各民族非物质文化遗产类文献归入有关各类，如上述几种《抢救保护非物质文化遗产——西北各民族在行动》、《蒙古长调》、《民族记忆的背影——云南少数民族非物质文化遗产研究》、《最后的木屋村落：长白山满族非物质文化遗产保护研究》等。这样，使非物质文化遗产类文献有一个相对集中，又合理分散，使此类文献有一个统一性和完整性，进一步保证了文献分类的一致性原则，既有利于分类人员的分类标引，更便于读者的查找与利用。《中图法》作为目前使用较为广泛的重要的文献分类法，应紧跟时代的步伐，及时反映新学科和新领域，使之更加合理、更趋完善。

以上是笔者的一点浅见，不很成熟，只为抛砖引玉，望与同仁商榷。

参考文献：

1. 中国图书馆分类法编委会：《中国图书馆分类法（第四版）》，北京：书目文献出版社，1999 年。

2. 《中国图书馆分类法（第四版）使用手册》，北京：书目文献出版社，1999 年。

3. 石亚萍、李大鹏：《图书馆与非物质文化遗产》，载《宿州学院学报》，2008 年第 2 期，第 38－40 页。

4. 陈洁、陈翔：《与非物质文化遗产初论》，载《法制与社会》，2008 年第 5 期，第 248 页。

中央民族大学图书馆2006—2008年馆藏中文图书流通数据率统计分析

满达日花

流通数据统计分析是图书馆读者服务工作中一个重要环节，通过流通数据的统计分析可以了解读者的阅读倾向和馆藏对读者需求的适应能力，能够更科学合理的建设馆藏，为读者提供优质的服务。本文依据中央民族大学图书馆馆藏中文图书2006—2008年的流通数据，对馆藏各类中文图书的借阅情况和利用率进行分析，提出了相关的建议。

一、藏书布局及数量分析

中央民族大学是一所具有50多年历史的综合性重点大学，它致力于少数民族人才培养和民族问题研究，以为国家的民族团结与发展提供高水平服务为办学特色，学科结构定位是以人文社会科学为主体，以民族类学科为主导，推进交叉学科和新兴学科建设。作为学校的文献信息中心的图书馆，建馆以来一直围绕学校的办学方针与特色，以为学校的教学科研服务为宗旨，经过50多年的建设，已经形成了以人文社会科学为主，民族学科为特色的馆藏体系。

该馆馆藏中文图书，除古籍、保存本及大型工具书外其余全部投入流通，截至2008年年底投入流通的中文图书近45万册，全部按照中国图书馆图书分类法分类排架，实行开架式借阅服务。藏书布局按照图书的学科属性分为社科类图书、文学类图书、艺术类图书、自然科学类图书四个借阅室进行借阅管理。为了下文叙述方便，表一列出了中国图书馆图书分类法的类别代码及名称。

表一　中国图书馆图书分类法基本大类表

科目 类目	学科门类
A	马克思主义、列宁主义、毛泽东思想、邓小平理论
B	哲学、宗教
C	社会科学总论
D	政治、法律
E	军事
F	经济
G	文化、科学、教育、体育
H	语言、文字
I	文学
J	艺术
K	历史、地理
N	自然科学总论
O	数理科学和化学
P	天文学、地球科学
Q	生物科学
R	医药、卫生
S	农业科学
T	工业技术
U	交通运输
V	航空、航天

续表

类目＼科目	学科门类
X	环境科学
Z	综合性图书

表二 2006—2008 年中央民族大学图书馆投入流通的各类中文图书藏书量统计表

类目	2006 年		2007 年		2008 年	
	册数（册）	占总册数的比例（%）	册数（册）	占总册数的比例（%）	册数（册）	占总册数的比例（%）
A	6937	2.2	7363	1.8	7429	1.7
B	21533	6.9	29489	7.0	31875	7.2
C	8196	2.6	11431	2.7	12441	2.8
D	30246	9.7	41020	9.7	45164	10.2
E	1318	0.4	1675	0.4	1805	0.4
F	21068	6.8	38903	9.2	42311	9.5
G	11555	3.7	17396	4.1	18452	4.2
H	14917	4.8	21590	5.1	22817	5.1
J	5480	1.8	12675	3.0	13567	3.1
K	61573	19.8	74293	17.6	77197	17.4
Z	1708	0.6	2118	0.5	2160	0.5
I	94162	30.3	109431	26.0	110582	24.9
N	2253	0.7	2795	0.7	2817	0.6
O	13201	4.2	15643	3.7	16680	3.8
P	1212	0.4	1698	0.4	1772	0.4
Q	2857	0.9	3753	0.9	4101	0.9
R	1895	0.6	5226	1.2	5730	1.3
S	608	0.2	953	0.2	962	0.2
T	9535	3.1	22435	5.3	23566	5.3
U	74	0.0	418	0.1	418	0.1

续表

类目	2006年		2007年		2008年	
	册数（册）	占总册数的比例（%）	册数（册）	占总册数的比例（%）	册数（册）	占总册数的比例（%）
V	67	0.0	84	0.0	87	0.0
X	879	0.3	1610	0.4	1985	0.4
总计	311274	100	421999	100	443918	100

1. 在投入流通的中文图书中，人文社科类图书数量占绝对优势，体现了我校人文社会科学为主的学科的特色。

2. 自然科学类图书数量很少，在投入流通的中文图书中，其所占比例2006年为10.4%、2007年为12.9%、2008年为13%，有逐年上升趋势。2007年图书馆在文献采购原则上向新增学科倾斜的同时采取了现场采购等措施补充了自然科学类图书，但与学校的教学科研需求仍然有较大的差距，特别是环境科学、生物科学、医药卫生等学校新增学科的图书资料数量极少。在今后几年的采购原则上仍需重点倾斜。

3. 文学类、历史类、地理类是我馆投入流通的中文图书中数量最大的两个类别。三个年度中其所占比例分别为，I类：30.3%、26.0%、24.9%；K类：19.8%、17.6%、17.4%。该两个类别的图书不仅在数量上占有优势，其藏书质量也很高，特别是民族历史、少数民族文学方面的图书收藏较全，是我馆的馆藏特色中具有代表性的两个部分。但是由于在图书馆发展的各个阶段学校投入的经费不均等，在前期较为充足，中期严重短缺，因此该两个类别的图书老化现象相对于其他类别更为严重，需要在对20世纪80年代中期前出版的图书进行适当剔旧的基础上有选择性地补充80年代中后期至21世纪初出版的民族历史和民族文学等学科的专业性图书。

二、藏书流通量统计分析

表三　2006—2008 年中央民族大学图书馆各类中文图书流通量统计表

内容	分类号	2006 年			2007 年			2008 年		
		借书册数(包括续借)	占借出总量的比例（%）		借书册数(包括续借)	占借出总量的比例（%）		借书册数(包括续借)	占借出总量的比例（%）	
社会科学类	A	921	0.58		2173	0.54		1877	0.4	
	B	14398	9.06		36008	8.92		35192	8.3	
	C	6521	4.11		16760	4.15		17922	4.2	
	D	12559	7.91		35643	8.83		40647	9.6	
	E	426	0.27		1324	0.33		1151	0.3	
	F	9107	5.73	92.79	30754	7.62	89.85	36816	8.7	85.3
	G	5559	3.50		17556	4.35		19860	4.7	
	H	12524	7.89		38207	9.47		39593	9.4	
	J	3250	2.05		11391	2.82		15876	3.8	
	K	22048	13.88		58080	14.39		54857	13.0	
	I	60054	37.81		114720	28.43		96521	22.9	
自然科学类	N	282	0.18		819	0.2		970	0.2	
	O	3276	2.06		8296	2.06		13792	3.3	
	P	127	0.08		552	0.14		616	0.2	
	Q	874	0.53		2854	0.71		3802	0.9	
	R	581	0.37		3052	0.76		4477	1.1	
	S	26	0.02	6.96	155	0.04	9.8	178	0.04	14.4
	T	5651	3.56		22448	5.56		34520	8.2	
	U	1	0		29	0.01		45	0.01	
	V	10	0.01		41	0.01		20	0.01	
	X	238	0.15		1238	0.31		1818	0.4	
综合类	Z	399	0.25	0.25	1425	0.35	0.35	1437	0.3	0.3
	总计	158832		100	403525		100	421987		100

表四 2006—2008年中央民族大学图书馆各类中文图书流通量排行

排名 \ 项 \ 年	2006年		2007年		2008年	
	类别	占总流通量的比例（%）	类别	占总流通量的比例（%）	类别	占总流通量的比例（%）
1	I	37.8	I	28.43	I	22.9
2	K	13.88	K	14.39	K	13.0
3	B	9.06	H	9.47	D	9.6
4	D	7.91	B	8.92	H	9.4
5	H	7.89	D	8.83	F	8.7
6	F	5.73	F	7.62	B	8.3
7	C	4.11	T	5.56	T	8.2
8	T	3.56	G	4.35	G	4.7
9	G	3.50	C	4.15	C	4.2
10	O	2.06	J	2.82	J	3.8
11	J	2.05	O	2.06	O	3.3
12	A	0.58	R	0.76	R	1.1
13	Q	0.53	Q	0.71	Q	0.9
14	R	0.37	A	0.54	A	0.4
15	E	0.27	Z	0.35	X	0.4
16	Z	0.25	E	0.33	Z	0.3
17	N	0.18	X	0.31	E	0.3
18	X	0.15	N	0.2	N	0.2
19	P	0.08	P	0.14	P	0.2
20	S	0.02	S	0.04	S	0.04
21	V	0.01	V	0.01	U	0.01
22	U	0.01	U	0.01	V	0.01

从表四的统计数字可以看出：

1. 人文社会科学类图书的流通量占全部图书流通量的85%以上。其主要原因是中央民族大学建校初期只有少数几个文科院系，虽然目前已经发展为文、史、哲、经、管、法、理、工、医、教10个学科门类，55个本科专业的综合性大学，但仍然以人文社会科学为主体。因此图书馆馆藏也以人文社会科学类文献为主，自然科学类文献基础薄弱，截至2007年8月30日在我馆1264737册藏书中自然科学类图书53128册，仅占藏书的4.2%。为了适应学校的发展，图书馆2007年开始重点加强了理工科与管理等新增学科的文献资源建设，因此自然科学类图书的流通量占全部图书流通量的比例逐年上升。其次是读者的阅读倾向所致，文科专业读者除计算机类外很少借阅其他自然科学类图书，而理工科专业的读者也与文科专业读者一样，对社会科学类图书中文学、艺术、语言、文字（主要以外语考试类为主）、哲学宗教、管理、经济、历史、文化体育等类目的图书都具有广泛的兴趣。

2. 2007年藏书流通量为2006年的2.5倍，增速很快。其原因有三，一是自2006年12月起对读者借阅权限进行调整，将原有按读者类型和借阅室设不同借阅权限改为不分读者类型统一在全馆借15册（2008年3月改为10册），扩大了读者借阅权限。二是对馆藏所有图书进行全方位的开架借阅，为读者利用馆藏提供了极大的便利。三是2007年加强了新书采购力度，投入流通的中文图书就增加了11万多册。因此2007年读者借阅总量大幅度增加，而2008年在读者借阅权限统一减为10册的情况下仍然保持了与2007年大致相当的流通量。

3. 从三年的流通量统计看，整体上，在各类图书中I（文学）类图书的借出量最高。文学类图书除部分文学理论与文学研究类图书外，其读者群主要是低年级学生，并且以借小说为主，作为消遣性图书其流通速度快，流通量也大，但有明显的逐年下降趋势，相应的其他类别的图书借出量逐年增加。增幅较大的分别为T（工业技术）类、F（经济）类、D（政治、法律）类、

H（语言、文字）类、J（艺术）类、G（文化、科学、教育、体育）类。说明随着我国经济快速发展，就业、升学、出国等需求越来越大，因此计算机、经济、政治、法律、外语等应试类图书的借阅量增幅最大。另一方面，读者的阅读情趣从对文学欣赏情有独衷逐渐向艺术、文化、科学、教育、体育等多学科扩展。K（历史、地理）类、B（哲学、宗教）类、C（社会科学总论）类图书，三个年度的借出量均保持在较高水平，且略有提高。由此可以看出读者对历史、地理、哲学、宗教、社会科学理论等类别的图书均有广泛的兴趣。这些也从另一侧面反映了我馆藏书结构越来越趋于科学合理化，有利于学生的德、智、体全面发展。

三、藏书流通率统计分析

文献流通率是读者在一年内所借阅的馆藏文献占全馆馆藏文献总数量的比例，是衡量藏书利用率的重要指标。

表五　2006—2008年中央民族大学图书馆各类中文图书流通率统计表

类目	2006年			2007年			2008年		
	流通量（册）	总册数（册）	流通率（%）	流通量（册）	总册数（册）	流通率（%）	流通量（册）	总册数（册）	流通率（%）
A	921	6937	13.3	2173	7363	29.5	1877	7429	25.3
B	14398	21533	66.9	36008	29489	122.1	35192	31875	110.4
C	6521	8196	79.6	16760	11431	146.6	17922	12441	144.1
D	12559	30246	41.5	35643	41020	86.9	40647	45164	90.0
E	426	1318	32.3	1324	1675	79	1151	1805	63.8
F	9107	21068	43.2	30754	38903	79.1	36816	42311	87.0
G	5559	11555	48.1	17556	17396	100.9	19860	18452	107.6
H	12524	14917	84	38207	21590	177	39593	22817	173.5
J	3250	5480	59.3	11391	12675	90	15876	13567	117.0

续表

类目	2006年			2007年			2008年		
	流通量（册）	总册数（册）	流通率（%）	流通量（册）	总册数（册）	流通率（%）	流通量（册）	总册数（册）	流通率（%）
K	22048	61573	35.8	58080	74293	78.2	54857	77197	71.1
Z	399	1708	23.4	1425	2118	67.3	1437	2160	66.5
I	60054	94162	63.8	114720	109431	104.8	96521	110582	87.3
N	282	2253	12.5	819	2795	29.3	970	2817	34.4
O	3276	13201	24.8	8296	15643	53	13792	16680	82.7
P	127	1212	10.5	552	1698	32.5	616	1772	35.8
Q	874	2857	30.6	2854	3753	76.1	3802	4101	92.7
R	581	1895	30.7	3052	5226	58.4	4477	5730	78.1
S	26	608	4.3	155	953	16.3	178	962	18.5
T	5651	9535	59.3	22448	22435	100.1	34520	23566	146.5
U	1	74	1.4	29	418	6.9	45	418	10.8
V	10	67	14.9	41	84	48.8	20	87	23.0
X	238	879	27.1	1238	1610	76.9	1818	1985	91.6
外借图书流通率	158832	311274	51.0	403525	421999	95.6	421987	443918	95.1

注：所统计的各类图书总册数只是我馆投入流通的中文图书册数。因此严格意义上上述流通率不是馆藏全部图书的流通率，而是外借图书流通率。

表六 2006—2008年投入流通的中文各类图书流通率排行

排名 \ 项目 \ 年	2006年		2007年		2008年	
	类别	流通率（%）	类别	流通率（%）	类别	流通率（%）
1	H	84	H	177	H	173.5
2	C	79.6	C	146.6	T	146.5
3	B	66.9	B	122.1	C	144.1

续表

年 / 项目 / 排名	2006年		2007年		2008年	
	类别	流通率（%）	类别	流通率（%）	类别	流通率（%）
4	I	63.8	I	104.8	J	117.0
5	T	59.3	G	100.9	B	110.4
6	J	59.3	T	100.1	G	107.6
7	G	48.1	J	90	Q	92.7
8	F	43.2	D	86.9	X	91.6
9	D	41.5	F	79.1	D	90.0
10	K	35.8	E	79	I	87.3
11	E	32.3	K	78.2	F	87.0
12	R	30.7	X	76.9	O	82.7
13	Q	30.6	Q	76.1	R	78.1
14	X	27.1	Z	67.3	K	71.1
15	O	24.8	R	58.4	Z	66.5
16	Z	23.4	O	53	E	63.8
17	V	14.9	V	48.8	P	35.8
18	A	13.3	P	32.5	N	34.4
19	N	12.5	A	29.5	A	25.3
20	P	10.5	N	29.3	V	23.0
21	S	4.3	S	16.3	S	18.5
22	U	1.4	U	6.9	U	10.8

表六的数据显示

1. 三年的图书流通率排行中排名在前的H（语言、文字）类、C（社会科学总论）类、B（哲学、宗教）类、T（工业技术）类、J（艺术）类、G（文化、科学、教育、体育）类、F（经济）类、D（政治、法律）类等几个类别的图书利用率都较高，藏书量相对不足，应相应加强采购力度。

2. I（文学）类、K（历史、地理）类图书虽然其流通量远远大于其它图书，但其利用率都不是很高，说明该类图书藏书量较大，老化现象较为严重，需要进行适当剔旧。

3. 三年中A（马克思主义、列宁主义、毛泽东思想、邓小平理论）类图书利用率均较低，其原因主要是该类图书种类不多，但复本量大，新书比例较低，需要加强藏书建设，在对现有藏书进行剔旧的基础上重点补充新书。

上述流通数据显示，中央民族大学图书馆中文图书馆藏结构符合学校的办学特色，绝大部分学科和专业的文献借阅量和利用率都较高，说明馆藏在数量和质量方面能够满足学校教学科研的需求，馆藏建设能适应学校的发展。在藏书体系中，人文社会科学类图书藏书量占绝对优势并具有明显的民族学科特色，体现了中央民族大学以人文社会科学为主体的学科特色和民族学科方面优势，但也有些类别的图书存在着诸如老化现象严重、种类少、新书比例低等问题有待改进。自然科学类图书是馆藏的薄弱环节，虽然近年来图书馆想方设法加强了自然科学类图书的采购力度，但毕竟底子薄，基础差，自然科学类藏书建设要赶上学科发展的步伐路还尚远，需要继续加大力度。总之，图书馆应该加强流通数据的统计分析和研究，保持和发扬优势，克服和改进不足，使我们的馆藏结构更趋科学合理化，为读者提供高质量的精神食粮，更好的为学校的教学科研服务。

网络环境下民族高校图书馆采访工作新思考

麻晓红

在知识经济和信息网络技术迅猛发展的今天，为了适应高校教学体制改革和学科发展的需要，顺应国际上图书馆文献资源建设的发展趋势，我国图书馆的资源建设也进入崭新的时代。当前图书馆馆藏图书文献的软、硬件建设和服务，已由单纯的收藏整理和利用文献这种相对封闭的状况，发展到今天以传递文献为主，全面开放，资源共享的信息资源大系统的动态建设和服务，计算机技术、高密度存储技术和数据通信技术已在图书馆工作中广泛应用，并发展成为专门的工程体系。文献信息资源建设成为图书馆核心工作，而面对这一大系统各个方向需求（采集和服务）的整合是对各类文献信息资源进行调整、合并以减少重复，消除阻塞，提高互通和保障能力，深化服务层次。建设是基础，整合既是服务的需要，也是网络环境下图书馆文献信息资源建设的深化。

一、图书馆新型采访工作的意义：

1.1 图书馆采访工作的具体含义

我国台湾学者顾敏认为：狭义的采访是指为建立图书馆馆藏而进行的“收而有之”的工作；广义的采访是指有关图书馆方

面为建立馆藏所做的觅求、拣选与收取的工作。目前一个普遍被认同的说法是：采访由“采”和“访”组成，“采”就是通过各种渠道进行广泛搜集，“访”就是广泛而系统地进行调查研究。这里的“访”不是传统意义上的“搜寻”，而是“遍访读者，征求他们对图书馆藏书建设的意见和建议，了解他们对文献信息的需求”，从而使所购文献更贴近教学和科研的实际。“访”是“采”的基础，采访工作的具体含义，就是采访工作人员通过对馆藏、读者和书源的调查，有目的、有计划和系统地收集所需的图书文献，以满足读者的需求。

1.2 图书馆采访工作创新的重要性

图书文献的采访工作是图书馆文献资源建设工作的重要组成部分和首要环节，是图书馆工作的基础和核心，是图书馆发挥各项职能的物质基础。加强图书文献采访工作对提高图书馆整体工作水平至关重要，其工作的优劣，直接关系到藏书建设的数量与质量，直接影响读者服务的质量和图书馆工作的全局，影响到图书馆的社会效益和经济效益。因此，面对浩如烟海的文献资料，只有经过采访人员系统地、有目的地选择、搜集，才能保证图书馆馆藏建设的有序进行以及馆内其他部门工作的正常开展。更为重要的是依据图书馆系统工程的发展和要求，不断优化采访过程，使采访手段的科学化、工程化，与国内外图书馆系统的最高端保持同步的更新和平台同代，使相应的软、硬件保持相容，使服务终端始终是主流界面。同时特别注意加强图书馆系统的新理论、新趋势探讨。

二、网络环境下民族高校图书馆采访工作的变革形势分析

高校图书馆肩负着为学校教学和科研服务的双重任务，其重

要性不言而喻。随着高等院校教育体制改革的不断深化以及图书出版发行体制的不断变革，使多年来形成的图书馆文献采访固有模式面临严峻的挑战。作为中国高等教育的重要组成部分的民族高等院校图书馆文献采访工作也正发生着根本性的变化。在这新形势下民族高等院校图书馆文献采访工作的特点是什么呢？如何对图书馆采访工作进行全面地改进？采取什么样的策略顺应网络环境的新变革？这是民族院校图书馆采访工作者面临的新考验。笔者结合多年实际工作经验，从做好网络环境下民族高校图书馆的采访工作的角度出发，做一些探索和研究。

2.1 网络环境下民族高校图书馆采访工作的内外环境发生了重大的变革

高度信息化社会，新科学、新技术、新产品将不断涌现。据专家预测，未来世界将出现仿人脑神经和思维的神经计算机、模糊计算机，出现运算速度达每秒1000万亿次的超导计算机、运算速度是传统计算机10亿倍以上的量子计算机等。还将出现容量达1000万亿字节级的存储器，更新今天容量仅为10亿字节级的磁盘等。所有这一切，将彻底改变信息社会的信息组织、信息传递、信息储存、信息数字化等工作，使人类步入高度网络化社会。这一切变化，改变着图书馆的生存环境，使图书馆的采访工作面临着巨大的机遇和挑战。同时图书资料的使用方式也发生了很大的变化，从以前的纸质资料，发展到目前图文声像的多媒体时代。计算机及其软件提供的服务已成为服务形式的主体，采访的很大一部分内容需要适应这种发展趋势。以计算机为基础的网络化，使图书馆采访工作需要面对大量和大递增量的局面，如何应对快速增长的采访量和如何预测采访量的变化，已在实际上成为影响图书馆发展的现实问题。这些变化对民族高校图书馆采访工作产生的巨大冲击，促使着图书馆采访工作的理念、手段、方式、方法等不断调整和改进。

2.2 民族高校图书馆采访工作面临着新挑战

首先，民族高校图书馆采访工作的对象发生了变化。

教育部2002年新颁发的《普通高等学校图书馆规程》中指出："在文献采集中应兼顾纸质文献、电子文献和其他载体文献，兼顾文献载体和使用权的购买。"图书馆采访工作由原来的印刷型文献和缩微文音像制品文献等非数字化文献信息，增加了数字化文献这一新的内容。采访工作的对象由传统的印刷型文献变成传统印刷型文献与数字化文献并存的格局，那么民族高校图书馆要在科学规划、合理配置的前提下。采取积极的态度，加强对电子文献和数字化文献的收集和利用，注意传统的印刷型文献与数字化、电子文献之间的协调采访。

其次民族高校采访工作的内容有了新的改变。

采访工作的内容有了新的改变，传统的文献采访模式主要是通过书店在规定的时间内预订图书，报送订单以《社科新书目》、《科技新书目》为主，这种方式主要是手工操作，费时费力，从征订到图书到馆至少需要几个月至半年的时间。在网络环境下，除传统的采访工作内容外，网上信息的调查、评价、选择也成为采访工作的重要内容。网上学术性、商业性、娱乐性等各种内容、各种形式的信息极为丰富，从中筛选出有价值的信息，下载后提供给咨询部或技术部处理，变为自己馆藏或纳入导航系统是采访工作的新任务。此外，对财力所不能购买的信息资源，可以通过各种联合目录的检索，告诉读者哪里能找到他们需要的资源，开展文献传递，馆际互借服务，这些工作实际上都延伸和扩大了馆藏，各图书馆应根据实际需要与其他高校图书馆实行联合采购，从网上建立联合目录的检索，开展文献传递，馆际互借服务等办法，使其迅速发展成为具有特色的新型图书馆。总之，网络环境下文献采购的模式有了新内容。图书馆的采访人员不受时间和地点的限制，可以通过计算机对所需图书文献实现网上采访，节省时间提高工作效率，这是新时期采访工作发展的方向，也是目前民族高校图书馆采访工作的新模式。

最后，民族高校图书馆采访工作的重心发生了很大的变化。

和其他图书馆一样，现行文献建设和文献布局的不合理性、不科学性在新时期的民族高校图书馆也越来越突出。民族高校图书馆文献建设、布局的科学调整迫在眉睫、势在必行，可以从以下几个方面入手：（1）建设数字化的“大文献资源保障网”。世界每年出版图书70万—80万种。期刊10万—15万种，文献呈海量级增长。没有哪一个国家的哪一个图书馆具备购买所有文献的财力。在资金缺乏的情况下要丰富馆藏、提高文献保障率，必须大力加强包括互联网文献、区域网（一般是以省或地区为范围）文献、馆藏文献等在内的大文献资源保障网建设。网络文献是未来增长最快、内容最丰富、检索最方便、利用最便利、使用率最高、价值最大的数字化文献，民族高校图书馆基础相对薄弱，建设它至关重要。（2）加入远程文献保障网要有雄厚的资金支持和技术保证，对一般规模的民族高校图书馆来讲有难度。为了更好地开展资源共建、共享，成立具有约束、协调、强制力的组织是必要的，在该组织的统筹下有重点地搞好各自应承担的那部分文献资源建设任务，力争区域资源共享网所藏文献能覆盖所有的学科，达到门类齐全、知识完备、信息丰富，充分满足本区域各单位教学、科研、生产、工作、生活等的一切需要。值得注意的是，各成员馆应在搞好须担负的那部分区域文献建设任务的同时，还要积极进行本馆特色资源建设。（3）逐渐增大电子文献、网络文献的馆藏比例。图书馆要把相当部分资金用于购置广大读者需要、检索方便，内容丰富、下载快捷的多媒体电子文献和数字文献上，特别是在网络上运行的网络文献上，或者是充分利用“网络游戏规则”下载有价值的网络文献。现在，很多专业出版社、杂志社、报社或IT产业界的一些公司已把上百万种的书刊制成了电子版、网络版，这些文献数据库虽然价格不低，但由于这些数据库文献品种丰富、易检索、便利用，而且在很大程度上能弥补馆藏文献的不足，不少馆投巨资予以购置。图书馆购置的电子文献、网络文献要尽量上自己的局域网，其文献要有专职部门管理、维护、服务并负责对用户的培训、技术支持等。图书馆也要提供环境优雅、空间宽敞、计算机数量足够的多媒体阅览室对没有网络终端的读者服务。事实上，随着电子出版物及网络文献品种、数量的猛增，图书馆的文献结构早已发生了不以人的意志为转移的变化。另外，在线阅读和下载也形成热潮。为了保证这类新的使用方式正常进行尽早建立相应的公共规则甚至法律，规范各方的职责角色是十分必要的。由此可见民族高校图书馆的采访工作已经由固有的单一的模式向多元化迈进。

三、民族高校图书馆采访工作如何应对网络环境下采访工作的新变革

3.1 加强图书馆采访工作的组织和管理

采访工作的质量直接反映了该图书馆的管理水平和服务效果。采访工作组织形态关系到图书馆运行效率。因此强化高层次人员配备、定期培训、开展讲学等方式，不断更新人员的知识和思路。建立图书馆的中枢沟通机制，实时信息交流，使采访工作始终运行在计划的前端，保证馆内各个部分得到采访这个关键环节最基本的支撑。

3.2 图书馆采访人员的理念应顺应网络环境的变革

网络环境下一切采访工作都是较规范、有章可循的。图书馆对采访人员的约束首先靠的是一种无形的精神力量。受网络的影响，采访人员的理念、思维应该发生根本性的转变。他们应该对网络有较深刻的认识。自觉或不自觉地融入到网络社会中来，具

备网络时代应有的工作方式、思维方式、工作理念。网络把世界变小，把各地人们的距离拉近。人们更容易看到自己与世界各处同仁的差距，多方面约束自己的行为，自觉提高自己的各种能力，改善自己的知识结构。增强自己的竞争力，自觉遵守各种法律、章程，对工作倾注更多的心血，高质量完成自己的本职工作、履行自己的职责。应该自觉地把新技术、新方法、新理念应用到工作中去。以提高工作效率为己任，以提升自己的社会竞争力为目标，以争取到高的物质、精神待遇为目的。采访人员对自己工作的重视、专心，付出程度从未像今天这样突出，对自己所负的历史责任和神圣使命的认识也从来没有像今天这样透彻。新时期，对采访人员的知识要求是很高的，不但丰富、渊博，而且结构要合理。由于受网络、社会高度信息化的影响，采访人员要更多地去学习和掌握与信息、网络、计算机、传输、数字化等有关的理工科知识，当然对管理学、心理学、社会学、历史学、文化学等社会科学的学习也是必不可少的。文理兼备又有特长的复合型人才是21世纪最急需的。网络环境下的图书馆员要迅速更新自己的知识结构，提高自己的工作技能。可通过互联网搜索需要的课程和教学内容。利用网络的交互性、即时性特点进行双向交流、学习。还要积极投入到网络信息传输领域技术、设备的发明和研制中去，充分注意理论与实践的相互结合。

3.3　民族高校图书馆采访工作的手段、方法应随网络环境的变化而变革

新时期，图书馆的工作环境、工作条件得到很大的改善和提高，采访工作的手段、方法随之有了改变。随着社会网络化程度的进一步加强。图书馆采访工作被赋予新的内容：采访工作重心要放在网络信息、电子信息的搜集和购进上，逐步减少对传统文献载体的配备。采访人员要摒弃旧的工作行为，注意学习和吸收世界上最先进、科学的工作思路和工作方法。利用先进的现代网

络技术和设备在网上下载国内外有用信息，利用网络或电子订单订购本馆需要的东西，有计划、有目的、有重点地丰富自己的馆藏，建设符合网络时代要求的数字图书馆。采访人员要充分利用自己的工作优势协助相关部门加快图书馆传统文献的数字化工作，搜集有关数字图书馆建设的信息，购买图书馆数字化工作需要的系统软件和工作指南，制订数字化工作的计划、实施步骤、具体要求和指标体系，保证自主开发的数字信息符合国家、国际标准，能进入互联网流通，协助图书馆做好单位的信息基础设施建设，完成国家下达的数字信息建设任务。由于网络技术、设备的应用，图书馆采访人员可以不在固定的办公场所就可利用便携式移动设备，如手提电脑、能上网的手机、随处可见的微机从事自己的工作，或通过网络设备更新知识、提高能力。

由于信息资源的多样化、复杂化，在新的形式下，衡量一个现代化图书馆的实力，不仅仅在于它的藏书多少，而在于它为用户提供所需信息的能力，这就要求改变大而全、小而全的传统观念，注意馆藏的结构优化，突出馆藏重点，形成各自的藏书特色在注重现实馆藏建设的同时，各馆还要加强虚拟馆藏建设，拓展图书馆的信息资源空间，满足不同层次的读者对文献资源的需求，各民族高校图书馆就要根据本校的办学特点和方向，把握采访重点，突出个性。民族院校图书馆文献典藏要有鲜明的民族特色，民族院校图书馆既是学校学科建设的文献资源保障基地，也是学生学习专业、提高素养的知识宝库，更是传承民族文化，弘扬民族精神的重要阵地。所以对民族类和民族文字类的各种类型的文献资料的采集工作也是民族院校图书馆采访工作应当加强的一个重要方面。

参考文献：

1. 张春燕：《浅谈高校图书馆中文图书的采访原则及模式》，

载《农业图书情报学刊》，2007年第2期。

2. 李梅军：《大学图书馆文献采访新思》，载《图书馆建设》，2005年第1期。

3. 龙梅英、邹勇：《新时期高校图书馆采访工作的特点及变革》，载《湖南人文科技学院学报》，2007年第2期。

4. 罗春荣等：《电子馆藏及其发展政策研究》，载《大学图书馆学报》，2001年第2期。

5. 刘革、王丽娟：《关于高校图书馆数字化资源建设的思考》，载《图书馆学刊》，2006年第3期。

6. 蒋春林：《图书馆纸本馆藏与电子资源的链接现代图书情报技术》，2003年第6期。

7. 王东波：《新时期高校采访工作新问题、新方法图书馆杂志》，2000年第1期。

图书文献资料研究

20 世纪初中国发现的敦煌古文献之主要内容及其价值

李德龙

绪　言——敦煌文献的发现与收藏

打开中国地图，在甘肃省乌鞘岭向西至玉门关长达 1000 公里的河西走廊西端，有一座从公元前 111 年（两汉中期）就开始建设的城市——敦煌。在敦煌市东南 25 公里处，有一座由沙砾堆积而成的并不很高的山——鸣沙山，鸣沙山对面，是一座与之相对的赭色石山——三危山。两山周围则是数百公里的戈壁荒漠，唯独在两山之间的鸣沙山峭壁之下，有一片珍珠般的绿洲，这便是鸣沙山前长约 1 公里的大泉河岸边的树丛。在这片小小的绿洲之中、在鸣沙山的崖壁之上，错落有致地布列着 492 个佛教洞窟，这就是被联合国教科文组织列为“世界遗产清单”的敦煌莫高窟。

公元 366 年（东晋中期），一个名叫乐僔的和尚来到这里，在晚霞映照下，三危山熠熠生辉，乐僔以为这是佛光显现，于是，他在鸣沙山崖开凿了第一座石窟。此后千余年，数代高僧大德、官员百姓，至此开窟供养者不断，石窟最多时达千余个，由于风化坍塌，如今只剩 492 窟。这 492 窟，形制各异，大小不一，窟内共有彩色泥塑2450尊，彩色壁画45000平方米，按画高1.5米计算，壁画总长可达30公里，这里是独具特色的世界古典艺术宝库，也是世界文化史上罕见的佛教艺术中心。不知有多少僧俗、游客对莫高窟叹为观止，备感神奇。

清朝光绪二十六年（1900）五月二十六日，有一件更为神奇的事件震动了全世界，在莫高窟的现编号16号窟内，发现了一座暗窟，打开窟壁，发现窟内藏有沉睡了将近900年的四五万件六朝、隋、唐、五代、宋初的写本、刻本文书和大量绢帛、法物，这就是举世闻名的敦煌文献。藏此无价之宝的暗窟被编为17号洞窟，人们通称它为藏经洞。

藏经洞的发现，距今尚不足百年，关于其发现时间却有二说。一种认为是在清光绪二十五年，即1899年。此种说法源于发现藏经洞的道士王圆箓的墓碑。此木质墓碑至今犹存，被嵌于莫高窟前王道士的墓塔上。此碑立于民国二十年（1913）王道士去世之后。王道士名圆箓，祖籍湖北麻城，年轻时当兵，后至酒泉，出家为道士。他又从酒泉来到佛教圣地敦煌，在莫高窟建一道观——太清宫，以此为“栖鹤伏龙之所”。当地人称太清宫为下寺，寺址距莫高窟藏经洞仅有咫尺之遥，东西毗邻。据王道士碑文记载，王圆箓苦心募钱，尽力经营太清宫，一天，他用流水疏通三层洞沙，使沙砾裂开一孔，仿佛有光，于是，王道士打破洞壁，发现一个小洞，豁然开朗，洞内藏唐经万卷，古物多种。见者惊为奇观；闻者传为神物。此光绪二十五年五月二十六日事也。

王道士的墓碑由其徒子徒孙所立，立碑时距藏经洞发现之时已过30年，碑文中所说他以流水疏通洞沙，壁裂一孔，仿佛有光等也不可信，王道士不可能从太清官挖地洞至藏经洞，即使如此，也不可能见洞中有光，因洞在里面，光在外面，可见碑文与实情不合，墓碑有虚构、渲染之辞。由此看来，碑文所载藏经洞发现的时间也不一定准确。

目前学术界公认的藏经洞发现时间是光绪二十六年，即1900年。此说最早见于当时的甘肃学台叶昌炽所写的《缘督庐日记》癸卯年第11卷。该书中说藏经洞发现于庚子（1900年）孟夏，叶昌炽记此事之时，仅距藏经洞发现3年，因此，较为可信。另外，光绪三十二年（1906）敦煌莫高窟立有《重修千佛洞三层楼功德碑记》，这个碑中也说藏经洞发现于庚子年，当时，刻碑者与王道士有缘相见，此说很可能源于王道士之口。因此，人们相信，藏经洞发现于1900年。

更令人们确信无疑的是王道士的《催募经款草册》这篇文书，该文书现存敦煌研究院，以王道士名义书写，内容是上报催要经款，其中说，"（光绪）二十六年五月二十六日清晨，忽听天炮响震，山裂一缝，同工人用锄挖之，出现佛洞一个，内有石碑一个……内藏古经数万卷……"王道士所说，虽有故弄玄虚之嫌，但其所记发现之时间当属具体而可信。

至于藏经洞发现的过程，还有一说，虽不可详考，但也有可信之处。据说，王道士曾经雇佣一个姓杨的写经生在16号窟内甬道中抄写经卷，杨某边抄经边吸烟，以草绳点烟，草绳快燃尽时，再续一根，同时将未烬绳头插入洞壁中，年长日久，不见洞壁裂缝填满，以手击壁，闻到空墙之声，于是打开了藏经洞，发现了稀世珍宝——数万卷敦煌文献及其他法物。

不管怎样，敦煌文献的发现都是神奇的，神奇之中，我们很容易确定其发现的确切时间。然而，藏经洞为什么被封闭起来？何时藏入了这些经卷、法宝，却是众说纷纭，至今仍是千古之谜。

据敦煌学家考证，藏经洞是附属于16号石窟的小洞，长不足3米，壁高不足2.5米，是主持16号窟的唐朝大和尚洪辩的影窟，就是为纪念洪辩而建造的石窟。洪辩俗姓吴，曾得到唐王朝的褒奖，是著名的佛教大师，因此，建造了纪念他的影窟。那么，影窟为什么又成了藏经洞呢？又为什么把它封闭起来了呢？对此，没有可信的文字记载，是一桩历史公案。近百年来，人们借用各种旁证，提出种种假说，试图解开藏经洞封闭之谜，但至今未成定论，各种说法极多，综合起来有如下数种：

第一种认为，公元 11 世纪前半期，大致在 1035 年，西夏人（党项族）兴起于西北，占领了敦煌，莫高窟的僧众畏惧外寇侵掠，将经卷仓皇藏匿，封闭洞窟。最早提出此说的是到敦煌来探险并劫走了一大批敦煌文书的法国人伯希和，他的理由是藏经洞中经卷的纪年最晚的是在 997 年（宋至清道光年间）以前，而且，经卷中未发现有西夏文文书。中国部分敦煌学者及英国的探险家斯坦因也主张这种说法。

第二种说法认为，由于伊斯兰教东传，大肆破坏佛教艺术，信仰伊斯兰教的哈拉汗王朝在宋朝绍圣年间（1094—1098）向宋朝提出攻打西夏，得到允许，这一消息引起佛教徒的恐慌，因而封闭了藏经洞，以采取保护措施。若是如此，则封洞时间当在 1094—1098 年。

第三种意见是认为由于元初成吉思汗西征，信任道士邱处机与佛为仇，毁坏佛寺，迫僧为道，寺中的和尚便封闭了经卷，以免遭浩劫。此说主张藏经洞封闭于元朝初年。

还有人依据文献或文书推测藏经洞的封闭时间和原因，但都难以用直接材料加以证实。对于藏经洞封闭的大致时间，多数学者已推断为公元 11 世纪，确切时间还需进一步挖掘旁证材料，得到确认。至于封闭的原因，则需通过更大的努力，才有可能揭开这个千古谜底。

在人们千方百计地探索藏经洞封闭之谜的同时，让每一位中国人痛心的是，藏经洞内的数万件文献、法宝，绝大多数已流散海外，有些经卷甚至身首异处，难以拼合。

敦煌遗书发现后，西方国家的“探险家”、“考察队”接踵而来，用各种方式获取这批珍贵文物。最先来到敦煌对藏经洞文物下手的是俄国商人库什金，1905 年 10 月，他首先从敦煌骗购了两驮子多种文字的写本和绘画，这两驮子写本辗转成为今天俄藏敦煌文献的来源之一。两年之后，1907 年 5 月，英籍匈牙利人斯坦因闻风来到敦煌，利用欺骗手段，用金钱诱惑王道士，结果，以 40 块马蹄银（约值 500 两白银）贿通了王道士，从 5 月 21 日起，用了七个晚上，挑选了完整的长卷写本三千余卷，残破者六千余卷，还有不少印本，共计装了 24 箱，另有绘画、织绣 5 大箱，通过印度运往伦敦不列颠博物院，并在伦敦举办了这批价值连城的文物展览，英国人见到来自中国的千年古物，无不叫绝，英国政府也因此授予斯坦因爵士勋章。就是这个斯坦因爵士，1914 年他到新疆做第三次考察时，又在敦煌用 500 两银子买去了 570 余件写经，足足装了 5 大箱运往伦敦。

1908 年，法国汉学家伯希和听说斯坦因从中国劫得鸿宝，马上来到敦煌，凭他那深厚的汉学功底，在敦煌藏经洞中整整蹲了三个星期，从 3 月 3 日至 3 月 26 日，伯希和夜以继日地把藏经洞的所藏文物略作甄别，分为凡品与精品两类，将精品席卷而去，这批文书现藏巴黎国立图书馆，各种文字的文献多达 6000 卷以上。伯希和在带走大量文献的同时，也带走了一些精美的佛画等美术品，现大部分藏于卢浮宫和基迈博物馆。

直到 1909 年，伯希和携带少量文书，从越南河内赴北京，在六国饭店举办了一个小型展览会，至此我国学者罗振玉、王仁俊、蒋斧、董康等看了伯希和的展览后，方知敦煌发现了千年宝藏。他们十分熟悉这批文物的价值，立即奏书至清政府学部，学部于当年 8 月 22 日发电报给陕甘总督，令陕甘总督检查验齐千佛洞书籍及造像、古碑，“勿令外人购买”，殊不知这时已有大批敦煌宝物流散于英、法、俄国，并有部分经卷、佛画由肃州巡防兵而出家为道士的王圆箓送给了敦煌县令汪宗瀚，汪氏正以此为礼品送给他人，少量的敦煌文献已流散于官场和民间。

陕甘总督接到学部电令后，查得藏经洞所余文献还有八千六百多卷，他们按照命令，将这八千多卷文献用畜力车运往北京，交到李盛铎处。李盛铎面对这批劫后的无价之宝，爱不释手，精心挑选了若干遍，将价值较高的部分卷子据为已有，为了凑数，他竟然将部分长卷一撕为二或断为三节，使这批宝藏遭到不可挽回的极大损伤。这部分被李盛铎挑选后的文书，现藏北京图书馆分馆中。

敦煌文献遭到的厄运还不止如此，日本的大谷光瑞探险队、俄国的奥登堡、美国人华尔纳等，也先后来到敦煌，参与了搜集、盗买这批宝藏的活动，致使敦煌文献分藏于许多国家的图书馆和博物馆、美术馆及个人手中。

值得庆幸的是，各个国家都加强了对敦煌文献的保护与整理研究，全世界许多国家都兴起了敦煌学热，敦煌学已成为一门国际显学。据整理研究的结果表明，目前收藏敦煌文献数量最多的是中国国家图书馆，共有10000号以上。英国伦敦大英图书馆藏11297号；法国巴黎国立图书馆藏6000号以上，其中汉文卷子4038号，藏文卷子约2000号；俄罗斯圣彼得堡亚洲民族研究所藏11050号；日本人橘瑞超收藏429号。此外，中国的旅顺博物馆藏189卷，甘肃省图书馆藏100余卷，甘肃省博物馆藏137件，敦煌研究院藏367件，敦煌市博物馆藏304卷，其中汉文卷子78卷，藏文卷子226卷，西北师范大学历史系文物室藏22件，上海博物馆藏182件，天津艺术博物馆藏300余件，台湾“中央图书馆”藏153件，台湾国立历史博物馆藏20余卷。国内的部分高校及文博部门还有少量收藏。国外的英国印度事务部图书馆还藏有765卷古藏文文书，日本大谷大学藏有38卷，龙谷大学7卷，日本中村不折藏163卷，其他佚名者藏208卷，丹麦皇家图书馆东方部也藏有 14 卷敦煌遗书。据悉，台湾一些个人收藏家、台湾“中央研究院”历史语言研究所、英国牛津大学金德利图书馆、英国皇家亚洲协会图书馆及德国柏林科学院、韩国汉城博物馆、日本大谷文书中都有数目不详的敦煌文献。印度德里博物馆还藏有一些敦煌发现的藏文文书。瑞典、奥地利等国也有少量敦煌遗书收藏。实际上，到目前为止，还未统计出敦煌文书的准确数目，但就现在所知，总数不下 42000 件。

在学术界，常将 19 世纪末 20 世纪初河南安阳甲骨文的发现、居延汉晋简册的出土、明清内阁大库档案及敦煌文献的面世，称为“四大发现”，在这四大发现之中，敦煌文献却以它数量多、范围广、内容富、价值高而备受国内外学术界的重视。

就敦煌文献的内容而言，除了有大量的佛教经典、寺院文书之外，又有道经、道书、摩尼教、景教、袄教等多种宗教资料；至于儒家的经史子集、文学方面的诗词歌赋、教育方面的童蒙课本、社会文书户籍、账簿、医书、药方、占卜、历法、契据、信札、书仪简直是无所不及。就文字而言，汉文文书占绝大多数，但又不乏大量的古藏文、梵文、康居文、于阗文、龟兹文、回鹘文、突厥文及多种西域古语文文献。有人将敦煌文献喻之为“中古社会的写照”，也有人说敦煌文献是“学术的海洋”，我认为它是中国千古文化的百科全书。

一、宗教典籍的校勘补缺价值

在两千年的中国文化史上，留下了数不清的多种宗教痕迹，然而对中国人影响最大的莫过于佛教、道教及儒教。在数万卷的敦煌文献中，佛、道、儒三教的经典及论书也就自然占据了绝大多数，由于莫高窟是丝绸之路上的佛教圣地，敦煌经卷中的佛教文献也自然数量最多。

1. 佛教遗书

在四万多件敦煌遗书中，有人统计有关佛教的经卷约占全部卷子的95%左右，因此被称为“佛教遗书”。

佛教由印度的乔达摩·悉达多创立之后，经典一日繁于一日，早在古代就已分门别类，按类收藏。就大类而言，佛教经典共分为经、律、论三部分。所谓经，是指佛说的经典；律是指佛教的戒律；论则是佛教论书。这三类佛教经典被称为“三藏”，如果某位佛学高僧精通佛经、佛律、佛论，即可称其为“三藏法师”。

佛教自西汉末年（公元前后）传入中国，到敦煌藏经封闭之时的11世纪，已逾千年，不但印度的佛经已译为汉文，更有诸多中国高僧的著作问世，同样被列于佛典之中，大大丰富了佛教典籍。尤其是隋唐时期，全国有僧尼几十万，高僧大德层出不穷，他们或西行求法，或著书立说，或潜心译经，与此同时，也就创立了许多宗派，各派观点不同，互相论争，又演出许多经论，使佛经的数量在隋唐五代时陡增。

百科全书式的敦煌文献，首先是一部佛教经典的百科全书。几万卷的佛教遗书，不但各种佛教宗派的经、律、论典籍齐全，甚至不少于现存各种版本的佛教全书——《大藏经》。尤其是许多早已失传、为世人所不知的所谓“藏外”古佚佛经，在敦煌文献中多有发现，这更使这批千年前的古写本和少量刻木文书成为至宝，价值不可估量。经过近百年来中外学者研究、考证，目前已知敦煌文献中的“藏外”古佚经有368种之多，其中有许多佚经早已在印度和中国失传，如《大乘入道次第》、《大乘四法经论广释开决记》、《大乘稻芊经随听手镜记》、《佛说延命经》、《诸星母陀罗尼经》、《萨婆多宗五事论》等，不胜枚举。至于一些已被历代大藏经收录的《大般若波罗蜜多经》、《金光明最胜王经》、《维摩诘所说经》、《大乘无量寿经》等，在敦煌文献中更是多有发现。据统计，敦煌经卷中《金刚般若波罗蜜经》保存最多，共有 1800 件以上，《妙法莲华经》其次，该经的第 1 卷、第 3 卷都达 500 号以上，第 7 卷超过 700 号。由于这些佛经抄写年代较早，可以用来对传世本佛经的校勘，其价值极高。特别是其中有一些有梵文原经的佛典，更是世所罕见，如法国巴黎收藏的伯希和 2025 号、2782 号、2789 号内的《般若经》、《金光明经》以及 2783 号的《妙法莲华经》等，即属这类在世界上难以找到的佛经。这些佛经的发现，可以修正古译本的不足，能使今天的佛学研究者更正确地认识经文的原意。

敦煌佛经的价值还在于抄经时留下了大量的写经题记，其内容十分丰富。如北京图书馆藏的一件编号为“闰”字 96 号的佛经题记中记载：此经先后译过 6 次，第一次翻译的是东汉灵帝时的严佛调，他在洛阳白马寺译了两卷，译为《维摩诘经》；第二次是三国时吴国支谦译成《维摩诘所说不思议法门经》；第三次是西晋武帝时竺法护在洛阳译出，名为《维摩诘所说法门经》；第四次是东晋惠帝时西域沙门竺法兰于元康六年在洛阳译成三卷，名叫《毗摩罗诘经》；第五次是后秦姚兴弘始八年请天竺高僧鸠摩罗什在长安译此经成三卷，名为《维摩诘所说经》；第六次是唐朝三藏沙门玄奘于贞观二十一年（647）在长安大慈恩寺译的，译为六卷，名称是《无垢称经》。六次译经，吴、后秦、唐三朝译本留传下来，其余均佚。这样的题记为我们研究佛教传入中国的情况及佛教在历代的发展、本部佛经翻译状况及翻译者的籍贯、对于研究中原与西域的佛教交流，都是十分珍贵的第一手资料。

再如藏于英国的斯坦因 2278 号《宝雨经》残卷题记记载，这部经是达摩流支这个僧人在武则天长寿二年（693）翻译的，这是这部佛经的第三个译本，这个译本中多了一段“佛授记”，内容是说佛授与一个女人在东方称帝的故事，卷末题记中还注明

“大白马寺大德沙门怀义监译”。这个监视译经的怀义，就是女皇武则天十分宠信的僧人面首薛怀义，由此推测，《宝雨经》中的“佛授记”很可能是薛怀义等人为了讨好武则天故意加上去的。武则天特别尊信佛教，尤其信仰《宝雨经》，在位时她曾在全国各地建立大云寺，念诵《宝雨经》，为自己当女皇寻找宗教根据，其实与薛怀义译经有关系，若不是敦煌文献中保存有这样的题记，其中的奥妙我们就会难以明晓了。

敦煌佛教文献中有关佛教史的典籍就更多了，其中最突出的是有关禅宗史的著作。禅宗是唐代形成的一个具有中国佛教特色的宗派，佛教出现禅宗，标志着佛教中国化了，禅宗是中国佛教中最为重要的一个宗派。禅宗从唐代起分成了南、北两宗，叫做南禅、北禅，南禅以慧能为正统后，早期禅宗史和北宗禅的情况便逐渐被湮没了，后人无法了解其产生及演变情况。在敦煌文献中一下子发现了许多与此有关的资料，总共有几十号文书，如《楞伽师资记》，明确记载了北禅的世系：神秀——玄赜——慧安——普寂。同时发现了北宗创始人神秀的著作《观心论》，对于弄清中国佛教史的大是大非问题至关重要。至于文献中有关禅宗创始人慧能的资料，更是十分丰富。从20世纪二三十年代起，中国和日本学者便利用这些材料，写出了许多研究著作，取得了丰硕成果。值得一提的是，这些禅宗文献，除有汉文卷子外，敦煌文献中还有大量的古藏文译本，有的禅经由梵文直接译成藏文，有的从汉文译成藏文，这不仅表明汉地佛教的禅宗传入了藏人之中，也说明了藏汉佛教交流、融合的真实情况，这种资料的宝贵是不言而喻的。

敦煌文献中发现的大量佛经，是很凌乱的，即使在当时封藏时是有次序、有编号的，但由于前述的发现过程的混乱，今天已难以恢复原貌。值得庆幸的是，敦煌佛教文献中存有不少的佛经目录。其中既有当时全国性的目录，也有藏经目录、佛经卷帙目录、检勘目录、流通目录、转经目录、乞经目录、配补目录、写经目录等。据考证，全国性目录为南朝齐、梁时编撰的，中唐时已失传，但在敦煌藏经洞发现了，对于搞清南朝时佛经翻译、编目情况，此目录就显得十分重要了，这类文书现有一件藏于法国，编号为伯 3747，另一件藏于英国，编号为斯 2872。

佛经目录中的藏经目录，是敦煌某个寺院的藏经目录，这个寺院很可能是三界寺，据遗址考察及文献研究结果表明，自西晋至元代，敦煌地区共有 80 所寺院，其中僧寺 47 座，尼寺 8 座，石窟寺 6 处，兰若 19 处，在唐代敦煌香火正旺时，较大的寺院有大云寺、灵图寺、龙兴寺、开元寺、报恩寺、莲台寺、金光明寺、永安寺、乾元寺、兴善寺、永寿寺、永康寺、禅定寺、三界寺，净土寺等十几所，其中，三界寺的地位极为特殊，寺内藏经最多，其他寺院常去三界寺借经抄写或念诵，因此出现了检勘目录、流通目录、转经目录及乞经、配补、写经目录等。这些目录活灵活现地反映着千余年前的敦煌僧众围绕佛经所进行的各种活动，如写经、转经、为丧家诵经、校点藏经、配补整理佛经等，可以说这些经录是当时佛徒社会某一生活侧面的真实写照。

令人赞叹的是，敦煌佛教文献中的目录，在类目设置及编纂体例上都有独到之处，它所建立的体系与我国现行的几部图书分类法有许多相通之处，尤其是其中全国性佛典目录在中国目录学史上占有十分重要的地位，至今仍有借鉴意义。

2. 道教经卷

道教产生于东汉前期，源于先秦时代的道家思想，可称得上是我国土生土长的古老宗教。然而，由于道教提倡修炼升仙，长生不老，但在现实生活中人人都会变老而死，故道教的信仰者不如佛教人多势众，因为佛教主张六世轮回，死可复生，认为“死”是圆寂，如果死者一生行善，死后可进入西方净琉璃世界，还可再生作人，因而信者如流，在中国魏晋南北朝、隋唐时期及至清代，信佛者远多于奉道者。

唐代稍有不同，由于唐朝帝王姓李，道教尊奉春秋时道家创始人老子李耳为教主，唐朝皇室又标榜帝姓李氏为老子后裔，故一度提倡尊崇道教，压抑佛教，佛、道之争不绝于唐。在这种历史背景之下，唐代的佛教在斗争中几次失败，但皆很快恢复，势力仍在道教之上，敦煌佛教文献中绝大部分都是唐代的作品，便是最好的说明。与此同时，由于统治者的大力提倡，道教也在唐代获得较大发展，不少道教遗书发现于敦煌藏经洞之中。

据中外学者调查研究，敦煌文献中保存的道教经卷约有500号，绝大部分是初唐至盛唐即公元618—767年的写本。最著名的道教经卷就是老子的《道德经》，这是道教最主要的经典，被认为是老子李耳所著，又称《老子》。包括道经和德经两部分，约5000个字，敦煌文献中不仅发现了多件《道德经》原文，而且保存有各种注释版本的《道德经》，其中有河上公注、想尔注、李荣注、成玄英义疏，尤其珍贵的是还有唐明皇李隆基的御注及疏释。这些注释《道德经》的作者，时代不同、身份各异，他们对该经的不同注释，体现了不同时代的信教者对道教的根本观点，是今天研究中国古代宗教史、思想史不可缺少的重要文献。

和佛教文献不同的是，敦煌道教文献中发现了各种《道德经》的题解，如《老子道德经序诀》（现藏英国及法国各一件，斯75号，伯2407号）、《老子道德经开题》（法国伯2517号）、《玄言新记明老部》（法国伯2462号）等。这些文献比《道德经》的注释更系统、更完整地阐述了《道德经》的义理，对于千余年后的今人理解道家经典具有重要作用。

除《道德经》之外，其他道教经典在敦煌文献中也有发现，如《老子化胡经》、《太平经》、《洞渊神咒经》、《太玄真一本际经》及各种上清经、灵宝经等，应有尽有，不一而足。

道教发展到宋朝，一些学者开始将重要道经选编入藏，刻印了道经全集《道藏》，与佛经全集《大藏经》一样，保存了主要的经典。但由于《道藏》成书后，未入藏的道经道书便开始不受重视，许多经书逐渐散佚，以致失传。谁也不曾想到，封闭了千年的敦煌藏经洞中，竟然发现了许多未入藏的道经道书，这不仅可以直接补充《道藏》之不足，又可以从中进一步探讨道教的发展史及其思想演变，甚至可以作为研究中国佛教、道教关系史的材料。如《老子化胡经》便是一件《道藏》外的道经，其作者原为西晋道士王浮，他著此经的目的是为了诋毁佛教，称佛教信徒为胡，老子感化了他们，通过宣扬老子化胡之说，抬高道教的地位。此经问世后，随着佛、道地位的起伏变化，不断遭到佛教徒反对而被禁止流传，一些道士不甘心失败，屡次重新著作该经，其实后著者皆为伪经，到了元代至正十八年（1218），政府下令，将道教的伪经全部烧毁，《老子化胡经》从此便在中土彻底亡佚，直到1900年敦煌文献发现后，世人才又重新见到此经，实在可喜可贺。其实，敦煌写本《老子化胡经》也是伪作，但它伪作于唐朝开元、天宝（唐玄宗时）之后，可谓是虽伪价高。这部道经编纂了许多离奇的故事情节，用以压制佛教，例如故事中说老子命令尹喜骑着月精，降到了天竺国，然后进入白净夫人口中，白净夫人生子，名叫悉达，即悉达太子，他舍弃太子之位，入山修道，成为佛陀。这个悉达太子就是佛教的创始人释迦牟尼。这段故事是说释迦牟尼佛陀为尹喜的后身，

尹喜为老子派往印度，因此，道教远在佛教之上，释迦牟尼佛也是老子的徒弟。这个故事虽然离奇或者说荒诞不经，但它却体现了道教与佛教斗争的一种策略和技巧。

《老子化胡经》中还讲老子在中国教化天人，授孔丘仁义等法，就是说孔子的仁义德道也是从老子那里学来的，儒家也是道家的徒弟。经中又讲老子从真寂境飞入西那玉界苏邻国中，降诞

王室，出为太子，舍家入道，号为摩尼。这就是说摩尼教也低道教一等。《化胡经》最后说三教混齐，同归于我，就是说佛、儒、摩尼等教同归于道教。

尽管唐代道教进行了苦苦的斗争，但终因其长生不死的主张，使很多人难以置信，于是，人们纷纷遁入佛门，以求解脱，唐后期正度僧尼竟达70万人以上，远非信道者可比。

敦煌道教文献中，除了道经之外，一些符箓、道书、道文，也多有发现。符箓也叫符字、墨符、丹书，是道教创造的一种笔画屈曲、似字非字的图形，道教认为这种符箓可以用来遣神役鬼，镇魔压邪。早期道人曾以符箓为人治病或驱鬼。后来，道教专有一派人盛传其法，被称为符箓派。历代帝王也有受其影响，亲临道坛受符箓者。到了隋朝，道士所编纂的符箓书共有17部，103卷，宋朝人编成的《道藏》也有载录，但并不全面，隋代的符箓很多已不传，有的有符箓图形而无释文，有的有释文而无符箓，又是敦煌文献填补了一些空白，文献中有符箓的写本几十件，为研究中古时期的道教提供了宝贵资料。

敦煌发现的道教经卷全部是手写本，加上多为盛唐以前作品，因此道经用纸十分优良，质地上好，多用染黄，墨色、字迹都为佳品，这说明唐代造纸技术的水平很高，反映了唐代经济文化的繁荣，也表明了盛唐以前皇帝提倡道教，道教地位较高。要注意的是，敦煌道经卷子的背面多写有佛经，一张卷子，佛、道双现，可谓奇特。其实，这种情况在敦煌文献中并不稀奇，有的一纸经卷，上面有各种宗教经典甚至多种世俗文书，原因是什么？研究者认为，这是由于唐后期敦煌被吐蕃（藏族祖先）所占领，敦煌与中原王朝的道路不通畅，敦煌地区纸的来源困难，于是便用经卷背面书写其他内容。另一个原因是，敦煌为佛教圣地，唐后期道教地位下降，因此把道经拿来写佛经。这不是推测，在现藏英国的斯3071号文书上就有这样的反映。这件文书正面是道家的祈福文，背面是佛典流通目录，中间有僧人写的八个字："道士文书，并无用处。"足以说明道教地位的下降。

3. 儒家经典

人们往往习惯称佛、道、儒为三教，其实，作为社会意识形态之一的宗教，除了有一定的信仰之外，还应具备由信教者组成的宗教组织、专职教务人员和教阶体制，作为宗教应形成自己的教义信条、神学理论、清规戒律和祭仪制度等。儒家作为一种思想体系，自成一家，在许多方面，具有宗教的特点，但严格说来还不具备宗教的全部特征，故应称其为儒家。

儒家创始人为孔子，儒家是先秦时期诸子百家中最重要的一种学术流派，它在汉初时还不如道家思想受到重视。但是，自从汉武帝"罢黜百家"、"独尊儒术"以来，儒家思想身价陡增，儒家经典成为历代封建王朝取士选能的基本内容，也成为一切士大夫的必读之书，所有企盼学而优则仕的读书人，都必须手捧儒典，苦读不辍，甚至连中国的佛、道之徒，启蒙入学，也必须阅读《论语》、《诗经》、《尚书》等儒家著作。

从汉代起，随着河西走廊的日益繁华，儒家经典也传到了敦煌。魏晋时期，中原动荡，河西地区相对安定，因此，许多在中原战火中被焚毁的文化典籍，在河西却被完整地保存下来。隋统一后，河西地区与内地联系加强，南朝的典籍及中原新修典籍也传到了敦煌。因此，1900 年偶然打开的敦煌藏经洞中，一些重要的儒家经典，如《易经》、《诗经》、《礼记》、《春秋》、《论语》等都有发现，而且多是六朝和唐代的手写本，总数达 100 卷以上，其中又以《尚书》、《论语》、《诗经》数量最多，学术价值最高。

《尚书》是中国古代商周时期的历史文告和追述古代事迹的著作汇编，是研究中国商周奴隶制社会历史的重要资料。此书相传为孔子编选而成，在中国两千多年的封建社会中，一直被奉为治国安邦的重要经典，在儒家五经《尚书》、《诗经》、《周礼》、《易经》、《春秋》中地位最高。但是，最早的《尚书》原本，早在秦始皇焚书坑儒之后便已失传。西汉文帝时，济南伏生口授《尚书》29篇，由晁错用隶书记录下来，被称为《今文尚书》。汉武帝时，鲁恭王拆孔子的住宅时，又得到一部用蝌蚪文书写的《尚书》，孔子后代孔安国依据《今文尚书》加以校订，把《古文尚书》之蝌蚪文改为隶书，此本被称为《隶古定尚书》。但孔安国的这个本子又很快失传，直到东晋元帝时，才有一个叫梅赜的人献《古文尚书》，但梅赜所献为伪作，只是其中保留了孔安国"隶古定"的原貌。可是到了唐天宝三年（744），唐玄宗召集贤殿学士卫包改定《古文尚书》为唐写本，并把旧本藏之于秘府，世间从此再也未见《隶古定尚书》了。有人根据唐朝其他书目考见于《隶古定尚书》，得到了十分之一的内容，但到北宋又荡然无存了。

由于《尚书》版本的演变，使传至今日唐代改定的《尚书》错误极多，尤其对其内容解说纷纭，莫衷一是，给历代研究者和校勘、考据学家增添了不尽的麻烦。然而，万幸的是，敦煌文献中保存了六朝和唐初的《尚书》写本，其中最重要的有六朝写本《古文尚书篇目》（伯2549）、《古文尚书·夏书》（伯2553号）、初唐写本《古文尚书·尧典》（伯3752、3767号）、《古文尚书·禹贡》（伯3469、3169、3605、3615、5522等号）、《古文尚书·商书》（伯2516号）、《古文尚书·顾命》（伯4309号）等。这些手写本文书是今天我们所能见到的最古的版本，对于纠正现存《尚书》中的错字、错句以及由此产生的各种注疏中的谬误，具有极高的价值。

《论语》是孔子的语录。孔子死后，他的七十二弟子将他的话整理成书。东汉时，《论语》被列为"七经"之一，许多学者如孔安国、郑玄等都为《论语》作注。三国时的大学者何晏又集各家古注为一书，编成了《论语集解》。隋唐以后，各家注本逐渐失传，宋以后《论语集解》也已亡佚。为了弥补这一损失，清人马国翰等曾潜心搜集各家注文，把能找到的一段一段注文收在《玉函山房辑佚书》中，但仍有很多缺佚内容。特别是东汉经学大师郑玄的《论语郑氏注》，在这本辑佚书中收录的不及原书的百分之一。令人兴奋的是，敦煌藏经洞发现的文献中，较好地保存了 4 件唐朝人手写的《论语郑氏注》，它们是现藏于法国巴黎的伯 2510 号、藏于英国伦敦的斯 3339 号、斯 6121 号及日本收藏的一件文书。此文献的发现，无疑又填补了《论语》研究资料的一大空白。

至于何晏编辑的《论语集解》，在敦煌文献中保存的就更多了，据统计多达六七十件，而且绝大部分是中唐写本。此外，敦煌文献中的《论语皇侃疏》（伯 3573 号），是现存最古的论语疏。此疏的作者皇侃为南朝梁朝人，他总结了梁朝以前 13 家对《论语》的注疏，考证其得失，分辨其异同，编成《皇侃疏》，梁朝以前对《论语》的各种疏义，也完全靠此书得以保存。但是，自从邢昺在宋朝初年奉皇帝之诏为《论语》作新的注疏后，《邢昺疏》被列于学官，《皇侃疏》逐渐式微，至南宋时失传。直到清朝乾隆年间，余萧客才把散见的《皇侃疏》辑录成卷，但该辑本十分粗糙，错误之多，不可言状。大约与此同时，我国学者也从日本得到了唐朝时传入该国的《论语皇侃疏》，并将其收录在《四库全书》中，但这个版本已经日本人删削窜改，远非原貌。幸好敦煌本《皇侃疏》被发现，才订正了《四库全书》中《论语皇侃疏》的许多错误和舛漏之处。

敦煌文献中保存的儒家经典，《诗经》也是数量较多、价值较高的一种。据不完全统计，共有 30 件左右，而且全部是六朝和唐代写本，其中有郑玄注释的《毛诗故训传》和徐邈撰写的

《毛诗音》，此本被我国近代学者和当代学者所重视，已经在校勘中发挥了不可替代的作用。如《诗经·齐风·东方之日》这首诗，在今日流行本序文有“刺衰也”，其意十分难解，敦煌本此诗序文为“刺襄公也”。很明显这是在《诗经》流行过程中，把“襄”字以形误写成了“衰”字，后人又不得其解而去掉了公字，遂成大错。敦煌本《诗经》的价值，由此可见一斑。

《毛诗音》的作者是南朝人徐邈，此书是关于《诗经》音读的著作，但该书在唐宋之际亡佚了。清朝人费尽力气辑录徐氏该书，但仅得250余条。敦煌文献中不仅发现了《诗经》的注疏著作，也发现了徐邈所撰的《毛诗音》，这件文书虽然是残卷，仅存98行，（现藏法国一件，伯3383号，英国一件，斯2729号）但却保存了音义近千条。这又大大地丰富了《诗经》以及音韵学研究的第一手资料。

除了以上扼要介绍的几部儒家经典外，敦煌文献中还有若干儒家重要经典，它们是：《周易》、《礼记》、《春秋左氏传》、《春秋谷梁传》、《孝经》等，这些文献一般都书写工整，纸质优良，每部经典都不止一个写本，它们绝大部分藏于法国和英国。其在校勘、训诂、辑佚等方面的价值，也如前述诸书一样，实在是不可缺少。

4. 摩尼、景教、祆教资料

对于这三种宗教，人们也许还不大熟悉，有必要在介绍敦煌文献有关资料之前，对宗教本身做些介绍。

摩尼教是公元3世纪时，由波斯人所创立的一种宗教，在中国也曾译作“明教”、“明尊教”、“末尼教”、“牟尼教”。因创立者为摩尼而取此教名。该教实际上是吸收了基督教、佛教及其他宗教思想而形成自己独特的信仰。该教在公元六七世纪时传入今新疆地区，武则天延载元年（694），波斯摩尼教高僧拂多诞来到长安（今西安），开始在汉地传播摩尼教。居于漠北的回鹘民族曾定此教为国教，唐代宗大历三年（768），应回鹘之请，代宗下令在首都长安建立摩尼教大云光明寺，随之又在长江流域几个州及河南府、太原府等地立寺，一度有所发展，但依附于佛教。唐武宗会昌五年（845）灭佛时，摩尼教遭到打击，宋代摩尼教依附于道教，后与其他教派融合。

对于摩尼教这种在中国历史上曾长期依附于佛教或道教的宗教，在中国的古代书籍中自然记载得十分简略，很难使后人了解该教在中国的传播情况及该教本身的特点。在佛教经籍《佛祖统纪》卷39中这样记载："延载元年，波斯人拂多诞持二宗经伪教来朝。"这段记载的年代是明确的，即武则天延载元年，公元694年。但拂多诞这个人物的情况不明确，二宗经伪教也难以确定具体是何经何教。宋朝人编集的类书《册府元龟》第971卷记载："开元七年，吐火罗支汗那王帝赊，上表解天文人大慕阁，其人智慧幽深，问无不知。伏乞天恩唤取慕阁，亲问臣者事意及请教法，知其人有如此之技能，望请令其供养，并置一法堂，依本教供养。"这段话是吐火罗支那汗帝王请求唐玄宗唤取摩尼教僧人慕阇，并为其建立寺院，但这个慕阇究系何人？其教法、艺能如何？后人不得其详。另外的一些摩尼教文献对该教的具体情况也很少涉及，如果没有敦煌文献出现了摩尼教典籍，我们至今无法弄清以上诸问题。

敦煌文献中发现了两件重要的摩尼教典籍，一件是现藏于巴黎的伯3884号文书，原题为《摩尼光佛教法仪略》；另一件是现藏英国伦敦的斯3969号文书，内容与上件同为一卷典籍。

之所以说这件文书重要，是因为它详细地叙述了摩尼教的起源、教主摩尼的形象、该教的主要典籍、教团的主要结构、寺院制度、摩尼教义等内容，对我们全面了解摩尼教，帮助极大。该卷第四部分"五级仪"中介绍了摩尼教团的结构，其中说第一级，有十二慕阇，汉译为承德教道者；第二级，有七十二萨婆塞，汉译为侍法者，也叫拂多诞。根据这件唐朝写本文献，我们完全了解了《佛祖统纪》和《册府元龟》中有关摩尼教的记载，为进一步研究传入中国的摩尼教的情况创造了条件。

除《摩尼光佛教法仪略》之外，中国国家图书馆还藏有一件敦煌本《摩尼教残经》，编号为“宇”字56号，这件残经原名叫《证明过去因果经》，武则天以后曾在中国广泛流行。另在英国伦敦还藏有一件摩尼教经典残卷，编号是斯2659，据考证该经是唐代宗以后被译成汉文的摩尼教典籍，原名叫《下部赞》，是当时中国摩尼教教徒举行宗教仪式时唱的赞美诗。

敦煌文献中保存的摩尼教资料，不仅可以使我们今天的人了解中国史籍、佛典上一些记载不明确的问题，还可以使我们知道，在千余年前的唐代，流行于中国的摩尼教，并不是直接来自摩尼教的发祥地古波斯西部巴比伦一带的摩尼教团，而是直接来自独立的、佛教化的中亚摩尼教团。摩尼教传入中国后，其佛教化的程度日益加深，摩尼教在中国居然以佛教同宗自居，甚至把自己的教主及所崇拜的神都称为佛，既显示了唐代佛教的雄厚实力及其宏大的感染力，又表现了摩尼教与佛教浑然一体的接受能力。在得出这些研究结果的时候，谁都会认为敦煌文献中的摩尼教资料功不可没。

说完摩尼教，再说景教。人们不知景教者居多，但提起世界三大宗教之一的基督教，恐怕很少有人不知道，其实，景教就是基督教的一个支派。很多人都了解近代中国的大门被西方国家强行打开后，基督教、天主教也随之一拥而入，中国的天主信仰遂开始较广泛流行。但很少有人知道，自公元1世纪创立的基督教，早在公元7世纪就已经传入中国，并在南北方同时流行开来，这便是基督教的一支——景教。景教作为基督教的支派，同样信奉上帝。这个教派在公元5世纪时由一个叙利亚人聂斯脱利创立，故又称其为聂斯脱利派。因其学说与当时流行的基督教教义不尽一致，遂被谴责为异端。聂斯脱利本人被放逐，该派教徒逃往波斯。后该教由波斯传至中亚，并于唐贞观九年（635）由叙利亚人阿罗本传入中国，此后便在中国流行。唐武宗于公元845年灭佛时，景教与佛教、摩尼教等一起被禁止。对于景教在唐代流行的情况，文献中几乎没有任何记载，直到明朝天启五年（1625）在西安发现了《大秦景教流行中国碑》，明朝人才对其情况略知一二。该碑中记载，唐太宗时，大秦国大德阿罗门载真经，于贞观九年到长安，太宗让宰相房玄龄至西郊迎接。阿罗门入宫中，太宗知其教为真正之道，特下令传授。据此碑可知，唐代已有翻译成汉文的景教经流行，但究竟为何经，直到1900年敦煌文献被发现前，无人得知。敦煌文献出洞后，人们从中找到了七卷关于景教的资料，它们是《大秦景教三威蒙度赞》（伯3847号）、《尊经》（伯3847号）、《一神论》、《序听迷诗所经》、《志玄安乐经》、《宣元始本经》、《大秦景教大圣通真归法赞》（以上5卷均藏于日本私人手中）。特别值得重视的是《尊经》末尾有一段跋文，文中说大秦本教经共有520部，全是贝叶梵音，唐太宗皇帝贞观九年，西域大德僧阿罗本到中夏，奏上本音，房玄龄、魏徵宣译奏言。后召本教大德景净，译出以上经30部卷，剩下的还在皮夹中，正在翻译之中。多么清楚地介绍了阿罗本传教译经的情况！不用作任何注释，景教在唐初流传、译经的情况便昭然若揭了。

最后再说祆教。“祆”字读作“仙”，本意是“胡神”，即外国神的意思。这是中国古代对创建于波斯的琐罗亚斯德教的称呼。琐罗亚斯德教崇拜火和日月星辰，因此中国人认为该教是拜天的，故称其为祆，“祆”字的原意表示天神，但是此教来自外国，因此信天神之教不称为天教，而称其为“祆教”，又因该教崇拜火，也称其为火祆教，其庙宇被称为“祆祠”。一般认为，该教在中国西域诸国多有信奉，北魏至唐宋时，内地也多处流行。

在保存了大量宗教典籍的敦煌文献中，却不如人意，没有发现一件祆教经典，但在其他非宗教文献中，却留有若干祆教资料。如在法国巴黎所藏的敦煌文献伯2005号《沙州图经》残卷中有："祆神，右在州东一里，立舍画神主，总有廿龛，其院周回一百步。"这就是说在唐代的沙州（敦煌）城东一里处有个祆教寺院，有房舍，有画像，有祆神神龛20个，寺院周围一百步。说明敦煌地区流传着祆教。根据其他敦煌文献考察，敦煌的祆祠在一年四季之中都要举行祭典，名叫赛祆，祭神时用酒又用灌肠和面，并在神龛前点灯。尤其在吐蕃统治敦煌时期（786—848），祆教更盛，敦煌人留下了《安城祆咏》的诗文，表达筑城、建祆祠的兴旺景象。这首诗也留在了敦煌文献中。

敦煌的宗教文献种类之繁、数量之多、价值之高，是难以用举例式的表达说透彻的，随着敦煌文献研究的深入，还不知会有多少惊人的宗教典籍或有关重要资料将被发现，敦煌宗教文献将再现一个中国中古社会宗教文化的世界。

二、官私文书与史籍地志的补白价值

说过了宗教文献，再来谈世俗文书。如果说敦煌的宗教文献可以分为佛、道、儒、景教、祆教、摩尼教等几种宗教典籍加以概括的话，那么世俗文献则很难分成几类进行简单介绍了，因为在敦煌古代社会中，甚至整个中国中古社会中的一切文化现象，似乎都包含在了敦煌文献之中，也就是说敦煌世俗文书的内容简直是无奇不有、庞杂之至。虽然对敦煌的世俗文书难以以类相统，但笔者仍想从本章起择其要者作些叙述，以使读者更具体地了解敦煌宝藏。

1. 官府文书

所谓官府文书，是指官府的档案和一些法制文书以及上下级之间的公事文书，大部分都是在日常行政中使用的文书。这类敦煌文书绝大部分是唐代的。

唐代是我国封建社会中一个承上启下的鼎盛时代，唐代的法制比较健全，就法律制度而言，可分为四类，即律、令、格、式。律用来正刑定罪，令用来设范立制，格用以禁违止邪，式用以轨物程式。就是说律是基本法律；令规定了各种典章制度；格是对律的各种补充规定，侧重于禁防；式是执行律令过程中的各种细则规定以及百官的办事章程。律、令、格、式四者紧密相联，构成了唐代严密而完整的法制体系。可惜的是，目前只有唐律作为文献传下来了，令、格、式基本亡佚，三者的面貌究竟如何？内容有哪些？各为多少条多少款？人们不得而知。可喜的是敦煌文献中保存了一大部分唐代律、令、格、式的残卷。

敦煌发现的唐律及解释唐律的书《唐律疏义》共有 10 个残卷，其中藏于法国的伯 3608 号和伯 3252 号原本为同一件文书，内容包括唐律中关于职官制度、户籍、婚姻、厩库等法律条文。篇幅很长，保存律文最多。从唐代留传下来的史籍来看，唐代前期曾对律文做过多次修订，唐高祖武德年间（618—626）、唐太宗贞观年间（627—649）、武则天垂拱年间（685—688）、武则天载初年间（690）及唐玄宗开元年间（714—741）分别修订过唐律，各次修订的律文被称为“武德律”、“贞观律”、“垂拱律”、“载初律”、“开元律”。经学者研究确认，现藏法国的这件文书保存的正是早已失传的“垂拱律”，因此十分宝贵，十分奇怪的是，这件文书上有许多朱墨涂改的痕迹。文书上的内容有许多与传世本不合，但若把文书上涂改的地方去掉，就与今天的传世本内容一致了。涂改的笔迹与原来的笔迹不同，而且使用了武则天时新造的汉字，说明是在武则天时改的，这为我们研究唐律提供了真切材料。

北京图书馆收藏的敦煌文书中，也有一件唐律写本文书，编号是“河”字17号。这件文书共有14张纸，143行文字，纸质为染黄纸，是唐朝中央首脑部门尚书省使用的特殊用纸。纸上勒有乌丝栏，墨书文字，字体大且精美，卷末有撰写时间、撰写人及刊定官的姓名。据此可知，这件文书是开元二十五年（737）的律疏，即对律的疏释。据推测，这件文书很可能是尚书省颁发到沙州（敦煌）的官文书。《唐书》上曾记载玄宗下敕，在尚书省写50部唐律，派人散发于天下，这件便是那次散发至沙州的那份唐律，它在21世纪才被发现，真是这件千余年文书的福分。

敦煌文书中发现了唐律，固然令人兴奋，但毕竟今天还有传世的正式唐律，被发现的文书只是起到一些校刊作用而已。但敦煌文献中所保存的唐令、唐格、唐式，则具有填补空白的意义了。现已明确地在敦煌文献中发现了《永徽东宫诸府职员令》（伯4634号、斯1800号、3375号、11446号）、《天宝令式表》（伯2504号）、《开元水部式》、《神龙散颁刑部格》等，这些文书多为残卷，但年号明确，文献价值极高。如《永徽东宫诸府职员令》，共有13张纸，215行文字，分藏于英、法，内容有东宫诸坊、率府职员、王公以下府佐、国官、职员等，卷末有年代日期：“永徽二年闰九月十四日”，并有删定官的姓名，又有“凉州都督府之印”一方，骑纸缝押在上面。最后记载：“沙州写律令典赵元简初校，典田怀悟再校。”永徽是唐朝第三位皇帝唐高宗的年号，永徽二年即公元651年。这件文书从写定到被封闭千余年后，于1900年再现世间，整整间隔了1250年。

《天宝令式表》以表格的形式抄录了国忌、田令、公式令、平阙式、装束式、文部式等令式多条，这是一件唐朝官员为了携带方便、利于查找而选录的文书，从这件文书上我们似乎看到了一位认真履行公务的唐朝官吏随时随地拿出令式表格对照检查的样子，文书本身也反映了唐代令式的权威性。至于它的补史之功更不可没。

再谈谈《开元水部式》。这件文书被发现后，人们才第一次见到唐朝“式”文的形式。《水部式》中讲京兆长安附近的清渠、白渠交口处设一个闸门，清河水五分之三流入白渠，五分之二流入清渠，如果雨水过多，上下用水处都要开放，三月六日以前、八月二十日以后，可随便开渠放水。可见，唐代对水渠水利的管理多么具体、细致。《水部式》还讲到沧州、瀛州等10个沿海州，共有水手5400人，其中3400人搞海运，2000人平河，两年交替。这样的人力安排都纳入了《水部式》之中，可见唐代规章制度是多么的健全，难怪唐代国力强盛、经济繁荣、文化发达。

十分奇巧的是，在敦煌文书中还发现了一件敦煌地区灌溉用水的章程，这件文书也藏于法国，是被伯希和带走的，编号为伯3560。这件文书正是以水部式为指导原则，根据敦煌地区的实际情况和传统习惯制订的。此文书再现了地方上是如何执行中央政令的真实情况。

《神龙散颁刑部格》，也是第一次让今人目睹了唐代“格”的形式。可惜这件文书的前半部分藏于法国巴黎（伯3073号）、后半部则在伦敦（斯4673号），一件文书不但不能收藏于中国老家，而且身首异处，说来也让国人觉得可悲，同时又让人感到清末半殖民地半封建社会的中国不能很好地保护敦煌文献，实在痛心！这件《刑部格》是对唐律的补充规定，如唐律中设有盗官物罪，而刑部格中则有盗两京九城诸库物、盗各仓库粮物、盗少府监仓库物、及盗军粮、军资的治罪条文，内容十分珍贵。同类的唐格写本文书还有几件，有的藏于英国、有的藏于法国，只有一件收藏在中国国家图书馆，编号为“周字51号”，是个残片。

上面介绍的敦煌唐代官府文书主要是法律文献。敦煌文献中的官府文书是丰富多彩的，不仅内容丰富，而且形式多样。这类多样的官文书一类是往来的各种公文，一类是各种簿籍。就公文而言，敦煌文献中存在大量的表、状、牒等，就簿籍而言，敦煌发现了许多手实、户籍、差科簿、授田簿等。

表、状、牒的内容十分广泛，有政治、军事方面的上表、奏状，也有关于经济和民事诉讼的文件。比较著名的有《张议潮进表》、《曹延禄上表》、《归义军上都进奏院贺正使押衙阴信均状》、《曹元忠献硇砂状》等。张议潮是敦煌人，他在848年率敦煌人起义，赶走了统治敦煌的吐蕃人，又平定附近十一个州，并把河西十一州图献给唐朝，唐朝封他为归义军节度使，治理敦煌及周边地区，这些事迹在流传下来的正史、两《唐书》中均有记载，《唐书》中专门列有《张议潮传》，敦煌文献中保存了张议潮的上表，更具体地体现了唐朝与河西地区的关系，是研究唐后期历史必须参考的重要资料。曹元忠是后来的归义军节度使，他的献硇砂状，表现了他对朝廷的忠心，硇砂是一种矿物质，曹元忠将其作为礼物献于朝廷，同时上奏状，他万万不会想到这个状子在千余年后竟然流传下来，现已被英国人斯坦因拿走，被编号为斯4398号。

至于牒文就更多了。日本大谷大学藏有一件699年3月的《敦煌县检校营田人等牒》，还有一件702年11月的《豆卢军牒》，一件703年的《括逃使牒并敦煌县牒》。这三件牒文，第一件是检查屯田（营田）人情况的报告，第二件是地方驻军豆卢军的情况报告，第三件是检括户口情况的报告。从这些牒文中，我们可以很容易了解到敦煌地区营田、驻军、检查逃户等情况，这是史书上很少见到或者说根本见不到的真实记录，治史者不可不读。

牒文和类似今天的报告一样，上报之后，一般都有批示，在敦煌文书上叫做“判”，判文内容也很丰富，一般都是上级主管官吏的处理意见，判辞准确，文字书法娴熟，表现了唐朝官吏的较高文化素质。牒文从各方面展现了一个活生生的社会。

更能反映社会现实的还应是敦煌文献中保存的大量户籍、手实、差科簿、授田簿等。这些名词今人也许不完全清楚了，甚至不知它们为何物。只有户籍这个名词大家是十分熟悉的，可是在没有人发现敦煌文书之前，没有人知道唐代及北朝的户籍是什么模样，包括哪些内容，因为那时的户籍早已荡然无存。敦煌文献发现后，很多件北朝及唐代的户籍再现于人间。这些户籍中，最早的是五胡十六国之一的西凉建初十二年即公元 416 年的户籍，距今已有 1500 多年。其次是西魏大统十三年即公元 547 年的户籍。这两件户籍现在都藏在英国伦敦，前一件编号为斯 113，后一件编号为斯 613 号敦煌文书的户籍中，大多数是唐代的户籍，著名的有《大足元年沙州敦煌县效谷乡籍》、《开元十年沙州敦煌县悬泉乡籍》、《天宝六载敦煌郡敦煌县效谷乡某某里籍》等。这几件户籍分别收藏在英、法两国。不论是西凉、西魏的户籍，还是唐代的户籍，外观形式都是一个长卷，上列各户的情况，西凉的户籍中每户的内容有户主姓名、年龄、身份、户内成员的姓名、年龄、与户主的关系、户内丁男（即成年人）、次丁男、丁女等人的数字。这样的户籍内容可以说主要是户口情况的记录。国家有了这样的户籍，便可以按户口征丁服役、征赋取税了。

西魏的户籍与西凉已有所不同，其中除了户口一项外，还增加了各户租调、土地数量两项内容。在土地一项中，记载着该户应该授田的数字及实际受田的数量。因为西魏实行均田制的土地制度，国家按规定授给每户不同的田地，数量是按人口多少、人口年龄、性别来确定，确定的这个数字应该是受田的数字，实际上授了多少田却根据实际情况进行，应受田与实受田之间差距较大。在西魏的户籍地亩项中，还具体记载每一户所受土地的位置，为唐代户籍形式的出现奠定了基础，也就是说，唐代的户籍继承了西魏户籍的一些内容。

唐代的户籍形式，从敦煌文献看，一般是每一个乡为一卷，也是长卷形式，在纸的接缝处除有“沙州敦煌县××乡×年籍”的押字外，还有“敦煌县之印”的印章。也有的盖有州印。这说明，这些户籍是由州、县保管的。在唐代的史书中记载，唐代的户籍一般要抄写三份，一份送到尚书省户部，一份送到州里，一份送到县里保管，与今天我们的户口放在派出所、公安局完全两样。

唐代户籍的内容包括户口、租课、田亩三项，户口项中有户主姓名、性别、年龄、身份、户内成员的姓名、性别、年龄、身份、与户主的关系及是否成丁（丁男或中男等）。在租课项中，记载该户是不是课户，是几等课户等。

在田亩项中记载应受田亩数、未受田亩数、实际受田数及各块土地的位置、东西南北的邻地是谁家等，有时还记载这块地的来源，如买田、勋田等。真是细致入微，详之又详。

在唐代户籍上，还反映着许多问题，如《开元四年沙州敦煌县慈惠乡籍》，是唐玄宗时期的户籍，年代为公元717年。这件户籍首尾残缺了，上面共有9户24人，每户不足3个人，为什么会出现这种现象？因为户籍上注明有几户是逃户。再如《天宝三载敦煌县龙勒乡都乡里籍》中，共登录了19户167人，其中124人为女性，男性只有43人。这种严重的性比例失调，是自然原因还是社会原因？有人认为是社会原因，即是由于伪造户籍的结果。按照唐代的制度，妇女可以不服徭役，因此登录了假户口，以此躲避徭役征发，但这还需要进一步去研究，也许由于自然原因一度出现了男女比例严重失调，也许是男人死于战争或疾病，也许是逃亡了，天宝初年，国内无战争，因此对各种原因都应仔细探讨。

户籍作为一种官文书，反映的社会问题是重要而且全面的。而另一种官文书差科簿，则较单一地反映了徭役征发的问题。这种文献是官府为了征发徭役而制造的文簿，在敦煌文书中共发现了四卷，全部藏于法国，编号为伯 3559、伯 2657、伯 3018、伯 2803。这几件差科文簿是唐玄宗天宝十载即公元 751 年编定的，这一年全国经济繁荣、社会发达，四年之后，便出现了安禄山叛乱，全国因战争而遭难。这几件差科簿上列举了敦煌县所属六个乡被征发徭役的男子姓名、年龄、类别（小男、中男、白丁、老男、勋官等）以及徭役名称。从中我们很容易了解唐代征发徭役的对象，不同徭役与承担者的身份。是研究唐代历史具体而详实的宝贵材料。应该说，这样的差科簿的做成，或者说政府征发徭役的根据应该是户籍。户籍与差科簿有紧密关联。

那么，户籍是根据什么统计、登录的呢？这便是另一种官文书——手实。据考证，手实是乡里官吏手头统计的各户的资料，内容与户籍类似，只是格式不严格，是专门用来制作户籍时使用的。手实一般是以里为单位，敦煌文献中的手实全部是唐代的。

唐代的官府文书除以上几种之外，在敦煌遗书中还保存了军政机关的会计簿，即官方账目。典型的有《沙州会计簿》、《敦煌郡会计簿》、《豆卢军和籴会计簿》及《军仓收纳粟牒》、《敦煌郡郡仓纳谷牒》，等等。这些收支账目不仅可以使我们看到唐代官府的记账方式，而且可以从中看出官府的收支状况、和籴制度、保管制度、会计制度以及地方政府下辖的具体机构等情况，是正史中绝对见不到的重要史料。

2. 私人文书

这里所说的私人文书，主要指敦煌文献中的私人契约，不包括其他私人书札等。敦煌发现的私人契约共有一百余件，主要是唐末和宋初的，其中有借贷契约、租佃契约、雇佣契约、买卖契约、析产契约、遗嘱等。在借贷契约中，我们可以看到，敦煌人在日常生活中借贷种类繁多，有借钱的、有借粮的、有借绢的。借贷方式有无偿借贷、有生息取利、也有的以物抵押，有抵押的契约一般叫典贴。更有新鲜的借契是标明借钱还物，还有的以劳动力偿付，真是五花八门。有一件《甲子年氾怀通兄弟贷生绢契》规定，贷生绢者要还本绢，并以巨额粮食为利息偿付，利息率极高。又如《乙未年赵僧子典儿契》，说赵僧子将儿典身，其儿在典身期间必须无偿地由主人自由驱使。如果被典人生病或死亡，便要由其兄承担一切。如果被典人期满后无力偿还债务，被典人则永远被主人驱使，等于沦为了奴婢。这样的契约，应该说是底层社会民众生活的真实写照。

敦煌文献中的租佃契约就更复杂了。租地契最多，一般是地主将土地出租，收取租佃人的租税，体现一种封建租佃关系，地租率一般都很高。值得特别指出的是，敦煌文献中有一件地主（土地主人）受剥削的租地契，是绝无仅有的一件。这件租契现藏于法国，编号为伯 3153 号，内容是土地的主人令狐法性有土地八亩，因急需钱物，便把土地出租给贾员子，租价是好绢一匹、綜緤一尺，土地由贾员子佃种两年，佃主承担这两年中向政府交纳的地税，其余一切与土地有关的差税仍由令狐法性承担。十分明显，在这种租佃关系中，地主因为没钱缺物，被迫将土地出租，出租后还要承担一些与土地有关的差税，地主受到了佃主的剥削。这样的出租土地，实际上是与典当土地没什么两样，这种租佃契约恐怕在两千年的中国封建社会的土地出租史上都是极为罕见的。有土地的是穷人，出租土地是被迫的。

敦煌文书中买卖土地、房屋、家畜、器物的契约都有发现，而且数量不小，还有一种广为人们注意的是卖身契约。较典型的是现藏英国的斯 3877 号卷子，这件文书的题目是《丙子年阿吴卖儿契》。契约中说，赤心乡百姓王再盈之妻阿吴，因其丈夫早死，家中缺少劳力，负债累累，便将 7 岁的亲生儿子庆德以 30 石粮食的价格卖给洪润乡令狐进通。契约最后注明：“官有政法，人从此契。”也就是说，不论发生什么样的变化，立契双方都必须严格执行契约。这件契约据考证是唐后期的，它不仅使我们看到了唐代卖身契的原样，而且我们可以从中看到唐后期敦煌地区人身的价格，一个 7 岁男孩只卖到 30 石粮食，这样的直接材料，对于研究唐后期的阶级关系、研究唐代的社会是十分有用的。

3. 社文书

唐代的私人文书在敦煌文献中还有一些，这里不再一一介绍。现在要说明的是，在敦煌文献中还有一类既非官方、又非私人的文书，其性质是属于民间团体的文书，也可以称之为集体性质的文书，这类文献便是“社文书”，即民间结社的有关文书。“社”是中国古代的一种基层社会组织，在秦始皇统一中国之前就早已存在，到唐代已经演变成民间自发组织的一种社会团体。但唐代的民间结社究竟是什么规模？社内的结构如何？社人之间有何约定？社内成员之间要举行哪些活动，举行活动时如何通知、联络？社的经费如何负担？等等，对于这些问题，以前人们并不清楚，幸亏敦煌文献被发现，其中保留了一大批有关社的文书，总数达 200 件左右。就文书种类而言，有社条、社状、社司转帖、社司纳赠历等。就结社类别而言，有渠社、巷社、女人社、亲情社、兄弟社、修佛堂社、行像社、马社、官品社等。

对于社条、社状、社司转帖、社司纳赠历等名词，也许今人很少听说过，但稍作解释便不难理解。所谓社条，就是入社后必须遵守的条规，也可称之为社约。所谓社状，是社的领导者所上的奏状，或给上一级机构，或给地方政府。社司转帖，简而言之就是通知，这种通知由社的头面人物起草，写上通知内容，社人姓名，一人转给一人，看过后在自己的名字上点个记号，再转给下一个人，这就是转帖。社司纳赠历是社人举行活动时，各位社人纳赠钱物赞助的记录，一笔一笔的收入账目，称作纳赠历。一般是社内某位社人家中死了人，其他社人向丧家纳赠的布帛及食品记录。

在敦煌文献中，社条有时被称作立社条件或立社条约，一般的社条上都记有社长、社官、录事这三位社领导的姓名，然后写明立社的原因，什么时间立社，最后写入社者要交纳的粮食数量，以及如果入社者不交粮食的处罚条件及规则。社条上还要写上入社者的姓名，以保证社人人人遵守社条，绝不违约。在现藏法国的敦煌文书伯3544号立社条件上规定，社内每年举行三次斋祭、二次社日活动，每位社人要助麦一斗、粟一斗，由社官、录事下达通知（转帖），其物不按时交纳者，罚酒一角。斋日定在正月、五月、九月，社日定在二月、八月。又规定，社内有人死亡，其他人要赠布二丈，违约者，罚酒半瓮。

唐末及五代的妇女地位是比较高的，不像宋代以后，中国妇女地位那么低。因此，唐末及五代的妇女们，可以单独组织民间结社，这种社是在敦煌文献发现之前人们没有听说过的。现藏英国的斯527号文书即是一件后周显德六年（959）正月初三女人社的立社条件。社条上说："父母生其身，朋友长其值，遇危则相扶，难则相救，与朋友交，言如信……大者若姊，小者若妹……立条件后，山河为誓，中不相违。"等等，接着，规定了社的宗旨是互相帮助，吉凶之事，社人要参加、赞助，每人出油一合，白面一斤，粟一斗，并用于造饭造酒。如违社条，要罚一席好酒，让社内众人吃用，若提出退社，每个社人打她三棒，再罚酒席一顿。在这些内容之后，有社官、社长、录事、社老、社人的签名及画押。最后又有社人不许说其是非，山河为誓，日月证知，恐人无凭，故勒此条。这样的女人社条，在敦煌文献中仅此两件，恐怕在整个中国古文献中也是仅有的两件，因此十分珍贵。它向我们展示了五代时敦煌妇女们社会生活的一个侧面，仿佛使我们看到了一群姐妹们在东家庆祝其结婚志喜，或在西家凭吊死去的邻居，为其纳物、帮忙，也似乎看到了某位女社人因违犯社约而被罚酒席。

在敦煌，民间结社的一项重要内容是举行佛事活动，如修庙、修窟、行香等，因此，敦煌文献中出现了专门的修佛堂社，社条的内容自然是要社人纳物赞助、施舍、修佛堂，违约者要受处罚。

在敦煌，不仅世俗的民间男人、女人们结成各种各样的社，进行各种各样的集体活动，一些僧人也单独组成了佛社或法社，有些僧人也参加到民间结社之中。如敦煌文献斯 3540 号这件社条，就有比丘福惠参加，其中也有乡官李延会等人入了这个社，立这个社为的是修建佛窟。

社文书中的社状主要有两类：一类是投社状，即要求入社的申请书；另一类是退社状，即要求退社的请求牒。这样的社状，在敦煌文书中保存多件，内容一般比较简单，投社的理由是希望加入社后，得到帮助，退社的理由多因家贫，无力交纳社内要求交纳的粮物。对于社人的社状，社司一般都要加以处理，处理完后，将意见写于纸上，由全体社人签名通过，程序十分严密。虽然是民间组织，手续却如同官府履行公文一样。

从社的活动通知——社司转帖中，我们可以更清楚地看到敦煌民间结社的各种活动情况。如伯 2738 号文书是唐咸通十年（869）的社司转帖，内容是通知社人于本月二十九日在净土寺门前集合，参加社的活动——吃宴席。不到者要罚酒半瓮，迟到者罚酒一角。尾部有社长、社官、社人的姓名及看过后的记号，说明这件转帖是真的在社人手中传阅过了。

伯 3071 号文书是一件通知社人向李再兴家赠送粮、布的社司转帖，帖中要求社人要向逢丧事的李再兴家中献布两匹，粟一斗，限本月十日未时交齐，最后交的两个人要罚酒一角，根本不交者，罚酒一瓮。在此帖第 11 行人名之后，又有一个转帖，通知社人再向李再兴家献物，每人布两匹，饼 30 个，不交或晚交者要受处罚。并说此帖不得停滞，如在谁手中传阅时停滞了，要按社条科罚。

敦煌古人组成的社，不仅参与修窟建庙、社斋、追凶逐吉等活动，也参与社会生产。在各种社中，有一种渠社，专门负责修渠，渠社的转帖多是通知社人带上工具，兴修水利，对迟到者、不到者也会给予处罚。

在敦煌文献中保存的社司纳赠历，多半是向丧亡之家纳赠物品的记录。如伯2842号是乙酉年正月二十九日《孔来儿身故纳赠历》、斯3978号是《司空迁化纳赠历》，等等。迁化即是死亡之意。此外还有《祝定德阿婆身故纳赠历》（斯1845号）、《张友子新妇身故纳赠历》（斯4472号）等，共有十几件。这些纳赠历形式比较简单，一般是在第一行题目之下，列出社官、社长、社人的名单，每个人名下面是纳赠的物品及数量，一般是麦、饼、柴、粟、麻、绫绢之类。也有的纳赠油和褐布。各社纳赠数量不一，有的纳丝织品多达几匹，也有的仅有数尺。如伯4975号纳赠历，社人向沈家纳赠的全是高级丝织品，种类繁多，每人所纳都达数匹，可以看出，这个社的社人是些富户。

总之，社文书向我们生动地展现了唐后期至宋初敦煌地区民间社会生活的真实情况，这些情况是任何一部史书都不曾记载的，我们可以由此了解敦煌文献的价值所在。

4. 史籍与地志

如上所述，敦煌文献中发现了大量实用的官私文书和社文书，为我们研究唐宋时期敦煌人的社会生活及其政治制度、社会经济提供了丰富的材料，补充了史书记载之不足。与此同时，敦煌文献中也发现了许多的正史和杂史书籍以及地理志书，这些书籍从佛教石窟中被发现，再次表明敦煌文献内容之丰富。从绝对数量而言，在宗教以外的敦煌文献中，史籍与地理志书比官私写本文书或社文书要少，但其学术价值却极高，即可补充其他史籍之不足，又可订正其他史籍之讹误。特别是一些有关西北地区的地志文书，现在几乎见不到，敦煌文献中得以独存，尤为可贵。

敦煌文书中保存的正史有《史记集解》、《汉书·刑法志》、《汉书·王莽传》、《汉书·萧何曹参张良传》、《汉书·萧望之传》、《三国志·步骘传》、《晋书·何曾传》、《晋书·载记》等。这些史书，今天都有传世之本，但现存版本皆为宋代以后的刻本，而敦煌文献中的几部史籍却都是宋代以前的手写本，其价值之高，不言自明。

更令人惊喜的是，敦煌文献中还保存了不少已经失传的古代史书，其中有《春秋后语》、《晋纪》、《阃外春秋》、《帝王略论》以及不知作者姓名的唐代残史书。这类史籍是作者用另一种角度写历史的成果，其形式、体例、内容也与现存史籍不同，因此可以补正传世史籍之不足。例如《晋纪》，这是邓粲撰写的晋代的历史，据《隋书·经籍志》记载，到唐初设史馆修《晋书》以前，先后曾有 18 家作晋史，到中唐以后，这 18 家晋史相继亡佚，仅有唐朝官修的《晋书》流传至今。直到清代，才有一些史学家对 18 家晋书做了一些辑佚工作，但辑本不完整，差失甚多。敦煌文献中的《晋纪》是绝好的补正材料。

无论如何，《晋纪》总还是在《隋书·经籍志》上有记载的，也就是说，人们还知道曾经有一部邓粲撰写的《晋纪》，只是后来失传了。敦煌文献中还有 4 件史籍卷子是历代书目从来没有记载过的，也就是说，如果没有敦煌文献从敦煌藏经洞中面世，世人谁都不会知道还有这样一部史书。这部史书名叫《天地开辟以来帝王纪》，在敦煌文献中共发现 4 个残卷，它们是现藏于英国的斯 5505 号、斯 5785 号和现藏法国的伯 2652 号和伯 4016 号。这 4 件文书的内容是叙述远古传说以来天地开辟、九氏三皇五帝及晋代以前历代帝王的事迹，是一部十分难得的帝王史。据今人考证，这部史书的作者是宗略和宗显两个人，成书时间在西晋以后，隋朝以前，极有可能是东晋十六国时期的作品。

从性质上看，这部《帝王纪》属于杂史类著作，这类著作在隋朝时还有《帝王世纪》、《三五历记》、《古史考》等，其中均含有迷信谶纬的内容。这类史书在隋朝以后逐渐失传，偶然在唐宋人编辑的类书中可见其片断，很难见其全貌。然而，敦煌石窟中保存的这本《天地开辟以来帝王纪》，却是首尾完整，高度概括，充分反映了这一类书的面貌。

作为历史资料，敦煌文献中的若干件唐代的《姓望氏族谱》，也是十分珍贵的文献之一。所谓《姓望氏族谱》，就是天下大姓的谱录，所谓大姓，即大地主官僚之姓，这样的族谱姓氏录，是研究古代社会阶级状况、姓氏分布所不可缺少的。据专家考证，这件文书撰写于唐前期，或稍晚一些。其中北京图书馆收藏的一件写于唐玄宗以前，另一件分藏伦敦和巴黎的《姓望氏族谱》则成书于唐代后期。还有一件现藏伦敦的写本叫《新集天下姓望氏族谱》，编号为斯 2052 号，既然称为“新集”，说明《氏族谱》在不断地有人编辑。对照原称《姓望氏族谱》和《新集姓望氏族谱》可以看出，有些大姓原在氏族谱前面，后来被排到了后面，这说明这些大姓地位下降了，很可能是唐前期的士族地主（世代做官的大地主）地位衰落了。编写氏族谱总是要把地位最显赫的姓排在最前面，例如传世的《百家姓》开头是“赵钱孙李”，把赵姓放在首位，是因为宋代的皇帝姓赵，而这个《百家姓》是在宋代编成的。可是在唐代人编写的《氏族谱》中，却不是把赵姓排在首位，而是按地区排列姓氏，首先是京兆（首都）的姓氏，因富家大姓自然在首都。按地区排姓氏，这种《氏族谱》的编写法也是在敦煌文献中第一次与今人见面，给人以耳目一新的感觉。

上面说的这些史籍、史书，是研究古代全国历史都用得着的宝贵史料，在敦煌文献中，更多的是敦煌地区的历史资料，尤其是敦煌在吐蕃人撤走之后，唐朝设立归义军节度使治理敦煌时期的历史资料更是十分丰富。这个时期相当于唐后期至宋初，这时期敦煌的历史状况在《旧唐书》、《新唐书》、《资治通鉴》、新旧《五代史》、《宋史》等正规史书中记载十分简略，而且错误极多。敦煌文献中保存的有关敦煌的历史资料多达百种以上，其中有不少正规的史传写本，如《张延绶别传》、《张氏勋德记》、《张淮深墓志铭》等。近世中外学者根据这些丰富的材料，补正了《唐书·张议潮传》。张议潮是唐朝派到敦煌的第一任归义军节度使，是他率领河西人民赶走了吐蕃人，归附于唐，但《唐书·张议潮》对他的事迹记载太少，敦煌文献的发现帮了勾沉敦煌历史面貌的大忙。

研究历史，不可以不研究地理，敦煌文献在满足了人们对历史资料的很大需求的同时，也给人们提供了多种地理方面的志书。据历史文献记载，唐代曾大量编集地理学著作，有的含有地图，叫做图经；有的叫地志。在《新唐书·艺文志》中，列举了唐代存在的十多种地理学书目。这些书目有唐太宗贞观十年（636）李泰编的《括地志》，李泰是唐皇室成员，被封为魏王。唐长安四年（704）曾有人编成了全国性地图《十道图》，开元三年（715）再次编集新版。一个叫梁载言的人又编集了《十道录》，因为唐朝前期全国分为十个道，每道管辖若干州县。唐代编集的地理书还有贾耽编的《贞元十道录》、李播编的《方志图》、李吉甫的《元和郡县图志》、韦澳的《州郡风俗志》、《诸道山河地名要略》、刘之推的《九州要略》以及《郡国志》、《皇华四达记》、《古今郡县道四夷述》等，各种地图地志的确不少，但是，这些书中除了《元和郡县图志》还保留了大部分以外，其余诸书已全部亡佚。敦煌古文献让人重睹这些书籍的旧貌，实在是学术界一大幸事。

敦煌文献中收藏的古地志类著作，共有 10 余种之多，其中有些书目正是《新唐书·艺文志》所记载的，如《贞元十道录》、《诸道山河地名要略》等。

《贞元十道录》是个残卷，仅存16行文字，内容记载了剑南道13个州的情况，每个州下都详记了所管县名、上贡的土特产名称、距离长安（今西安）、洛阳的里程和每个县距离所管州的里数。是研究唐代地理的重要学术资料。这件文书现存于法国巴黎，编号为伯2522。

敦煌文献中的《诸道山河地名要略》，也是个残卷。其中保存了第二部分，记载的是河东道的8个州府，依次是晋、太原、代、云、朔、岚、蔚、潞。其体例结构是先叙述建置沿革，接着叙述这个州府的重要事迹，再叙述这个州府的地名、水名、山名、民俗、物产，完全是一种成熟的方志体例。这件文献残卷现也收藏于法国巴黎，编号为伯2511。

现仍藏在国内的敦煌地志文献也有一件，这件文献收藏在甘肃省敦煌市博物馆，编号为敦博58。这个地志残卷失去了标题，由7张麻纸粘连而成，高31厘米，残长299.3厘米，现存手写文字160行，内容是记载陇右道、关内道、河东道、淮南道、岭南道的地理状况。书写格式是先用大字写明郡名，同时列出州府名，再列所属县名。州府名下注明离京都（长安）的里数，土特产名称、还有该州府的办公用钱数，当时的办公用钱叫做公廨钱。在郡县名之上和右侧，还有用朱笔标明的郡县等第。这种书写体例与《贞元十道录》极为相似，所不同的是本地志列出了各州府的公廨钱（即办公费用钱）数，要说明的是，这个公廨钱是本钱，就是说州府等官僚衙门很可能拿此钱放高利贷。这种有意思的地志，不仅可以用来研究唐代的行政区划、州府郡治、土贡产品，也可以用来研究官府的开支情况，这件文书极为独特。此地志的撰写时间大约在唐玄宗开元天宝年间（714—756），但敦煌藏经洞发现的这件文书抄写于晚唐五代时期，这是近年来学者研究此文书后得出的正确结论。

敦煌文献中的地理志书，除以上介绍的以外，都是关于敦煌及周围地区的材料，其中最重要的有《西州图经》、《寿昌县地境》、《沙州地志》、《敦煌录》、《沙州都督府图经》等。唐代在今天的新疆吐鲁番地区设置西州，在敦煌设沙州进行统治。《西州图经》是吐鲁番地区的地理志，寿昌县是唐代沙州所辖的一个县。

敦煌学者十分重视这批敦煌、吐鲁番地区的古地志，已经对它们进行了深入研究，证明《沙州都督府图经》成书于唐玄宗天宝年间，但自从此书作成后，历代目录都未刊载，也未被任何类书、史书引用过一句话，然而它却保留了非常丰富的有关敦煌历史、地理、自然资源、东西交通、风俗习惯等多方面的资料，尤其其中记载的敦煌地区的河流分布、水渠、泊泽、池堰，是其他任何书籍和文书所没有的，我们可以从其中见到两条河、四处泊泽、两处渠堰、七条渠名和东、西、北三个盐池。这说明唐代敦煌地区的水利是很发达的，和今天相比，一千多年前的敦煌自然条件要好于现在。同时也说明唐代的敦煌人比较重视水利建设。

《沙州都督府图经》还记载了沙州境内驿站的情况。驿站是古代用来传递消息的交通站，一般设在路旁，站内有驿马，供驿站人骑用以传递信息。这件文书中记载了几处驿站，其中对悬泉驿记载道："悬泉驿，在州东一百四十五里，旧是山南空谷驿，唐永淳二年奉敕移山北悬泉谷，改名。其西去其驿八十里，东去鱼泉驿四十里。"这就是说，悬泉驿在敦煌东面145里处，原来在山南，叫空谷驿，唐永淳二年（683），唐高宗下敕书，将空谷驿改在山北，改名为悬泉驿，这个驿站距西面的驿站80里，距东面的鱼泉驿40里远。如此记载，十分详尽，这不仅补充了史书记载的不足，也为研究丝绸之路上的交通及边防设施、驿站路线提供了宝贵材料。

《寿昌县地境》是专志一县的地理书，保存十分完好，上面记载了寿昌县的沿革、县境内的寺院、镇戍、烽燧、栅堡、山川、城关等各方面的情况。卷尾还有一句题记：“天福六年乙巳岁六月九日州学博士翟上寿昌张县令地志一本。”天福六年是五代后晋高祖的年号，相当于公元941年，这件地志是由姓翟的州学博士呈上的，这是十分清楚的。

《西州图经》原卷现藏于法国，编号为伯2009，是个残卷，只存56行。该卷最可贵之处，在于它详细记载了由西州通往东西南北的11条道路，因此被学术界视为珍品。

敦煌文献中的地理学志书，有全国性的，有地区性的，有敦煌的，也有西州的，殊不知还有更广泛内容的地志，这便是游记式的地志，主要有玄奘的《大唐西域记》、慧超和尚的《五天竺国行记》等。前者有3件文书，它们是伯3814号、斯2659号、斯958号。后者只有一件，编号是伯3532。

玄奘是唐代著名的三藏法师，曾前往印度求法，回国后撰成《大唐西域记》12卷，流传至今。但传世的《大唐西域记》都是刻本，最早的也是宋以后的，而敦煌文献中的《大唐西域记》则是手抄本，大约抄写于公元8世纪中叶，即唐玄宗时期，距玄奘写此书的时间仅有一百余年，因此极为宝贵。拿此手写本与传世刻本相比较，两者有一百多处不同，而多是敦煌本正确，其他刻本失误。

《五天竺国行记》是高丽（今朝鲜半岛）人慧超著作的，成书于唐玄宗时期。书中记载了慧超周游五天竺国的行程和所见所闻，包括他经历的各国之宗教、物产、风俗等情况，虽较简略，但也可供研究中印文化交流史者备查。

说来道去，敦煌文献中保存的史籍、地志材料确实不少，难怪有人说敦煌藏经洞不仅藏佛经、道经，也是个门类齐全的图书馆，无论怎样看待这些史籍、地志，学术研究都离不开它。

三、诗词歌赋小说变文的文学价值

说到文学作品，一般是指诗歌、辞赋、小说之类，然而，敦煌遗书中的文学作品却远远不止这几类。除了诗词歌赋小说之外，一种全新的文学作品——变文，在敦煌文献中保存了数十种之多。变文之外，又有俚曲小调、表、疏、状、牒、碑传、祭文、书仪等多种文学形式，真可谓异彩纷呈。

1. 敦煌诗歌

稍微了解一些诗歌常识的人都知道，唐代是中国古典诗歌发展的一个辉煌时期，清朝人编辑的《全唐诗》，收录流传下来的唐诗几万首，作者两千多人，唐诗可谓兴盛至极。敦煌最辉煌的时代也是在唐代，敦煌文书中保存的诗歌自然也以量多质高而独居敦煌文学作品之首。当然，敦煌文献中的诗歌绝不仅仅是唐人所作，可以说在藏经洞封闭之前的历代诗歌应有尽有。

据不完全统计，敦煌遗书中的诗歌写卷，总数在400卷左右，存诗共达3000余首。其中绝大多数产生于唐、五代和宋初。

敦煌诗歌写卷中，既有书写整齐、独立成帙的诗集，也有荟萃名篇的长卷，更多的则是零篇散章，内容庞杂，形式活泼。独立成帙者有如《诗经》、《玉台新咏》、《王梵志诗集》、《白香山诗集》等，抄录名篇的长卷有《珠英学士集》、《唐人选唐诗》、《释氏诗词集》等，至于写在卷首卷尾、闲纸空页上的杂诗，则举不胜举，它们有的是抄写者故意写在其他文字的行间缝隙之中，有的则是学童即兴信笔所致，但其艺术成就却非常高。

以王梵志诗为例，可以初步了解敦煌诗歌的一个侧面。王梵志是卫州黎阳（今河南浚县）人，生卒年月不清楚，一般认为他是唐初之人，也有人说他是唐中叶人。不管他是唐初还是唐中期的人，他的佚诗却让人叫绝。在敦煌文献中，属于《王梵志诗集》的文书卷子共有三十多个编号，共存诗300余首。王梵志只是一位普通的唐代诗人，光敦煌文献中就有他的诗作300余首，而全唐诗流传下来的也只有几万首，可见敦煌文献中的诗歌具有多么高的文献价值。

在思想内容方面，王梵志的诗反映了当时赋役的繁重，也攻击了贪官污吏，揭露了唐代的社会矛盾。例如，在《王梵志诗集》第二卷中有这样一首：

贫穷实可怜，饥寒肚露地。户役一概差，不办棒下死。

宁可出头坐，谁肯被鞭耻。何为抛宅走？良由不得已。

在卷五中有一首鞭笞贪官的诗：

官职莫贪财，贪财向死亲。即得浑家用，遭罗唯一身。

法律刑名重，不可浪推人。一朝图圄里，方始忆清贫。

在王梵志的诗作中，还有描写一个贫穷田舍汉“门前见债主，入户见贫妻”、“舍漏儿啼哭，重重逢苦灾”的困苦生活以及“血流遍荒野，白骨在边庭”的悲惨遭遇。在诗人笔下，还可听到一位老翁的控诉：“儿大作兵伕，西征吐蕃贼，行后浑家死，回来觅不得。儿身面向南，死者头向北，父子相分擘，不及元不识。”

《王梵志诗集》是在湮没了几近千年之后从敦煌藏经洞中重见天日的，敦煌文献中保存的、而又是未流传于世的诗，还有唐代著名诗人高适的5首诗，而敦煌遗书中抄录的高适诗共达百首以上。

另外，敦煌文献中的唐人诗集和选集，还有《白香山诗集》，现均藏于法国，原卷编号为伯2492、伯3597。伯2492为折叶装订，共存8叶半，首题作：“《寄元微之》，白乐天”。这件文书存唐代大诗人白居易诗18首，其实，18首中有一首为元稹的答诗。伯3597号文书也是白居易诗集，这件文书末尾题：“乾符四年二月二十二日灵图寺僧某。”这个尾题中的乾符四年是公元 877 年，本诗集由敦煌灵图寺的一个僧人抄写保存。这个年代距白居易谢世（公元 846 年）仅有 31 年，因此，这是极为难得的珍本。

唐朝人选编的唐人诗集抄本，在敦煌文书中保存就更多了，这批文书的原卷现多藏于法国巴黎，比较著名的卷子有伯 2544 号、伯 2552 号、伯 2555 号、伯 2672 号、伯 3619 号、伯 3872 号、伯 3885 号等，藏于英国的斯 2049 号也较典型。这些文献上，有的抄几家的诗作，有的抄十几家几十首诗，最多的抄上百首诗，其中也保留了许多世上未传的唐诗。

唐诗选集中，最著名的敦煌文献是《珠英学士集》，这本诗选集，在宋代还有流传，宋代以后就失传了。敦煌遗书中却有数件为这本诗集残卷，有的名叫《珠英学士集》，有的题名为《珠英集》。

在敦煌文献所存诗歌中，最大量的诗歌还是敦煌诗人文士之作。他们有敦煌当地人，也有长期生活在敦煌的中原人。他们以粗犷的笔触，炽热的感情，深刻地描写了敦煌社会生活的各个领域，奉献出一首首反映敦煌地区社会情状和人物心态的诗篇。

在敦煌诗人队伍中，有自称“三楚渔人”的张永，敦煌文献中留下了他的诗作《白雀歌》（伯 2594、伯 2864）；有“大宰相江东吏部尚书”张文彻，他的代表作《龙泉神剑歌》（伯 3637）最为著名。此外，还有杜太初、武陟、张锷、汜唐彦、翟奉达、马文斌等，他们的美名及佳作，都赖于敦煌文献的发现，得以使今人知晓。

然而，在敦煌文献中，艺术成就和历史价值更高的诗作，往往还有一些不知名诗人的作品。如伯 2555 号的手写本存佚名诗人陷蕃后即被吐蕃人扣押后所作的诗 70 多首。这组几十首的诗歌，描写了作者出使吐谷浑而被吐蕃俘获，抒发了出使之后和被押解途中的所见所闻所遇以及复杂凄楚的心境。其内容对于研究唐朝与吐蕃的关系史十分重要。目前对此诗进行研究的学者推测，这组诗的作者可能是一个叫马云奇的人，但也有人认为是毛押牙所作，究竟是谁为今后留下了这么多的不朽名作，还有待于进一步研究探讨。还有一篇艺术水平颇高的组诗《敦煌廿咏》，也不知作者究竟是何许人。这组诗歌的小序中说："仆到三危，向逾二纪。"由此断定，作诗者是个到敦煌三危山居住超过二纪，即二十多年的外地人。据其他敦煌文献推测，这组诗创作于张议潮起义的唐大中二年（848）以后，由此有人认为其作者应是个叫张球的人，但这种主张并非定论，还没有充分的材料能够说明。

《敦煌廿咏》组诗均为五言一句的律诗，依次歌咏了三危山、白龙堆、莫高窟、贰师泉、渥洼池天马、阳关戍、水精堂、玉女泉、瑟瑟监、李庙、贞女台、安城祆、墨池、半壁树、三攒草、贺拔堂、望京门、相似树、凿壁井、分流泉20处敦煌的名胜古迹，正所谓"借得山川灵异处，聊申短咏讽美名。"20首诗不仅咏其美丽景物，而且寓景于情，在敦煌广为传唱。

在敦煌文献中的诗歌，由释门僧徒所作者，为数也不算少。由于敦煌是西北的佛教重地之一，很多僧徒在隋唐时期及宋初云集于敦煌，敦煌的佛教文化发展迅速，僧人们的诗歌也日益受到人们的重视，为释门文化留下了宝贵的遗产。

敦煌僧人诗作中，最著名的有"河西都僧统赐紫沙门"悟真法师（生于811年，卒于895年）的诗篇。悟真品行高洁，学识渊博，一生中既修佛法，又参与政治，擘划戎幕，曾于唐大中五年（851）奉使入京师长安，受到僧俗大众的热烈欢迎。唐广明元年（880），他年逾70岁，追思一生，自责身心，作《百岁诗》10首，其中第五首写到："男儿特达建功勋，万里崎岖远赴秦。对策圣明天子喜，承恩至立一生身。"充分表达了作者的志向和对天子的感激之恩。

悟真之外，敦煌寺院的许多出家人如报恩寺的璆琳、金光明寺的利济、灵图寺的灵俊以及游寓于敦煌寺院的慧菀、龙训、道真等，都有五言、七言诗佚篇残句流传于敦煌，被保存在敦煌文献之中，每一首诗都体现了僧人们的独具匠心。

敦煌民间的诗歌，是敦煌文献诗歌宝库的另一个组成部分。这部分诗主要反映了敦煌民间的习俗、家教、世训及一般民众的生活。这些作品或出于敦煌民间作者之手，或由外地传入敦煌，被敦煌民众所喜爱。这些诗多数没有作者姓名。

敦煌民间诗歌的内容有以时令节候为题的，如伯2624号原题为《卢相公咏廿四气诗》，共24首，依次咏立春、雨水等24节气。伯4017号题目是《咏九九诗》，共9首，七言绝句，歌咏从冬至开始起的数九，依次从一九咏至九九，形象地表达了气候冷暖变化的规律。还有以婚姻嫁娶为题材的新婚诗，这组诗主要为《下女夫词》，其中包括《至堂基诗》、《逢锁诗》、《论开撒帐合诗》、《去扇诗》、《去花诗》、《合发诗》等。这些诗皆为伴随婚礼过程而咏唱的诗篇。还有的是在妻子亡故前表达自己愿望的诗，这首诗的名字叫《日落西山昏》，保存在伯希和带至法国的敦煌文献5381号上。

再有一些是抒写家教世训的诗作，如《崔氏夫人训女文》，现藏英国的敦煌文献斯4129、斯5643、藏于法国的伯2633号上均抄写了这篇诗。诗的内容是开导行将出嫁的女儿要遵从妇礼，其中有这样几句："若能一一依吾语，何得翁婆不爱怜？故留此法相教示，千秋万古共流传。"

除此之外，敦煌诗歌中，还有许多戏谑嘲讽之作，如伯2129号《海中有神龟》、伯2700号《有鱼失潮浪》，都是通过揶揄调侃、讥刺嘲弄的诗风，表现出深厚蕴藉的旨趣。这当中既有嘲讽俗人不信佛者，也有嘲讽沙弥、法师痴奉佛者，均充溢着生动活泼的艺术情趣。

卷帙浩繁、内容丰富的敦煌诗歌，作者身份不一，表现形式多样，它们汇成了具有地方特色的史诗般的画卷，为研究古代敦煌的社会史、文化史、风俗史及唐五代宋初中国诗歌史积留了丰富的素材。有的诗具有强烈的现实主义思想，成为唐诗中的不朽名篇，最突出的是晚唐的《秦妇吟》。

《秦妇吟》是唐代大诗人韦庄（836—910）所作，在敦煌遗书中有10个卷子是《秦妇吟》写本。它们是伯2700、伯3381、伯3780、伯3953、斯692、斯5476、斯5477、斯5834及李盛铎藏本。大部被伯希和、斯坦因带到了法国和英国，现分藏在巴黎和伦敦。这首诗的作者韦庄是晚唐的大文豪，京兆杜陵（今陕西西安）人，乾宁元年（894）考中进士，历任校书郎、左补阙，后至四川任官，官至门下侍郎同平章事。史书上记载韦庄“孤贫力学，才敏过人”，“应举时遇黄巢犯阙，著《秦妇吟》一篇”。当时，韦庄科举考试时，发生了唐末黄巢农民大起义，进攻长安，因此，韦庄写了《秦妇吟》，由于写得太好了，当时人们都称韦庄为“秦妇吟秀才”，可惜《浣花集》中未收入此诗，致使这篇名作不得与世人谋面，亡佚至久。幸得敦煌文献发现，其中又有10个卷子保存了《秦妇吟》的手抄本，才使我们目睹其诗的全貌。

《秦妇吟》是一篇很长的叙事诗，每句七言，全诗328句，篇首写到：

“中和癸卯春三月，洛阳城外花如雪。东西南北路人绝，绿杨悄悄香尘灭。

路旁忽见如花人，独向绿杨阴下歇。凤侧鸾欹鬓脚斜，红攒黛敛眉心折。

借问女郎何处来？含颦欲语声先咽。回头敛袂谢行人：丧乱漂沦何堪说！”作者以极其平实的口吻，由远及近地推出了诗中的主要人物秦妇的形象，这位丧乱中的秦妇，不仅衣着打扮摆在了人们面前，其敛袖谢人的动作也呼之欲出，接着，通过这位秦妇之口，把故事铺陈开来。其中既有概括的叙述，也有细腻的描写，十分生动地再现了黄巢起义军震撼李唐王朝的峥嵘岁月：

“轰轰崐崐乾坤动，万马雷声从地涌。火进金星上九天，十二官街烟烘烔。

日轮西下寒光白，上帝无言空脉脉。阴云晕气若重围，宦者流星如血色。

长安寂寂今何有？废市荒街麦苗秀。采樵斫尽杏园花，修寨诛残御沟柳。

华轩绣毂皆销散，甲门朱第无一半。含元殿上狐兔行，花萼楼前荆棘满。

昔日繁盛皆埋没，举目凄凉无故物。内库烧为锦绣灰，天街踏尽公卿骨。”

黄巢大起义的雄浑气势跃然纸上。这是一般诗人很少接触或无力去碰的题材，非大手笔不敢写之，韦庄不仅敢于写出，而且生动、形象。虽然诗人站在了封建统治阶级一边，不能正确理解农民起义军，甚至攻击农民军，但客观上却把农民军写得有声有色，为历史留下了活生生的素材。

以历史人物为题材的诗篇，在敦煌文献中也有遗存，其中最著名的是《古贤集》和《读史编年诗》，前者原写本现藏于法国，编号是伯 2748 等，后者现藏英国，编号为斯 619。这两组诗全是七言，都是失传已久的上乘之作。《古贤集》作者佚名，共长 80 句，写于唐代中晚期。全诗撷取先秦以来的历史人物事迹，强烈谴责统治者枉杀无辜的暴行，大胆歌颂先贤高士堪为人杰的品德。在写法上，以一两句概括某人之一生，把内容相关者放在一起，配以和谐的音韵形式，组成全诗，是一首具有启蒙性质的诗篇。其中有云：

“秦皇无道枉杀人，选士投坑总被坟。”“晏子身微怀智计，双桃方便杀三臣。”

“荆轲入秦身未达，不解琴音反自诛。”“董永卖身葬父母，感得天女助机丝。”

诗中抨击了秦始皇焚书坑儒之无道，宣扬了圣贤豪杰、高士孝子的义举孝行。诗的末句写到“集会众贤作聚韵，古今千代使人知。”表达了作者的创作宗旨。

《读史编年诗》与《古贤集》有类似之处，也是以咏古人事迹为题材，但《读史编年诗》是组诗，以年岁为单元分组来写，其《原序》云：“编年者，十三代史间，自初生至百岁，赋其诗以编纪古人百年之迹。……七言八句，凡百一十。”这意思是说，这组诗应有 110 首。敦煌文献残卷尾部缺佚，只剩下 36 首诗，尚缺 74 首，殊为憾事。每一首的写法是一岁一首诗，或一岁两首诗。例如“七岁”写了两首诗：

“孔融幼女毁齿年，引颈就戮忻忻然。谢庄父子尚文雅，项橐师资推圣贤。

吟处碧天云暗合，拜时真像泪长悬。仍问别有张曾子，礼乐口知世共怜。”

“日讽千言不足钦，孝乎鲁谢天机深。泥来风月见诗癖，归去堤封披泪襟。

钟氏竟垂夫氏训，野王还合素王心。谁知此日造门客，一对儿童愧独寻。”

在这“七岁”两首诗中，表彰了孔融等贤士，以寥寥数笔勾勒出了某一年岁人物的独异行为、光辉事迹及高尚品德，借以激励后人奋发向上。敦煌写本《读史编年诗》36 首，写到了 28 岁时，歌颂的都是唐以前的古人事迹，所宣扬的多是封建伦理道德。

在宣扬孝道方面，敦煌遗书中有《孝子传》等非诗歌作品，也有大量歌颂孝子的诗篇。如赞颂舜子诗写到：“孝顺父母感于天，舜子淘井得银钱。父母抛石压舜子，感得穿井东家连。”写出了舜子孝敬父母感动天神的故事，舜子淘井得钱，父母抛石下井，舜子穿凿井壁到东家。只四句诗，便把孝子写得淋漓尽致。又如赞王褒诗：“王褒慈母怕雷声，每至春间不得宁。及至百年亡没后，抱坟犹怕阿娘惊。”

这些诗篇质朴无华，浑然天成，一般都附在孝子故事之后，似是总结，旨在适应民间宣扬孝子德行，后代的二十四孝诗，实自此发展而来，若不是敦煌文献被发现，谁人能知二十四孝诗的源头？

关于宣扬孝道理论的诗，还有《咏孝经诗》，原卷现藏巴黎，编号为伯 3386、伯 3582，首题：“杨满川咏孝经壹拾捌章”（题下注“一作满山”），卷尾署名“杨满山”。全诗共 18 章，分为开宗明义、天子、诸侯、卿大夫、士人、唐人、三才、孝治、圣治等等，依次歌咏之。每首五言八句。第一首是：

“欲得成人子，先须读孝经。义章恩最重，莫著发肤轻。

和睦为宗祖，温柔是弟兄。立身于此道，于后乃扬名。”

（《开明宗义章第一》）全诗归纳义理孝行，诗句提纲挈领，言简意赅。为传播《孝经》起到了很大的作用。由此可以断定，敦煌地区在唐五代宋初时期，社会思潮的主流之一是推崇孝道，宣扬以孝治天下的伦理观念的。这一推断是非常重要的，因为敦煌佛教盛行，而佛教本来是要舍弃父母，不讲孝道的，可敦煌地区却广泛传播《孝经》之类的儒家经典及其相关的诗歌作品，说明在这个地区佛教与中国传统儒学融合了，也就是说，佛教被中国化了，信佛者也要讲求孝道。这样说并不是认为宣扬孝道就没有佛学思想的文学作品了，事实上，敦煌文献中以佛学为内容的、宣扬佛教理论、劝诫修道的释门诗歌，也大量存在，这也是敦煌文学作品的一个重要组成部分。释门诗歌中的佳作有悟真的《百岁诗》，也有佚名的《山僧歌》，现抄录《山僧歌》如下：

“闲日居山何似好，起时日高睡时早。山中软草以为衣，斋餐松柏随时饱。

卧岩龛，石枕脑，一抱乱草为衣袄。”

这首诗的敦煌手写本被英国的斯坦因带到了英国，现藏伦敦，编号为斯5692。诗文通俗易懂，宣传了与世无争的思想，劝导世人不要戚戚于贵贱、汲汲于荣辱，要随缘适性，皈依佛门，过上自然自在的悠闲生活，其感染力极强。

释门诗中，还有劝诫修道之作，宣扬教义，约束僧徒，又便于僧徒咏唱和记忆。如《和菩萨文》中有如下一段诗：

“诸菩萨，莫谤三宝，若谤三宝堕恶道。三百具长钉定钉心，叫苦连天声浩浩。

谤佛谤法更加嗔，铜关铁棒来相拷。痛哉苦哉不可论，何时值遇人天道。”

这首诗以佛门戒规为题材，直接用于维护佛教的尊严，写法上侧重于说教和训导。诗中说不要诽谤三宝，三宝是指佛、法、僧。如果诽谤佛、法、僧，必遭报应。死后堕入地狱，受严酷刑罚。这首诗十分通俗，易于僧徒、俗人接受。

需要特别说明的是，由于敦煌地区道教信仰在社会思潮中占有一席之地，因而敦煌文献中的道教诗歌也不乏其作。例如伯3866号文书上，一连手抄了《涉道诗》28首，作者为李翔，内容是描述道教的名胜古迹，宣传道教神仙思想。其中有《看缙云山图》、《百步桥》、《马明生遇王婉罗》、《魏夫人归大霍山》等，也有寄赠酬答、赋得唱和之诗，如《寄麻姑山喻供奉》、《西林寺与樵炼师赋得阶下泉》等。这些诗从不同侧面反映了求仙访师、参悟玄机的道家生活。

还要说明的是内容庞杂的敦煌诗歌，还有很多是属于流传于民间的那些反映民间生活和习俗的诗篇。这些诗中有的给人以美的享受，同时又与气候节俗相结合，如《咏惊蛰二月节》诗云：

"阳气初惊蛰，韶光大地周。桃花开蜀锦，鹰老化春鸠。

时候争催迫，萌芽护短修。人间务生事，耕种满田畴。"再如《咏九九诗》中有如下诗句：

"一九冰头万叶枯，北天鸿雁过南湖。"

"三九飕流寒正交，朔风如箭雪难消。"

"九九冻蒿自合兴，农家在此乐轰轰。"将敦煌的气候变化入于诗文之中，既有实际效用，又便于流传。

除节候诗外，民间婚嫁题材的诗歌也很有特色。如前面提到过的《下女夫词》中有两首诗，名为《去花诗》，其文如下：

"一花却去一花新，前花是假后花真。假花上有衔花鸟，真花更有采花人。"

"神仙本自好容华，多事旁人更插花。天汉坐看星月晓，纷纷只恐入云霞。"前一首语意双关，戏谑调侃，后一首设喻奇巧，构思精妙。前者通俗，后者韵浓。反映了敦煌民间的婚俗。

敦煌文献中即兴而成的诗也很有特点，其中有抄书、抄经的书手们写的诗，表达他们受雇抄写、枯燥无味地工作却不如期付给酬金的心情。如北京图书馆藏宿字 99 号敦煌文书尾部有这样两首诗："写书不饮酒，恒日笔头干。且作随宜过，即与后人看。"（《学郎员义题诗》）"写书今日了，因何不送钱？谁家无赖汉，回面不相看。"（《五言诗一首赠上》）

还有一首读书观画后的题诗，也是别具一格。"壁上无年岁，人间绝往来。面尘何日洗，经卷几时开？发乱无刀剃，袈裟是笔裁，若也谁定准，墙塌是轮回。"诗中生动地描绘壁画上和尚经历沧桑而蓬头垢面的形象，并发出了只有墙塌才可轮回的感慨，让人想来十分有趣。这首诗的原本现藏日本龙谷大学。

有观画后的题诗，也有观雕塑的题诗，这首诗名叫《偶题仙院》，大既是观看道教神仙雕塑的诗，写在伯 3197 号敦煌文书上。作者是卢茂钦，诗文把神仙塑像刻画得体态盈盈、栩栩如生。诗云："偶游仙院睹灵台，罗绮分明塑匠裁。高绾绿鬟云髻重，手垂罗袖牡丹开。容仪一见情难舍，玉貌重看意懒回。若表恳诚心所志，愿将恣貌梦中来。"诗中既写出了塑匠高超技艺，也表达了人情味道。

像这种情景交融的诗篇，还体现在一些专门描绘山川景物、名胜古迹的作品之中，其代表作是《敦煌廿咏》。这是一组景物名胜诗，描写的内容有敦煌地区的山水泉池、楼观庙堂，也有奇草异树、忠臣烈女和佛窟神祇。通过景物描写，引发人们的乡土之恋。现举《敦煌廿咏》中的《李庙咏》如下："昔日兴圣帝，遗庙在敦煌。叱咤雄千古，英威镇一方。牧童歌冢上，狐兔穴坟旁。晋史传韬略，留名播五凉。"

这首诗歌咏的是十六国时期西凉国的创立者李暠庙的遗迹荒凉败落的景象，同时抒发了对这位叱咤千古的英雄人物的怀念之情。

《敦煌廿咏》中还有《贰师泉咏》，歌颂了汉代贰师将军李广利，也描绘了贰师泉的景致；《渥洼池天马咏》借咏天马，歌颂了张议潮家族。《敦煌廿咏》虽是由20首诗组合而成，但全篇思想却大体一致，诸篇共同构成敦煌社会的画卷，人情物貌，和谐统一。

敦煌诗歌的内容是全面的；敦煌诗歌的思想是深刻的；敦煌诗歌的趣味是丰富的；而敦煌诗歌的形成又是十分活泼的。除了正规的诗歌之外，还有一些雕虫之作，也很值得玩味，如斯坦因携至英国的一件敦煌文书斯3835号上有4首离合诗，第一首写法如下：

	昌	
楼		望
	出	

没　　云
　　思
远　　客
　　问
贞　　人
　　足
法　　用
　　觅
之　　人

这样的诗句实在是太罕见了，乍看起来，很难知其是一首诗，即使知道是诗也不易读出。经敦煌学家研究，这首诗的读法是中间一行 6 个字，每个字分成 2 个字来读，然后再合起来读成一个字，最后再读右左 2 字，共成五言诗一首，拆拼读如下面一首诗：

“日曰昌望楼，山山出没云。

田心思远客，门口问贞人。

口之足法用，不见觅之人。”这首诗中第一句第二个字“曰”，谐音为“月”，第三字“昌”谐音作“娼”。其意为娼妓日月望高楼。第四句的“贞人”即占卜之人，或叫算命先生。第五句“足”字下半部原文写成“之”，口之的“之”字谐音为“旨”，意为算命先生的口言。“不见觅之人”是说娼妓不得见相思之远客。这首诗巧妙成图，绘成垂幌之形，描写了娼妓远望思恋情人的心境，形式新颖、奇巧，颇堪解颐，虽不能说其内容多么深刻，也无关社会及人生大事，但却给人以消遣和娱乐，也具有陶冶性情、启发智力之功效。

类似的诗歌还有斯 5644《方角诗》和伯 3351 号《十字诗图》，都是构思奇巧的趣味诗篇，现录《方角诗》如下：

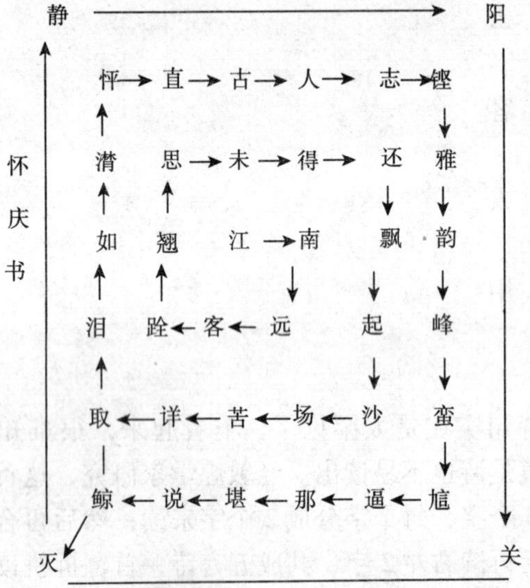

这是一首形式别致的边塞诗，题作《方角书》，全诗40字，中间6行36个字，四角4个字。这也是五言诗，读法如图线所示，从中心的“江南”读起，全诗如下：

“江南远客跧，翘思未得还。飘起沙场苦，详取泪如潸。

怦直古人志，铿雅韵峰蛮。㹆逼那堪说，鲸灭静阳关。”多么耐人寻味！从这类诗的抄写笔记来看，似乎都是学郎所为，大概是他们终日被“子曰”、“诗云”所包围的一种调味品吧。像这样富有趣味的文学作品，在变文中也有发现，后面再谈。

2. 敦煌曲词

敦煌遗书中词的作品比重也很大。明清以来，研究古典诗词的人多从句式的长短着眼，来区分诗与词，并认为词起源于古乐府诗，其实，古乐府诗是与词有一定关系的，但词的起源和古乐府诗的关系并不十分大。所谓词，指的是燕乐曲词（也作曲辞），是燕乐的附庸，燕乐内容十分复杂，包括隋代9部乐和唐代 10 部乐，曲名则有 278 个，大曲 46 个，乐曲可以演奏、演唱，演唱者是为词。敦煌文书中保存了大量的这种可供演唱的词，不少人称之为“曲子词”或“曲子”，或“曲”，其实就是词，不是什么“曲”。

敦煌的词是早期形态的燕乐曲词，基本上是民间作品，多数出自无名氏之口或手。敦煌词的作者身份多样，有乐工歌伎、技艺百工，也有贩夫走卒、戍人僧道，更有医士闺秀、莲娃钓叟。他们一个个吟唱命笔，自由创作。敦煌词的作者面十分广泛。由于作者面广，题材也自然宽泛，丰富多采，这是敦煌词的两大特点。再有一个特点是词体不甚定型，比较自由，字数、句式上和韵律上各有差异。

就敦煌词的内容而言，大体上可分为边塞词、闺情词、咏时事词、咏民情民俗词、咏物词及咏佛道词等。

边塞词中，以保家卫国为突出的主题，也写出将士们崇高的爱国主义思想和勇武、乐观的精神。例如有这样一首词：

“大丈夫汉，为国莫思身。单枪匹马盘阵。尘飞草动便须去，无复进家门。两阵壁，隐隈处，莫潜身。腰间四围十三指，龙泉宝剑靖妖氛。手将来，献明君。”这首词以非凡的气度写出了为国亡身、以保家卫国为己任的男子汉大丈夫的英勇气概。

特别需要指出的是，敦煌文献中有一首表现巾帼英雄豪情壮志的词，只有 4 句：“女人装束有何妨？装束出来似神王。宁可刀头剑下死，夜夜不便守空房。”这首词写出了一位妇女在丈夫行将远征入伍时的心情，她宁愿装束上阵，也不愿夜守空房，其意志之坚决，可比代父从军的花木兰，可惜这位妇女的美名未能留芳百世。

边塞词中，描写边防士卒思想感情和生活境况的词为数不少，如被伯希和带到法国的伯 3911 号上就有这样一首，词牌叫《捣练子》：

“堂前立，拜辞娘，不觉眼中泪千行。劝你耶娘少怅望，为吃他官家重衣粮。”

“辞父娘了，入妻房：莫将生分向耶娘。君去前程但努力，不敢放慢向公婆”。词中以真挚感情描写战士服兵役远行辞别父母妻子时的情况。运用对话相劝，形式新颖，为唐宋文人词中所少见。

再举一首佚调名的边塞词，原词写于敦煌文献伯 3360 号上，词尾残缺，词文如下：“十四十五上战场，手执长枪。低头泪落悔吃粮，步步近刀枪。昨夜马惊辔断，惆怅无人遮拦。”这首词写的是一名战士在兵源充裕时自愿出征而后又后悔的心情。词虽有怨怅之感，却无伤痛消沉之情。

敦煌的闺情词也很重思想感情的描写，多反映妇女生活的情态，但敦煌文献中的词绝不像唐宋文人词中只以歌伎、妓女为描写对象。敦煌词人笔下多写中下层良家妇女，许多词正是出于他们之手。在敦煌文献斯 1441 号和伯 2838 号中，有个词集，名叫《云谣集杂曲子》，其中多首闺情词，其中有两首《凤归云》词，是这样写的：

“征夫数载，萍寄他乡。去便无消息，累换星霜。月下听砧杵，凝寒雁行。孤眠鸾帐里，枉劳魂梦，夜夜飞扬。想君薄行，更不思量。谁为传书与，表妾衷肠？倚牖无言垂血泪，暗祝三光。万般无奈处，一炉香尽，又更添香。”（《凤归云》之一）

“绿窗独坐，修得为君书。征衣裁缝了，远寄边隅。想得为君贪苦战，不惮崎岖。终朝沙碛里，只凭三尺，勇战奸愚。岂知红脸，泪滴如珠。枉把金钗卜，卦卦皆虚。魂梦天涯无暂歇，枕上长嘘。待卿回归日，容颜憔悴，彼此何如？”（《凤归云》之二）上一首写的是孤苦多年、月夜思念征夫的女子。在表意上委婉有致，实为佳作。下一首也是写这位女子思念征人之情，由寄征衣写起，写到了自己对征夫的想象：凭三尺长剑，英勇作战。

也写到了自己思夫、泪滴如珠、枕上长嘘的心情。从词中我们似乎看到了一位愁情女子在灯下为出征在外的丈夫边缝征衣、边垂泪珠的情景，给人以充分想象的余地。

像这样写妇人对征夫思念、盼归的委婉妙词，在敦煌文献《云谣集》中是屡见不鲜的，而直接表达妇女情爱的词作却不很多。下面一首可算这类闺情词：

“枕前发尽千般愿，且休要待青山烂。水面上秤锤浮，直待黄河彻底枯。白日参辰现，北斗回南面。休即未能休，且待三更见日头。”（斯 4322 号《菩萨蛮》）实际上，这首词不仅直接表达了妇女对丈夫的情爱，也表达了丈夫对妻子的情爱，是一首男女共誓相爱之词，以不可能有的事物反喻，表达爱情之不可移易，情深意笃，可能是新婚少妇与丈夫之感情的表述，也可能是热恋中的男女之作。比喻十分通俗，民歌气息浓厚，全词基本上全用比喻的手法，在唐宋文人词中较为少见，这可算是敦煌词的一个特点。

敦煌的咏时事词也与后代的咏词有所区别，从内容上看，有的歌颂唐朝的太平；有的歌颂敦煌的守将；也有的反映唐末的事变；还有的咏叹名人事迹。后代词中，这些内容的作品并不罕见，但敦煌的咏时事词却朴实无华，真切可信，例如伯希和带走的伯 3428 和伯 3821 所载的《感皇恩》词，就很有特色，它不是泛泛地歌颂太平，而是歌颂了这个时代的真实情况：

“四海天下及诸州，皆言今岁永无忧。长途欢宴在高楼。寰海内，束手愿归投。

朱紫尽风流，殿前卿相对，列诸侯。叫呼万岁愿千秋。皆乐业，鼓翅满田畴。

当今圣寿比南山，金枝玉叶尽相连。百僚卿相列排班，呼万岁，尽在玉阶前。

金殿悦龙颜，祥云驾喜雨，两盘旋。休将舜日比尧年。人安泰，争似胜明天。”

这两首词不仅可以使我们目睹群臣列班朝见皇帝，欢呼万岁的盛大场面，还可以知道群臣们长途跋涉参与宫中宴会的情况。词中歌颂了外族归附、天下太平、人民乐业、皇帝高寿等。这首词很可能是为开元盛世而作，歌颂的是唐玄宗时期唐朝的繁荣、安定、祥和的景象。

歌咏民情民俗的词文，在敦煌文献中保存的较多，反映的问题也比较广，但主要是写儒生士子生活的。有的儒士写求官无成而思家，如伯 3333 号文献中的《菩萨蛮》；有的写他们因战乱停考不得应考，也有的写因儒生落第而沦下陈，如伯 3821 号《谒金门》；还有的写因厌世而隐居，如斯 2607 号上的《浣溪沙》。这类词都反映了当时的社会现实，很有社会意义，这类词也不见于唐宋文人的作品中。现举两首反映渔人或隐士生活的《浣溪沙》词以供欣赏。

“浪打轻船雨打篷，遥看篷下有渔翁。蓑笠不收船不系，任西东。即问渔翁何所有？一壶清酒一竿风。山月与鸥长作伴，五湖中。”（斯 2607《浣溪沙》）

“云掩茅庭书满床，冰川松竹自清凉。幽境不曾凡客到，岂寻常。出入每教猿闭户，回来还伴鹤归庄。夜至碧溪垂钓处，月如霜。”（伯 3821《浣溪沙》）。这两词前者写渔翁自由快乐的生活，后者写隐士超俗闲适的情趣。两首词又如两幅水墨画卷跃然纸上，情景并茂，给人以美的享受。

敦煌文学文献中，咏物的词数量不多，所咏之物主要有燕、雁、马、剑、月等。现录一首咏孤雁的词《乐世词》如下，这首词的敦煌写本原卷现存于英国伦敦，编号为斯 6537。

“失群孤雁独连翩，半夜高飞在月边。

霜多雨湿飞难进，暂借荒田一片眠。”

除了以上介绍的敦煌词之外，还有一些是咏佛唱道的，如

《五台山曲子》、《谒金门》等，为敦煌文学宝库增添了另一种色彩。

纵观敦煌的词，内容是丰富多样的，艺术上也具有独自的特色，归纳起来大致有这样几点：一是敦煌文献中的词继承和发扬了我国诗歌的现实主义传统，洋溢着浓厚的生活气息；二是敦煌词感情真实，风格刚健，抒情表意直爽亲切。假如把唐宋文人词比作深闺少妇，那么敦煌词可以看做是陌上村姑，前者华装粉饰、娇态柔媚，后者布衣乱发，天然韵美；三是敦煌词语言淳朴、通俗自然；四是敦煌词运用了多种修辞手法。比喻、夸张、拟人拟物无所不有。因此，敦煌词具有极高的欣赏价值。

顺便要说的是，在敦煌文献中，除了大量的诗词佳品之外，还有大量的佛曲、俚曲小调和儿郎伟作品。他们也是敦煌文学宝库的一部分。所谓佛曲本是佛教唱经或歌咏佛经的声调，佛教称之为梵呗，本是曲调，但又配以歌辞，这便是这里所说的佛曲作品，这种作品在敦煌文书中有《悉昙颂》、《好住娘》、《散花乐》、《归去来》、《长安词》、《还京洛》、《回波乐》、《早出缠》、《乐住山》、《乐入山》、《隐去来》、《缁门百岁篇》、《千门化》、《十偈词》等，每一种佛曲内容又稍有不同，在敦煌文献中存有若干卷。这些全部是举行佛事活动时吟唱用的，多为劝人皈依佛门或入山修行、敬佛散花、辞娘住寺等内容，虽无多少积极可取之处，但其形式却增添了中国诗词的一种体式。

俚曲小调的内容往往多是与佛教相关，也多用来吟唱，故有人也称其为佛曲，其实稍有区别，佛曲全部是用来做佛事使用的，俚曲小调中则有些是民间曲调。这类作品，在敦煌文献中有《五更转》、《十二时》、《十二月》、《百岁篇》、《十恩德》等，每一种曲词都有许多卷文献反复抄录，可见它们在敦煌地区流行甚广。

《五更转》是把一夜分为一更至五更，编五段词来唱。《十二时》是把一昼夜分成子丑寅卯等十二个时辰，分别编词演唱，这种曲子词在敦煌文献中存留达 204 首之多。《百岁篇》是以十岁为单位，依次咏唱十岁、二十岁……至百岁各阶段的事情。在敦煌文献中，《百岁篇》共有三套词：一是《丈夫百岁篇》，唱男人十岁至百岁应做什么事；二是《女人百岁篇》唱女人一生；三是《缁门百岁篇》，缁门指佛门，即唱僧人一生的事情，这种《百岁篇》应属于佛曲。《十恩德》是咏唱母亲养育子女之恩的曲词，把从怀孕至养子女成人的过程概括为 10 种恩德进行吟唱，有劝人尽孝之功用。《十二月》则是按正月至十二月编写歌词用于吟唱的一种文学作品，在敦煌文献中发现了两套词共 24 首，分别抄写在伯 3812 和斯 6208 号文书上，原本现藏法、英。如斯 6208《十二月》：

“正月孟春春渐暄，一别狂夫经数年。口口口口口口口，遣妾寻常独自眠。

二月仲春春盛暄，深闺独坐绿窗前。口口口口口口赖，教儿夫婿远防边。

……

七月孟秋秋渐凉，教儿独寝守空房。君在寻常嫌夜短，君无恒觉夜能长。

八月仲秋秋已凉，寒雁南飞数万行。贱妾犹存旧日意，君何无辜不还行。

九月季秋秋欲末，狂夫一去独难活。愿营方便觅归口，使妾愁心暂时豁。

十月孟冬冬渐寒，为君捣练不辞难。莫怪裁衣不开领，愁君肌瘦恐嫌宽。

十一月仲冬冬雪寒，戎衣造得数般般。见今专访巡边使，寄向君边着后看。

十二月季冬冬已极，寒衣欲送愁情逼。莫怪裁缝针脚粗，为忆啼多竟无力。”

上录《十二月》中的方框为残缺之字。这首小调被当代的敦煌学家拟名为《边使戎衣》，全文 12 首，写出了少妇思念丈夫之情，与前面谈及的闺情词内容相类，但形式不同，二者均情真意切，齐美并驱。

《十二月》等作品虽为俚曲小调，但在遣词造句上却十分见功夫，如十二个月每月的气象不同，表达之词均异，如春天三个月分别有“渐暄”、“盛暄”、“极暄”；秋天三个月分别用“渐凉”、“已凉”、“秋末”；冬三月则用“渐寒”、“雪寒”、“已极”，用词准确而又十分通俗，抒情直率，加上这种作品常以套出现，故为民间喜闻乐见，易于接受和流传，比诗、词有优胜之处。

最后谈几句“儿郎伟”。敦煌文献中的“儿郎伟”实际是一种曲调，在这种曲调下出现的歌词，即被称为“儿郎伟”，也是一种唱词。这类唱词的内容有驱傩的，即驱鬼逐疫用的，如伯 3270 号文书就是《儿郎伟驱傩文》，是配合驱傩活动而歌唱词。也有的“儿郎伟”是盖房子上梁时唱的，如伯 3320 号文书《上梁文》尾部即有 3 段“儿郎伟”；还有的是男婚女嫁时唱的，也属于这类作品。因此，“儿郎伟”不但作为一种民间歌词曲调的文学形式保存下来，具有极高的存史价值，丰富了民间文学宝库，也留下了许多民风民俗资料，由此更使我们想到敦煌文献所含的中国古代文化资料是何等的博大。

3. 话本与小说

敦煌文献中的诗、词、曲子，的确太丰富了，真让人说不尽、道不完。现暂时放下诗词，谈谈敦煌文献中手抄的话本和小说。

话本是中国古代小说发展史上的一种重要体式，它是唐宋时期民间说唱伎艺之一的“说话”（讲故事）的底本。这样的话本在宋代极为盛行，在宋之前的唐、五代时期，“说话”即讲故事的伎艺已相当成熟，故也有用文字记录其讲说的话本留传下来。这些作品，有的便保存在了敦煌文献之中。

就数量而言，敦煌文献中的话本抄写本并不算多，有的又只有目而无文。篇目及正文俱存者，主要有如下几种，现分别介绍之。

《庐山远公话》，这是敦煌文献中保存最完整的一篇敦煌话本作品，原写卷被英国人斯坦因带到了伦敦，编号为斯 2073。这篇作品题目即叫“话”，显然是“说话”的文字记录。话本开篇道：“说这惠远，家住雁门，兄弟二人，更无外族……”一看便知这是说书讲故事的口吻。《庐山远公话》的内容是宣传佛教的，话本中极力夸张东晋名僧惠远种种神奇灵异的故事，其中有惠远被寿州盗贼白庄劫持为奴，又卖给崔相公家为奴以偿前世之债，情节曲折生动，宣扬了佛教的因果报应之说，内容虽不足取，艺术水平却令人赞叹。

《韩擒虎话本》原卷已无标题，研究者根据内容拟此题，实为确切。这个话本抄写在敦煌文献斯 2144 号上。开篇云：“说其中有一僧名法华和尚……”，结尾云：“画本既终并无抄略。”这里的“画本”并不是“话本”之误，很可能是“说话”（讲故事），时有图画辅助。当然，画本又和“话本”同音，二者假借也可说得通。

《韩擒虎话本》是个历史题材的故事。它描述的是隋文帝杨坚篡国建隋，大将韩擒虎奉隋文帝之命渡江讨陈，以大智大勇降伏陈大将任蛮奴，并生擒陈王。后来，韩擒虎又与番邦使臣、王子比赛射箭，终以盖世无双的高超射技取胜，吓服了大夏单于。所叙故事基本上取材于隋朝史实，但又未拘泥于史实，而是在史实的基础上进行加工改造，虚中有实，实不全实。例如，其中写到了杨坚在得到和尚神药治好头疼、杨妃毒杀周帝之后登位，这个情节纯属民间传说。又如话本中讲到韩擒虎与突厥使者赛箭，这事本是隋朝另一大将贺若弼所为，此话本却安到了韩擒虎头上。不管怎样，话本着力塑造了韩擒虎大智大勇、英武绝伦的英雄形象，鼓舞着敦煌地区人民抵抗外来侵略的爱国主义精神，有着积极的意义。

《叶净能诗》也是一卷话本，这件话本保存在斯 6836 号文书上，首部已经残缺，尾题叫《叶净能诗》。通观全篇，除篇末有韵语祭文外，并无一诗，因此，有人干脆认为“诗”是“话”字的误写。从篇中语气来看，应将此作为话本看待。《叶净能诗》是敦煌文献中唯一较齐全的讲述道教人物故事的话本作品。其中叙述的是唐玄宗时道士叶净能的十几个神奇灵异的故事。叶净能本生活于唐高宗至中宗时期，话本中却将其置于玄宗时期，并把许多故事集中于叶净能一身。通过叙述这些故事，竭力夸耀道教的辟谷炼丹、冥通符咒、役使鬼神等神奇法术，反映了道教在唐玄宗时期的发达。

已经被学术界普遍接受的敦煌话本作品，主要有如上 3 种，数量虽然不多，涉及题材却佛、道、俗均有，而且艺术水平较高。首先，敦煌话本作品文白兼用、通俗易懂的语言，开创了我国古代白话小说兴盛的先河，敦煌话本发现之前的魏晋南北朝小说，多为文言，很难直接使用口语化的文字，而话本则多用通俗浅近易解的语言表述，其中也保存了大量的唐代方言、俗语、谚语等。宋代话本、小说正是在此基础上向前发展的。

其次，敦煌话本初创了话本的体制结构，这种结构一般开头引出中心人物，有一段引子，然后进入正式故事，篇尾以韵文结束。此外，敦煌话本运用不同的艺术方法，塑造了一个个生动、鲜明的人物，为后来的话本、小说创作提供了有益的艺术借鉴。总之，敦煌文献中的话本在古典文学上的贡献是不可忽视的，在中国文学史中占有特殊的地位。

敦煌文献中与话本最接近的文学作品则是小说。在唐代，在敦煌文献中，“小说”的概念与今天的“小说”有所不同，按今天文学作品的分类，话本也应算是小说。但敦煌遗书中的小说并非说话、讲唱的底本，而是经过文人剪裁、加工和润色的文学作品，这种作品，在敦煌文献中数量相当可观。其中既有唐以前的作品，也有唐、五代、宋初的作品。唐以前的敦煌小说主要有《还冤记》，唐、五代、宋初的小说有感应记、瑞像记、还魂记之类的作品极多，著名的有《搜神记》和《启颜录》。

《还冤记》又称《冤魂志》、《还冤志》，隋代颜之推著，伯3126号敦煌文书就是这部小说的抄本。小说中叙述了15个冤鬼索报的故事，基本情节是“甲杀乙，乙变鬼，鬼杀甲”，意图是在说明因果报应思想，这部小说并非纯粹的文人创作，而是由民间口头创作、搜集、整理、加工而成。它不仅在敦煌地区流行，也在其他地区传播。

《启颜录》和《搜神记》与《还冤记》不同，这两部书是唐、五代、宋初创作的小说集。据正史记载，《启颜录》共10卷，侯白撰写。但这部10卷的书早已亡佚，敦煌文献中只抄录了此书40则故事，在斯610号文书上存文317行。文书尾部题记“开元十一年捌月五日写了，刘丘子投二舅。”说明这是唐玄宗开元时期的手写本，是现存最早的抄本，开元十一年是公元723年。

正史上说《启颜录》的作者是侯白，实际是值得怀疑的，敦煌文献上并未说明作者，研究者认为，这本书实际上是一部笑话集，这部原书早已亡佚了，现存敦煌写本也非完本，但由于它是最早的版本，因此很有价值。敦煌本《启颜录》中现存“论难”、“辩捷”、“昏忘”、“嘲诮”4目，共有40则故事，其中有23则故事为其他所有的书中未记载的。鲁迅研究中国小说史时，说《启颜录》是“上取子史之旧文，近记一己之言行，事多浮浅，又好以鄙言调谑人，诽谐太过，时复流于轻薄矣。”鲁迅见到《启颜录》时，未见敦煌本，如果他见到了敦煌文献中保存了世人未见过的《启颜录》，他也就不会得出这样的结论了。《启颜录》中浮浅、诽谐太过的故事是有的，但还有一些新的内容，在这些新内容中，充分发挥了笑话这一讽刺文学的作用，如在“论难”故事中，面对佛门大法师，将其所谓庄严的宣教，只以三言两语，使其矛盾百出，化为笑谈。

《搜神记》原为晋人干宝著，正史上说这部书原本30卷，但宋代以后此书不见记载了，明代又有人刊刻，却只有20卷本，之后又流行8卷本和1卷本。敦煌文献中人们惊喜地发现了多卷《搜神记》，其中有题为句道兴撰的《搜神记》1卷，此外还有其他写卷4件。就其内容而言，可得故事35条。据专家考证，句道兴撰的《搜神记》实际上是与干宝所撰《搜神记》有密切的联系，是干宝原书的一种最早的抄本。

除了《启颜录》和《搜神记》之外，敦煌文献中保存的数量最多的小说是感应记之类的作品，这类作品当中，又可分为佛教感应记和非佛教感应记。

自从佛教传入中国后，从晋代开始，佛教感应记式的文学作品就出现了。隋唐时期，佛教兴盛，此类作品与日俱增，流传广泛。但由于宋以后佛教地位下降，这类感应记作品多已失传，敦煌文献发现后，才使这类感应记再现人间。

从感应记所叙述的行善积德的具体方式看，大致有鸣钟、设斋、念佛、抄写、诵持佛经、得以好报几种内容，每个内容都是讲要信仰佛教，多做佛事，这样就会得到灵验，如眼睛失明则会复明，等等。需要说明的是，敦煌的感应记也有的称作灵验记，多抄写在《阿弥陀经》、《金刚经》、《金光明经》等佛经写卷之后。往往称为《持诵某经灵验记》等，其中不乏优秀的小说故事作品。这些感应记在叙事上力求具体、确切，让人看了觉得真实无疑。同时在写法上也多运用夸张、想象等手段，增强宣传效果。在语言运用上，多是简明浅显、通俗易懂，便于民众接受。

在浩如烟海的敦煌文学作品中，还有为数不多的几篇非佛教感应记式的小说，它们是斯133号的《秋胡》、斯2630号的《唐太宗入冥记》、斯3092号的《道明还魂记》。

《秋胡》原本在敦煌文献上尚存117行，所写的故事在汉代就已流传，敦煌本中沿袭前代故事而来，叙说秋胡新婚不久，辞母别妻，远方游学，以求富贵。行至胜山，得老仙教以九经，三年学成，往投魏国，拜为左相，赐三千户。秋胡在魏，数年不归，其妻不知夫婿尚在与否，仍孝养阿婆，阿婆劝其改嫁，不听。又过数年，秋胡忆母返乡，行至桑林，见妻不能相识，出语调戏，其妻也认不出秋胡，告以守贫不受引诱，及秋胡到家，见其妻就是在桑树林中调戏之人，其妻责其不忠不孝。这个故事纯系世俗故事，主旨在于谴责庸俗的文人仕宦，创作意图新颖。

《唐太宗入冥记》讲的是著名皇帝唐太宗梦见自己入冥（死了），阎罗王命判官崔子玉审问太宗杀死兄弟李建成、李元吉的事情。崔子玉本是个县尉，与唐太宗为君臣关系，太宗向其说明自己是被迫到冥间（阴间）来的，太子还年幼，国家还有许多大事，要求让自己早回阳间生界，并许诺要给崔子玉厚重钱物之礼。崔子玉自觉官小，盼望能升迁，太宗许诺让他作蒲州刺史兼河北二十四州采访使，官至御史大夫，赐紫金鱼袋，再赐库钱2万贯。崔子玉拜谢，为太宗开脱。这个故事也早有流传，但原来的故事是说崔子玉审唐太宗杀鸡、猪、羊的事，现存敦煌本换成了杀李建成、李元吉的事，这是历史事实，唐太宗确实是靠杀死兄弟才登上皇帝宝座的，这样的改编，其创作目的十分明显，中心思想在于否定唐太宗的绝对权威，创作者的气魄是非凡的。据考证，敦煌手写本《唐太宗入冥记》成书于唐玄宗到唐穆宗年间，即公元八、九世纪。

《道明还魂记》内容较简略，写的是开元寺一个和尚道明被阎罗使者押入冥间的故事，阎王使者抓错了人，应该捉龙兴寺的道明，开元寺道明得以昭雪，回到人间。

敦煌的这三篇小说，情节比感应记要曲折得多，在语言上也更加生动、活泼，为读者喜读爱看。在中国小说史上占有独特的地位。

4. 敦煌变文

乍听起来，“变文”这种文学体裁的确会让人觉得生疏，了解中国古典文学的人，如果不去专攻敦煌文学，不研究敦煌文献，恐怕也不知变文为何物，“变文”一词确系敦煌文书发现后才随之出现的，应该说这是敦煌文学中最具特色的一种文体。

究竟什么是变文？长期以来，中外学者众说纷纭，没有定论。有人将敦煌文献中所有的民间说唱故事文学及宗教性说唱文学统统算作变文，也有的把这类说唱作品细分为词文、故事赋、话本、诗话、变文、讲经文、押座文等。显然，变文的内涵大不一样，有广义与狭义之说。本节所介绍的，应是后一种变文。

变文之“变”是什么意思？有人主张变就是“变易”、“改变”之意，即把某一种体裁的东西改变成另一种体裁的东西，如把佛经改变成说唱文，或把史书记载的列传改变成为说唱文，都可以叫变文。可是，也有人主张“变文”的“变”来自梵文音译，观点别出新裁。但无论如何，变文确是敦煌文献中一种独特的文体，具有特别的思想内容和艺术价值。

敦煌文献中的变文，又可以简称为“变”，它是唐、五代民间说唱伎艺“转变”的底本。从题材上看，敦煌变文共有 4 类：第一类是宗教题材、说唱佛经故事的作品，主要讲述释迦牟尼或其弟子精进修道、断绝苦因、追求佛家最高理想的故事和佛法战胜邪道的故事。如根据《佛本行集经》演绎的《八相变》，讲的就是释迦牟尼为迦毗罗卫国太子时，有感于人间的生老病死诸苦而出家的故事。再如根据《普曜经》卷六《降魔品》演绎的《破魔变》，讲述的是释迦牟尼成道之际，引起魔王波旬的极大恐慌，亲率魔女、魔军对释迦威胁、色诱，施展种种伎俩破坏其道，但最后全部失败，被佛降服。类似的变文还有根据《佛说盂兰盆经》演绎的《目连变文》、《大目乾连冥间救母变文》，这两篇变文讲述的是：目连出嫁后，证得阿罗汉果，成佛之弟子，他的母亲青提夫人十分悭吝，不设斋供佛，隐匿施斋资财，获欺诳圣凡之罪，终堕阿鼻地狱，受尽了地狱之苦难。目连得知后，历尽艰辛，遍游奈河、铁轮、刀山、剑树等地狱，寻母不得，于是按照佛的教诲，建盂兰盆斋，解脱一切恶鬼，终于救母出离苦海。这篇变文的目的是在宣扬因果报应，青提夫人不敬三宝(佛、法、僧)，结果下了地狱。但在故事之中，我们也看到了目连为了报答父母恩德，舍身忘死，坚毅不拔的恒心和毅力，克服重重困难，从阴森残酷的地狱中救出自己母亲、战胜轮回报应的英勇行为，使人感到母子之爱的伟大力量，深受讲求孝道的中国人的喜爱，故事本身具有浓厚的佛教色彩，但在宗教的背后，却蕴涵着儒家传统文化。因此，《目连变文》在敦煌文献中有10来个卷子，有的还有序和图，如斯2614号文书即题：《大目乾连冥间救母变文并图一卷并序》。

像《目连变文》这样的变文，还有根据《贤愚经》卷十《须达起精舍品第四十一》演绎的《降魔变文》，这件变文也有几件文书，分藏在国内外，内容是写舍卫国的宰相须达，皈依佛教后，铺金买园，为释迦建布道之所，感动了太子祇施，由此引起如来弟子舍利弗与外道六师斗法并取得胜利的故事。情节十分生动、热闹，悬念层层，波澜起伏，极富戏剧性。尤其是其中舍利弗与劳度叉斗圣一节，十分精彩，反佛的外道六师与舍利弗(如来佛弟子)斗争，先后变出宝山、水牛、毒龙，舍利弗从容镇静，变出金刚、狮子、鸟王，一一战胜魔道。这种幻化多变，十分像《西游记》和《封神演义》中斗法的描写，可以说，变文哺育了后世的神魔小说。

第二类变文是以历史故事为题材。其中主要包括《伍子胥变文》、《李陵变文》、《王昭君变文》、《汉将王陵变》等。这类变文都是以一个历史人物为主，撷取历史事件中的趣闻轶事，但又不受历史故事原貌的制约，广泛吸收民间传说，进行加工、渲染和再创造。例如《伍子胥变文》，讲的是先秦历史上伍子胥复仇灭楚、死于忠谏的故事，这些故事在先秦史籍《左传》、《公羊传》、《国语》、《吕氏春秋》中多有记载。屈原曾专门作楚辞《九章·涉江》为伍子胥喊冤。西汉大史学家司马迁的《史记》中也专门为伍子胥立传，称赞他"弃小义、雪大耻，名垂后世。"叹惋他死于谗言。历代对伍子胥都推崇备至，立庙祭祀。敦煌文献中的《伍子胥变文》，正是在此基础上演变而成的。变文突出伍子胥为父报仇、反抗暴君的伟大，写得有声有色。变文现存4个残卷，拼合后尚存一万六七千字。故事讲伍子胥的父亲叫伍奢，是楚国平王时的大臣，平王荒淫无道，强夺子媳为妃，伍奢犯颜直谏被杀，且株连其子伍尚也被害。伍子胥幸得逃脱，忍辱负重，跋山涉水，风餐露宿，在浣沙女和渔父的救助下逃奔吴国，成为吴王相国。五年后，他领兵打败楚国，报仇雪恨。后来，吴国和越国发生战争，伍子胥力谏吴王夫差防止越国进攻，触怒吴王，终遭杀害，吴国被越国所灭。变文如同一幕悲剧，刻画了伍子胥、浣沙女、渔父等人物性格，表现了伍子胥忧国忧民的精神，受到后人的称颂。

《汉将王陵变》是最完整的一篇变文，故事取自《史记·陈丞相世家》。它的内容是讲楚汉战争中，王陵的母亲以死激励儿子反项羽助刘邦。这个故事在东汉时就广为流传，并被绘成图画，刻在砖石上。变文则进一步描写了王母申明大义、有胆有识、勇于牺牲的老妇形象。项羽让王陵的母亲写信招降王陵，王母坚决拒绝，项羽竟让王母剃发削眉，脱光衣服，带上铁钳，让士兵解闷，又令各队士兵决杖五下，逼其为三军将士缝补衣裳。王母不受屈辱，毅然伏剑而死，表现了她舍生取义、忘我斗争的精神品格。

《李陵变文》和《王昭君变文》均取自汉代历史故事，前者讲汉将李陵在与匈奴作战时，身先士卒，英勇作战，在寡不敌众的情况下被俘，但他念念不忘归汉，写得十分动人。后者则把王昭君远嫁匈奴的故事，讲述得有声有色，故事中突出了塞外的萧瑟凄凉，反复渲染了昭君触景生情所引起的眷恋故国、思念乡土的深情，最后，昭君在郁郁寡欢、离愁别恨中死去。变文结尾，写汉哀帝遣使祭青冢，其辞极为沉痛，更增加了悲剧气氛。

敦煌文献中的第三类变文是民间传说题材的内容。代表性的文书有《舜子至孝变文》、《刘家太子变文》、《孟姜女变文》、《董咏变文》等。这些故事都来自民间，主要内容是宣传孝道，宣扬儒家传统道德。

最后一类敦煌变文，是取材于敦煌当地人物故事的变文，主要是《张议潮变文》和《张淮深变文》。张议潮前面已提到过，他是收复敦煌的民族英雄，张淮深是他的亲侄子，正史上有他们的传。叔侄二人在敦煌受吐蕃侵占的情况下，率领各族人民艰苦斗争，英勇奋战，打退了吐蕃统治者，抵御吐蕃侵扰，保境安民，为敦煌人民所敬仰，变文热情地讴歌了他们的英雄业绩。

总而言之，敦煌变文的思想内容是丰富的，变文的故事情节和说唱式的语言是民众喜闻乐听的，效果必然是寓教于乐，有利于陶冶当时人的情操，推进社会的文明与发展。无论哪一种体裁的变文，其想象力都十分丰富，故事编排得曲折迭宕、扣人心弦。人物性格特点突出，人物形象栩栩如生。变文的语言不但浅显易懂，而且十分活泼，让人读来琅琅上口；闻来悦耳动听，除一般道白外，还有对白、独白、韵白、衬白等手法运用，配合表演的说唱特色极浓，让人有亲临说书场的感觉。可以说，敦煌变文是魏晋南北朝文学到明清文学过渡的中间环节之一。它与敦煌诗词、歌赋、话本、小说一起，开启了中国古代文学发展史、特别是中国古代俗文学发展史的新篇章。

5. 故事赋、茶酒论及其他

敦煌的文学作品的确是品类齐全、应有尽有的。除了上面谈及的各种文学作品形式外，还有不少优秀的赋、论及其他文学文献的手写本。

(1) 故事赋

故事赋是一种以白话韵文说理叙事的通俗赋体，因此又称俗赋，它是我国古代辞赋通俗化的产物。敦煌的故事赋正是这样一种通俗文学作品。

据目前所知，在四五万卷的敦煌遗书中，故事赋的写卷约有20余卷。在这些俗赋之中，除了一篇《丑妇赋》署名为赵洽作以外，其他均未留下作者姓名。看来，大约是由多少有点文化的庶人草成后，流传于民间，经过不断加工润色而成。俗赋的抄写时代都在五代以前。

敦煌赋的题材较为广泛，它们或以历史故事为基干，或以坚贞不渝的爱情传说为对象，或以象征手法抨击现实生活中的丑恶现象，无不展示出故事赋的民间性和批判力。

敦煌赋中的《晏子赋》原写本分藏在法国和英国，编号有伯2564、斯5752等。赋中的故事出自《晏子春秋》第六卷《内篇杂下》不同的是，《晏子春秋》中说晏子曾出使楚国，敦煌《晏子赋》中改为晏子出使梁国。晏子的长相也被描绘成又黑又矮。《晏子赋》一开头便说晏子“面目青黑，唇不赋齿，发不附耳，腰不附胯”，模样极怪。接着是梁王和晏子对答辩论的内容，晏子用智巧辩驳了梁王提出的各种问题，表现出晏子的聪颖机敏。例如，晏子对王曰：“九九八十一，天地之纲纪；八九七十二，阴阳之本性。天为公，地为母，日为夫，月为妇。南为表，北为里，东为左，西为右。风出高山，雨出江海，霜出青天，露出百草。天地相去九万九千九百九十九里。富贵是君子，贫者是小人。出语不穷，是名君子也。”晏子的这段回答，表现出了他在梁王面前口若悬河的情态和巧于应对的本领，使梁王不得不为之折服，晏子是个知识渊博、能言善辩的使者。

敦煌文献中的第二篇著名俗赋是《韩朋赋》，它发现于敦煌文献伯2653、斯3922等写本上。这个故事赋取材于传世的《搜神记》卷11“韩凭妻”的故事。这个故事说宋康王强夺韩凭之妻，韩凭妻为了贞节投台而死，与韩凭墓相对而葬，最后，夫妇化生为桂树鸳鸯。这个故事在唐宋时代的许多书中都有记载。敦煌文献中的《韩朋赋》正是在此基础上改编而成的，赋的主人韩凭、何氏、苏贺等人被改名为韩朋、贞夫、梁伯。《韩朋赋》中首先把贞夫写成一位“明解经书”的淑女，婚后便立下誓言：“不再改嫁，死事一夫。”后来，韩朋出游，六年不归，贞夫于是修书给韩朋，不料韩朋将妻书遗失，被宋康王得到，宋王遂设计骗贞夫入宫。然后逼婚，贞夫蔑视“一国之母”的生活，不愿作宋王之后，说到：“芦苇有地，荆棘有丛，豺狼有伴，雉兔有双。鱼鳖有水，不乐高堂。燕雀群飞，不乐凤凰。妾是庶人之妻，不乐宋王之妇。”从而表现出贞夫忠于爱情、不慕高位的崇高精神境界。最后，韩朋夫妇双双殉情，化生青白二石，再化为树，树又变为鸳鸯而以羽毛复仇。这种情节，丰富了韩凭故事反抗暴虐的主题，表达了劳动人民的理想和愿望，富有较强的艺术感染力。

敦煌赋中还有两篇《燕子赋》，两篇题名完全相同，风格却截然相异。一篇见于伯2941号和斯214号等写卷，是四、六言赋体；另一篇为五言诗体，见于斯2653号文书。两篇的内容都是讲燕雀争巢、凤凰判决的故事，其中深刻揭露了黄雀“倚强凌弱”、谲诡狡诈的嘴脸。寓意深刻，这是对现实中以势压人之徒的无情批判。

现藏于法国巴黎的伯 5752、伯 3716 两件敦煌文献上抄有另一件敦煌俗赋，题名为《丑妇赋》，作者赵洽。赵洽何许人也，无人知晓，但所作之赋具有浓郁的诙谐揶揄风格，无情地讥刺嘲讽了面目可憎可怖的丑妇。描写丑妇的作品唐以前也曾有过，但多已失传，敦煌文献中的《丑妇赋》则显得十分珍贵。该赋把丑妇的外形描写得极为丑陋，说她“有笑兮如哭，有戏兮如嗔。眉间有千般碎皱，项底有百道粗筋。贮千年之垢污，停累月之重皴”。丑妇不但形象极差，语言也很粗俗。这样的丑妇本已可憎可怖，但作者为增加对其丑陋的描写，又进一步讲丑妇虽丑，却还要涂脂抹粉，描眉画目，结果是“丑上添丑，衰中道衰”，连脂粉也不得不称怨道苦。这种丑妇赋之作，与“东施效颦”的故事很有些异曲同工之妙，尖锐地反映出了人们怜善爱美、斥恶厌丑的普遍心理。

敦煌俗赋不仅题材多样，而且思想内容深刻，艺术手法高超。写物时特点鲜明，写人时性格突出，叙理时入木三分。几篇敦煌赋塑造的一个个形象，给读者以不同艺术美的享受。敦煌赋同其他文献一样，是祖先留给我们的一笔宝贵的文化遗产。

（2）茶酒论

这也是敦煌文学文献中独具特色的一种文体。如果说论体早已有之，也不算错，西汉贾谊就写过《过秦论》，但那是政治性论文，虽有文学色彩，但与敦煌的《茶酒论》，区别极大。

《茶酒论》在敦煌遗书中发现了 6 个写本，它们是伯 2718、伯 3910、伯 2972、伯 2875、斯 5774、斯 406 号。其中，伯 2718 号抄写得最为完整，首部题署“乡贡进士王敷撰”，尾部落款“开宝三年壬申岁正月十四日知书（行）院弟子阎海真手抄”。很清楚，这是抄写于宋初的文献，如此之多写本的存在，说明唐、五代宋初《茶酒论》的故事很受敦煌人喜爱，曾在民间广泛传播。

《茶酒论》这篇通俗文学，讲的是茶和酒争胜的故事，文章开头便提出了茶酒之间的辩题：“暂问茶之与酒，两个谁有功勋。”然后，茶和酒分别以拟人的口吻说自己优胜，攻击对方的缺陷。两者你来我往，轮番争辩，几个回合，不见输赢。茶对酒说：

“我之茗草，万木之心。或白如玉，或似黄金。名僧大德，幽隐禅林，饮之语话，能去昏沉。……酒能破家散宅，广作邪淫，打却三盏已后，令人只是罪深。”酒不甘示弱，说茶很不值钱，酒对茶说：“三文一缸，何年得富？酒通贵人，公卿所慕。……茶吃只是胃疼，多吃令人患肚，一日打却十杯，腹胀又同衙鼓。若也服之三年，养虾蟆得水病报。”双方唇枪舌箭，互不相让。茶又对酒说自己可以卖于市上，钱财盈溢，而酒只能使人昏乱，犯罪挨杖。酒又反击道，古人才子吟诗饮酒，酒还可以消愁。又说茶三文五碗，酒半盅七文，国家大礼，都要饮酒，喝茶只能弹奏管弦。

茶、酒双方各持一理，妙语连珠，隽词迭见，民俗、民情、茶酒文化跃然字里行间。在既风趣又富于哲理的茶、酒争辩，不分胜负之后，“水”站出来发出了惊人的评说，十分引人入胜。

“水谓茶、酒曰：‘阿你两个，何用匆匆？阿谁许你，各自论功？言词相毁，道西说东。人生四大，地水火风。茶不得水，作何相貌？酒不得水，作甚形容？米麴趟干吃，损人肠胃；茶片干吃，只粝破喉咙。万物须水，五谷之宗，上应乾象，下顺吉凶，江河淮济，有我即通；亦能漂荡天地，亦能涸煞鱼龙。尧时九年灾迹，只缘我在其中。感得天下钦奉，万姓依从。犹自不说能圣，两个何用争功？从今以后，切须和同，酒店发富，茶坊不穷，长为兄弟，须得始终。’”在文章之末，作者总结性地说：

"若人读之一本，永世不害酒颠茶疯。"十分明显，作者的用意在于劝人万勿争功好胜，但作者并不直接出来说理，而是让拟人化的水来作论评，很有趣味，与传统的论体作品大不相同。

值得特别说明的是，《茶酒论》的故事不仅在敦煌遗书中被发现了，而且在藏族民间文学中也广泛流传着茶酒争功的故事，故事的大致意思也是采取拟人化的方式，由茶、酒各自摆出优点，再互相攻击对方缺点，正当二者争辩之时，国王出面调节了二者的矛盾，结论也是茶酒互有用处，二者要相安和好，等等。不同之处在于《茶酒论》的茶、酒之争由水来调节、评判，藏族民间茶酒故事由国王代替了水。另外，具体表功时茶、酒的语言、举例互有不同，但主旨都是相同，寓义也完全相同。那么，人们是必要问，是藏族的茶酒故事受敦煌《茶酒论》的影响才流传起来的呢？还是藏族民间故事成为了《茶酒论》创作的素材？因为藏族祖先吐蕃曾经占领过敦煌地区，二者之间的关系，或者说敦煌地区汉族与藏族的文化交流是值得进一步探讨的问题。

奇巧的是，在今天贵州布依族当中，流传着许多民间故事，经过从事民间文学研究的学者去贵州调查，也整理出了茶酒相争的民间口头文学故事，故事的情节比《茶酒论》和藏族茶酒故事要简略些，第三者即评判者也有变化，但茶、酒争功的中心思想和要表达的不应该争功好胜的意义及拟人化的手法却基本相同。这样的话，难道是敦煌《茶酒论》也曾流传到了布依族当中了吗？布依族与藏族也有过文化交往吗？还是汉族文化影响了少数民族文化呢？这一系列的问题，都值得我们认真地去思考和研究。

不管怎样，敦煌《茶酒论》的出现，以及少数民族地区茶、酒故事的流传，总能说明中国茶文化与酒文化的源远流长。中国的酿酒远早于饮茶，早在商周时期，中国人饮酒之风就已盛行，而中国人普遍饮茶实始于唐代，到了唐代才出现了陆羽著作的《茶经》。唐代开始饮茶，唐末宋初便出现了《茶酒论》，这大概是社会上饮茶之风初盛而要抵制饮酒的结果吧。

说到酒文化，我国历代有许多关于酒的神奇传说。这些传说也必然要反映到百科全书式的敦煌文献中来，前面曾经提及的敦煌手写本句道兴的《搜神记》，就有一段《刘义狄酿酒》的故事，现摘录如下，以供欣赏：

昔有刘义狄者，中山人也。甚能善造千日之酒，饮者醉亦千日。时青州刘玄石善能饮酒，故来就狄饮千日酒。狄语玄石曰："酒弗未定，不堪君吃。"玄石再三求乞取尝，狄自取一盏与尝，饮尽。玄石更索，狄知已醉，语玄石曰："今君已醉，待醒更来。当与君同饮。"玄石嗔而遂去。玄石至家，乃即醉死。家人不知由来，遂即埋之。至三年，狄往访之玄石家，借问玄石。家人惊怪，玄石死来，今见三载，服满已脱讫，于今始觅。狄具言曰："本共君饮酒之时，计应始醒，但往发冢破棺看之，的不死尔。"家人即如狄语，开冢看之，玄石面上白汗流出，开眼而卧，遂起而言曰："你等是甚人向我？前头饮酒醉卧，今始得醒。"冢上人看来，得醉气，犹三日不醒。是人见者，皆云异哉。

这段《千日酒》的故事在中国古代十分流行，敦煌本中讲酿酒的主人是刘义狄，河北中山人。向刘义狄乞酒、饮而醉死者是青州的刘玄石，刘玄石饮酒后醉死三年，挖开坟墓之后，方才醒来，情节离奇，却充分表现了刘义狄酿酒的神奇本领。敦煌遗书中保存了这样的故事，不仅丰富了酒文化的宝库，而且至今给人以艺术享受。

说到这里，有关敦煌文献中的主要文学作品的情况，总算介绍了大部分，其实，敦煌文学又何止于此！大量的上表、奏疏、状子、牒文，每一件都是文采飞扬，让人看起来爱不释手。至于碑传、祭文，更是文采四溢，或精巧整饬、庄重严肃，或华丽流畅、风格典雅。敦煌文献中保存的碑传、祭文又是大量的，据统计，光是敦煌遗书中的碑文，就有10多篇。其中包括《李君修慈悲佛龛碑》（又名《圣历碑》，武则天圣历年间立，碑文抄写在伯2551号文书上）、《唐宗子陇西李氏再修功德记》（又称《乾宁碑》，文存伯4640号文书上）、《右军卫十将使孔公浮图功德铭并序》（伯4638）、《阴处士碑》（伯4638、4640）、《张淮深碑》（伯2726、斯6161等）、《吴僧统碑》（伯4640）、《翟家碑》（伯4640）、《温泉铭》（伯4508）等。有些碑文，撰写得十分漂亮，仅举《圣历碑》中描写莫高窟景色的一段碑文："西连九陇坂，鸣沙飞井擅其名；东接三危峰，泫露翔云腾其美。左右形胜，前后显敞，川原丽，物色新。仙禽瑞兽育其阿，斑羽毛而百彩；珍木嘉卉生其谷，绚花叶而千光……"这段碑文铺陈之瑰丽，对仗之工巧，用典之繁富，颇有大文豪王勃《滕王阁序》的韵味，然其气魄又过之，充分表现了撰制者高度的文化修养。

碑文如此，祭文也不例外，敦煌的祭文极多，有祭死人的，如《悼亡妇文》、《祭亡妣文》、《追七文》、《追福文》、《设斋文》、《临圹文》、《行香文》等。也有祭鬼神的，此外还有《祭畜文》、《祭马文》、《祭驴文》等。人死了，生者总要寄托哀思，于是人们撰文纪念，祀其灵魂，为死者祈福。祭文中的《追七文》，就是在死者去世后七个第七日内追念用的祭文，这种风俗在今天我国的广大地区还有保留，每逢死者逝世的一七、二七直至七七都要举行祭奠活动，只是今天的人们不再诵祭文，而敦煌古人却要十分正规地祭奠亡灵。有意思的是马、驴死了，敦煌人也要祭祀，还要撰文，并祝死亡的牲畜变成幸福的生灵，甚至称死驴为"殒薨"，这个词是专用于王侯朝臣之死的，敦煌祭文却用到了祭驴文中，这不仅是纯粹的谐谑手法的运用，也是借驴来嘲骂王侯臣相，技巧实在是高。

祭文除了艺术水平高超之外，其意义还在于保存了古人的许多风俗资料，其文学、史学、民俗学、宗教学的价值均不可低估。

在敦煌文献中，还有一类既具有实用性、又具有文学价值的作品，这便是作为文体规范和用语模式的书仪。敦煌的书仪有120卷之多，成为敦煌文学的重要组成部分。

所谓书仪，就是书写各类文章、信札等要仿照、遵循的样本。如要写有关吉庆或吊丧内容的文章，便有《大唐新定吉凶书仪》（伯3637号），要写一年十二个月的气象景物，可参考《朋友书仪》（伯2505、3375号），《朋友书仪》也用于边陲役人给内地友人写信的语言范例。此外，敦煌文书中有50多卷僧人们使用的书仪，称为释门文范，其中的范文有《礼佛文式》、《受戒文范》、《祭文范例》、《愿文范例》以及《祈福文》、《启请文》、《开经文》、《散经文》、《转经文》、《燃灯文》、《二月八日文》等多种，大部分是做佛事时或为丧家作法事时使用的。尽管这些文范内容较空泛，但语言宏丽，辞采斐然，具有佛典文学的特征。在敦煌文书中，有些《愿文》、《祈福文》、《二月八日文》等既是书仪，又是实用品，有些往往被僧人使用过。

从艺术特色上看，敦煌的书仪重情重礼，取材于社会生活，用法则是狭题宽作，而且比较注重口语色彩。就其价值而言，书仪较全面地反映了世俗社会和僧尼社会的生活，也反映了当时人们的社会观念和思想意识。研究中国社会史、民俗学及思想文化的发展、演变，敦煌书仪是不可多得的珍贵资料。

四、文教与科技资料的文化价值

通过前面的讲述，大家也许已经形成了这样一个概念：敦煌文献真是一个大文库。然而，敦煌文献的内容远不止这些，文献中所保存的文教、科技资料之丰富，资料所反映的唐、五代、宋初敦煌文化教育、科学技术水平之高，令人叫绝。

1. 童蒙读物

敦煌远离中原，按理说这里的文化教育应比内地落后，但是，只要看一看敦煌文献中保存的各种童蒙读物，你就会自然推翻这一结论，实事求是地说：敦煌古人太重视文化教育了。

文化教育是从少年儿童开始的，常听人说古人的少儿启蒙教育是念《千字文》、《百家姓》，那么唐代的敦煌人也是这样吗？他们读的《百家姓》与今天传世的一样吗？敦煌古人除对少儿进行文化教育外，还有没有其他内容的教育？如果有，用什么教材？内容如何？只要你翻检一下敦煌文献，这些问题都会迎刃而解。

在敦煌文献中，保存了大量的完整或残缺的儿童启蒙读物的手抄卷子。就其性质与用途而言，大致可分为三类：一类是单纯供儿童识字用的，这类文书有《字书》、《新集时用要字一千三百言》、《俗务要名林》、《诸难杂字一本》、《难字字书》、《字宝碎金》等等。以上识字读物的手抄本在敦煌文献中往往有多件，最多的是《字林》和《字宝碎金》，各有4件以上的抄本。从这些书的题目中便很容易断定它们是识字课本一类的东西。这一类识字课本手写卷一般抄写较工整，字迹正规，书法极佳。它们的编排形式是文字之间互不连贯，有的按声韵编排，有的据字义编排，也有的字旁有反切或用其他汉字注音，更多的则是既不分韵，又不分类，也不加注。抄本最多的《字书》（斯6329号）则是按音韵排列生字的，它把“齐、犁、低、羝、啼”排在一起，每字下注有意思，如“齐”字旁用小字注“人姓”，“犁”字旁注“耕具”，“低”旁注“高低不平”，“羝”注为“羝羊”，“啼”旁注“哭”。又把“材、栽、猜、胎、孩”几个字排在一组，也有分别注释。这本字书只残存11行，每行6至8个字，一行一韵，字旁有注，可以使识字者既会读又懂义，实在是一种好教材。

斯坦因带走的斯 610 号文书《新集时用要字一千三百言》，则是以字义排列生字的，内容多是日常生活中常用的两字词和四字短语，如“澡浴、扫洒、西关命餐、东阁延宾”之类。《诸难杂字一本》（伯 3109）是一卷完整的字书，全卷 500 余字，每个生字下用汉字注音。《难字字书》（伯 2948、斯 5690）不按字义、字韵分类，随意收字，在 1—7 卷 500 多个难字中，只有“槊”字之下有反切注音，可见这是为有一定识字基础的儿童扫除难字而编写的。《俗务要名林》（斯 617）是按字义分类编排的另一类字书，这本字书是把日常所见事物按性质分成若干大部类，如市部、果部、菜蔬部、酒部、饮食部、聚会部、兽部、鸟部、虫部、鱼鳖部、木部、竹部、舟部、车部等。然后，在各部之中列出若干字词。如车部中有辕、辋、辐、毂、杠、轴、辋等，每字之下又用反切或汉字注音，有的还加以解释，颇有今天字典的性质。

第二类敦煌文献中的字书，是指一些语句连贯、押韵，并表明一定意义的识字课本，其中最主要的有：《千字文》、《开蒙要训》、《李氏蒙求》、《兔园策府》等等。《千字文》在敦煌文献中共有 30 多个卷子，足见其流行之广。敦煌的《千字文》大多数抄本字迹平庸低劣、稚气，有不少抄本错字、俗字、别字迭出，一看便知是初学者练习的笔迹。敦煌本《千字文》与传至今天的《千字文》内容完全相同，是由一千个字组成的字书，四字一句，两句成对。在敦煌《千字文》抄本中，多处记载“千字文，敕员外散骑侍郎周兴嗣次韵”，也就是说《千字文》是周兴嗣奉皇帝之命编写的。那么，周兴嗣是谁呢？据正史《梁书·文学传》记载，周兴嗣是南朝梁人，曾任官散骑侍郎，死于公元 521 年。从敦煌本《千字文》抄本末尾题写的“贞观”等字样看，《千字文》在唐初就已十分流行。不仅敦煌地区广泛传播《千字文》，吐鲁番地区也发现了唐代的手写本《千字文》。为什么周兴嗣编写的《千字文》在历史上曾经广泛传播？而且一直传到了今天？原因主要是它构思精巧，押韵工整，读起来十分上口，人们容易记忆。此外，《千字文》的内容又符合传统的道德规范，并有催人向上的精神。如让人们珍惜时间，《千字文》写到："尺璧非宝，寸阴是竞"。在讲重视农业时有："治本于农，务兹稼穑。"同时，《千字文》还列举了许多历史人物和历史故事，内容极为丰富。据说周兴嗣费尽心血编成此书后，"鬓发皆白"，可见用心之良苦。敦煌文献中大量保存有《千字文》抄本，也算是对周兴嗣的一种安慰吧。

《开蒙要训》和《李氏蒙求》也是唐宋时代十分流行的通俗课本，和《千字文》不同的是，这两部书在宋代以后都失传了。因此，敦煌文献中发现了这两部书的手写本，十分珍贵。《开蒙要训》的手抄本，在敦煌文献中有近 30 个卷子，全书 1400 字，分为天地、岁时、君臣、伦理、婚姻、饮食、纺绩、人体、疾病、珍宝、农事、工商、烹饪、园艺、昆虫、鱼蛇、家禽、鸟兽、狱讼等类别，包括了社会生活知识的各个方面。《开蒙要训》的形式也与《千字文》一样，四字一句，两句一组，依韵缀文，而且有积极的思想意义。其中有宣传伦理纲常的"孝敬父母，丞烦兄弟"，勉励勤学的有"笔砚纸墨，记录文章"等。《李氏蒙求》在敦煌文献中只发现了两卷，数量虽少，却很有特色。《李氏蒙求》也是按韵排列文字的字书，但每韵 8 句，而且每句中都介绍一位历史人物，实在可赞可叹。如其中押"东"韵的 8 句是：

王戎简要，裴楷清通。孔明卧龙，吕望飞熊。

杨震关西，丁宽易东。谢安高洁，王导公忠。

这样的识字课本，既语言洗练、押韵，又有丰富的历史故事。读者一旦明其意思，必感兴趣，肯定易学易诵。

第三类识字课本，是敦煌文献中以姓氏教人识字的读物。这其中包括现藏英国的斯 5861 号《姓望书》、现藏法国的伯 3191 号《郡望姓氏书》、伯 2995 号《姓氏书》和现藏中国国家图书馆的位字 79 号《姓氏录》等。这些书也可称之为《百家姓》，但这些书显然不同于宋代以后在中原地区流传的《百家姓》。如《姓氏书》中姓氏排列的顺序是：张、王、李、赵、阴、萨、唐、郎、令狐、杜、韦、安、康、石、平、罗、白、米等，而不是传世《百家姓》开头便云："赵钱孙李，周吴郑王"，值得注意的是，敦煌写本《姓氏录》的张、李、阴、令狐、索等，均为当时敦煌地区的大姓，安、康、石、白、米等，均为中亚地区少数民族粟特人昭武九姓各国的姓氏。因此，可以断定，这一类课本是由敦煌地区的人编写的。有意思的是在《姓氏书》末尾还有几句诗：

沙弥天生道理多，人名不得解人何！

从头至尾没用姓，急若索字不得者。

沙弥是小和尚，只受了初级的沙弥戒者。从这段题诗看，这个《姓氏书》当是供寺院中的少年僧人学习用的。

对少年儿童进行教育，不仅包括让他们识字，还应当包括对他们进行修身处世等伦理道德的教育，这类童蒙读物在敦煌文献中也有发现，最主要的是《百行章》、《太公家教》、《新集文词九经抄》等。

《百行章》这个书名，宋以后的人是知道的，因为唐代史书上还记载了这本书目，它的作者是唐初的大学问家、唐高宗时曾任宰相的杜正伦。但宋以后的人谁也没有见过这本书的内容，因为它早已失传。直到 1900 年敦煌文书发现后，人们才得以看到《百行章》的全貌。据杜正伦亲自讲，这本书编写的目的是"教人为善，莫听长恶，劝念修身，勿行非法。"书的中心思想是忠孝节义，内容则是摘编儒家经典而成。其特点是通俗易懂，说理性强。它把许多儒家抽象的伦理观念具体化，并贯穿于君臣、父子、夫妇、兄弟、朋友、邻里的日常生活之中，但也吸收了不少佛教的内容。《百行章》不仅是我们探讨研究唐代敦煌教育的资料，也是研究唐代儒家思想与佛教思想相融合的素材，它的发现，实在是学术界一大幸事。这本书的抄本原卷分别藏在法国3卷、英国2卷，它们是伯3176、3306、3503号和斯1815、1920号。

《太公家教》与《百行章》性质基本相同，但成书年代却要晚于《百行章》100多年。作者也不是什么达官显贵，更不是大唐宰相，而是唐中期一位以教书为职业的乡村儒生。这位作者写书的目的在《太公家教序》中说得很清楚：是为了“助幼童儿，用传于后”，以达到“礼乐兴行，信义成著，仁道立焉”，即振兴礼乐仁义信，传播儒家思想。《太公家教》的内容是摘自《礼记》、《孝经》、《论语》等儒家经典，除了要儿童背诵“事君尽忠，事父尽孝”、“己所不欲，勿施于人”之外，还鼓励儿童勤奋学习，其中有些警句很有积极意义，如：“人生不学，言不成章”，“小儿学者如日出之光；长而学者如日中之光；老而学者如日暮之光。”“勤是无价之宝，学是明月神珠”。《太公家教》的手写本在敦煌文献中一共发现了36个，其中有7卷《太公家教》抄本后有学士、学仕郎的题记。这一是说明，此书流行甚广，为广大学子所采用；一是说明唐人十分重视思想教育，注重培养德、才兼备的人才。

2. 词典与字样

读书识字，除了有课本之外，还需要一些字典、词典之类的工具书，刚好在敦煌文献中也发现了这类文献的手写本，它们有：中国最古老的词典——《尔雅》抄本，（伯3719、2661、3775），还有《字样》及《正名要录》（斯388）。

《尔雅》是先秦时已成书的专门解释词语的工具书，由于所选的词多出自儒家经典，故后来也将其列入儒家十三经之一。敦煌人重视儒家传统教育，把《尔雅》抄写在经卷上也不足为怪。

需要说明的是敦煌文献中保存的《字样》和《正名要录》。这两部书被抄写在同一卷敦煌文书上，前半部是《字样》，后半部是《正名要录》，二者名称不一，但体例大致相同。这是不是同一个内容的书的两种名称呢？值得探讨它们的共同特点是，在每一字的下面，都写出其异体字，然后标明哪一个是楷书正体，哪一个是俗体字或错字。在《正名要录》的第一行题目之下有“霍王友兼徐州司马郎知本撰”的题记，据此今人知道《正名要录》的作者是郎知本。这里的霍王是唐高祖李渊的第 14 个儿子李轨，李轨先被封为蜀王，唐太宗李世民贞观十六年改封他为霍王，并曾担任过徐州、定州刺史。郎知本是他的好友。但正史上并没有郎知本的传。《唐书》中有个姓郎的青州人的传，叫郎余令，他曾在霍王府中任官，他与他的父亲郎知年都是霍王的好朋友。从《唐书》的记载来看，《正名要录》的作者也许是郎知年，敦煌文书上把他写成了郎知本。也许还有个郎知本，是郎余令的叔叔之类的。但不管怎样，《正名要录》在唐初就已经出现了，是不会错的。

从历史文献记载来看，唐代曾经出现过许多字书，专门订正手写的错字、别字、异体字，以楷书纠正其他书体的混乱和讹误，开展了一场较大规模的正字运动，力求使社会上、尤其是文化教育领域用字规范化。但人们并不知道从唐初起就流行着一种正字的字书——《正名要录》，敦煌文献为我们补上了这一课。

其实，敦煌文献的许多文书都有教育功能，也许它们也曾作为课本在敦煌学校和私塾中使用过，如前一章提到的《书仪》，还有后面要介绍的书法字帖，也都应该是进行文化教育使用的文书抄本，从中我们也可大胆想象：敦煌的州学、县学甚至寺庙里的学生们，可能要上识字、写文章、练书法等课，敦煌文书中的文教资料，就是最好的证明。

3. 医书与药方

从上一节的漫谈中，我们会体察到敦煌人非常重视文化教育。而文化教育发达的地方，科学技术也必然较为进步。敦煌文献中保存的科学技术资料，正好说明了这个观点，这一节先谈敦煌医书文献。

医学是代表一个社会科技水平高低的自然科学。中国古代文化高度发达，医学水平也遥遥领先于世界。早在先秦时就出现了《内经》，汉代又出现了《伤寒论》，后来，医学著作不断编成，但许多医书并未全部流传下来。可喜的是敦煌文献中不仅保存有传世的医书《内经》和《伤寒论》，而且保存了未传世的《脉经》、《玄感脉经》、《明堂五脏论》、《五脏论》、《平脉略例》等多部医书，甚至还有针灸学专著《新集备急灸经》和《灸疗图》，极大地丰富了中国古代医学宝库。许多医方更是既具有文献价值，又可以直接用于今日之防病治病，如《食疗本草》、《新修本草》等。就目前所知，敦煌遗书中的医学写本至少有 60 卷以上，如果加上佛经、道经中有关医药的内容，则有近百卷之多。

《内经》、《伤寒论》、《平脉略例》、《脉经》、《玄感脉经》、《五脏论》等，都是讲述医学理论的著作，也被称为医经。当然，其中有理论，也有例证。这些著作当中，绝大多数是唐初的写本。需要说明的是，《五脏论》原卷题为张仲景撰，张仲景是东汉末的大医学家，人称“医圣”。敦煌本《五脏论》中却提及了东晋和南北朝时期的一些医学家及其著作，但未提及唐代的大医学家、人称“药王”的孙思邈和他的著作《千金方》。因此，可以断定，这件敦煌写本的内容是假托张仲景之名，实际上应成书于隋代或唐初。《五脏论》敦煌写本共存 83 行，1440 余字，文中还有“、”标点，是现存最早的《五脏论》写本。可惜它从敦煌藏经洞出现不久，便被英国人斯坦因拿走了，现藏伦敦，编号为斯 5614。《五脏论》的内容丰富充实，不仅有传统的中华医学理论，也吸收了古代印度医学的一些内容，实在难得。至于其中重视药疗、批判道家服石等理论，也为历代医家所重视。

敦煌写本中的《玄感脉经》、《明堂五脏论》等医学著作就更重要了。因为中医历代医学书中从未提及过这两部书，因此，它们具有填补中华医史空白的作用。不幸的是这两部书的敦煌原写卷也被外国人拿去了，现藏法国巴黎，伯希和编号为 3477 和 3655。

《新集备急灸经》和《灸疗图》属于中国针灸学著作，前者发现了一卷，后者有 3 个写本。从《新集备急灸经》的题记和序文中可知，敦煌的写本（伯 2675 号）是根据咸通二年（公元 861 年）唐朝首都长安（今西安）东市的印本抄写的。其内容是集中摘要当时流行的各家灸经，以供偏远州县救急治病使用。由此我们不仅可以了解唐代灸经的内容，更可从中知道唐咸通二年（公元 861 年）时，已经有了印刷品，当然这肯定是雕版印刷。《新集备急灸经》的正文部分绘有正面人形穴位图的上半身，用引线标明穴位名称、位置、主治病症、灸法。由于原卷残损，共存 17 个穴位。后半部分记载的则是针灸人神禁忌，可取之处不多。

《灸疗图》是一部绘有人体穴位的图谱，在敦煌文献中发现了 3 个写本，它们是斯 5727、斯 6168、斯 6262，全部收藏于英国。写本中共存标有穴名、灸法等文字的人体正面和背面图 18 幅，其中许多穴名与现存历代针灸书记载相异，还有一些图中的穴名不见于传世的各种针灸书。因此，这部我国最古老的针灸图谱，被中医学界视为珍宝。

本草类著作是敦煌文献中的又一类医学专著，它主要记载的内容是药物学。其中有南朝梁人陶弘景所撰写的《本草集注》、唐人李勣、苏敬合写的《新修本草》和唐人孟诜编写、张鼎增补的《食疗本草》等。《本草集注》的敦煌原写本现存日本的龙谷大学，编号为530。这件抄本集中了梁朝以前各种本草，被历代医家称之为“本草正典”，但是，自从唐初李勣、苏敬《新修本草》成书后，《本草集注》便不再流行。敦煌文献中重现《本草集注》，足见其意义重大。敦煌《本草集注》并不是完本，现仅存原书的第一卷，内容包括陶弘景的序文和诸病主药。当代研究者曾把敦煌本《本草集注》和宋代的《经史证类本草》进行对比校勘，发现《证类本草》中有120多个药方是引自《本草集注》的，可见《本草集注》是多么的重要。

在中国古代医学中，一种很有特色的治病方法是通过吃食物来治病，《食疗本草》就是这样的一部专著。它成书于唐朝武则天时期，是对唐朝以前食疗药物及食治验方的系统总结。这部书在北宋初年还有人见到过，但不久便失传了。据宋人讲该书作者为唐代同州刺史孟诜，张鼎增补了89种食疗药物，合起来共有227条，共3卷书。但《食疗本草》原貌如何，仍无人知晓，幸亏敦煌文献中保存了这部《食疗本草》的部分内容。这件敦煌手写本现藏英国伦敦博物馆，编号是斯76，原卷无标题，前后残缺了。据王国维、唐兰考证，确为《食疗本草》。现存正文137行，共计2774字，收载食疗药物26种，用红笔和墨笔书写，药名用红笔写在行首，右下方用小字注明药性，如温、平、寒、冷等。下述该药的主治、功效、服食宜忌、单方验方等，还记载了部分药物的采集、修治、地域差别及生活用途等。每味药物的叙述中，均用红色标点分句分段，其中12味药物中还有“按”、“按经”字样。《食疗本草》在药物学分类、性质叙述、方剂调配、适应症及食忌方面都较科学，尤其是其中明确记载了一些来自外国的药物，为了解唐代与外国的文化交流提供了具体的材料。

自从《新修本草》成书后，《本草集注》就失传了，主要原因是《新修本草》是由唐朝政府正式颁布的一部药典，具有极强的权威性。在唐朝政府颁部这部药典之前，没有任何一个国家颁过药典，因此，这也是世界上第一部药典。在欧洲，直到公元1542年才有纽伦堡药典出世，它比我国唐朝《新修本草》面世的时间公元659年要晚近900年，足见中国古代文化水平之高。据记载，《新修本草》由李勣、苏敬等20多人编了两年多才告完成，全书共54卷，其中分本草20卷，目录1卷，药图25卷，目录1卷，图经7卷。所载药物850种，多于陶弘景《本草集注》上的药物120种，药图全部是彩色图谱，图经是其说明，这样的医书成书于1300多年前，绝对是举世无双的。

《新修本草》成书后几十年即传到了日本，在国外影响很大。在国内流行300多年后失传。传到日本的版本也在宋以后散佚。有赖于敦煌文献1900年被发现，才使世人重新见到了这部世界上最早的药典。

敦煌遗书中的《新修本草》共有3个写卷，所存内容为其中的第10卷、第17卷和第19卷。书写方式仍同《本草集注》，正文大字，朱墨杂书，其中又有正文小字，还有“谨案”以下的注文，这是唐人编书时作的自注。3卷《新修本草》虽不是原书的全部，但它的发现，为研究中国唐宋时代药物学的发展提供了重要资料，也可以用来校勘宋以后的各种《本草》类药书。

最后一类医学著作是敦煌遗书中发现的古代医方，这类文献共有30多个卷子，所余药方近千个，合在一起，真可以称得上是个医方大全。这当中，有《疗淡饮内销方》，有《孩子两三岁至五六岁患赤白脓血热痢黄连散方》，也有《丈夫虚肾热客数苦自泄不止方》、《治风头痛方》等各科药方。每一方都列出药名、剂量，是丸是散是膏，如何服用，一日几次，忌食何物等。有的药方题写出自何书，有的则是唐人专门选录的。不用说这些古医方的文献价值，就说它们在今天临床医学中的参考价值，也是足够中医学界兴奋不已的了。

4. 星图与历日

一看这一节的题目，便知要谈谈敦煌遗书中的天文历法文献的情况。在数万件敦煌文献中，天文历法写卷总共不过40多件，但它却以独特的形制和丰富的内涵为中外学者所瞩目。敦煌文献中的40多件天文历法文书，主要有两大类，一类是星图，一类是历日。

先说星图。顾名思义，星图就是星象图，它是通过观察天象后绘制而成的。星图绘制的精确与否，直接反映着天文知识水平的高低。在敦煌文献中，有两幅精美的古代星图，一幅是现存英国伦敦的斯3326号《全天星图》，一幅是现藏敦煌市博物馆的《紫微垣星图》，编号为076，该图画在《唐人写地志》残卷的背后。

《全天星图》是世界上现存星数最多、也是最古老的星图，上面共画了1359颗星星。《全天星图》从十二月时天上星星的位置画起，根据每月太阳所在的位置，把赤道附近的星分成12段，利用圆筒投影的方法画出，然后再把紫微垣画在以北极为中心的圆形平面投影图上。这样说，人们也许还不知道具体是怎么画出12个月的星象来的，但这种方法欧洲人过了七八百年才使用，《全天星图》画于公元705—710年的唐中期。难怪英国研究中国古代科技史的专家李约瑟博士看了这件敦煌文书后说："欧洲在文艺复兴以前可以和中国天体制图传统相提并论的东西，可以说很少，甚至简直就没有。"在《全天星图》的每月星图下面，均有文字说明，全图用彩笔绘成，有的星星用黑点，以墨线相连，也有的星星画成圈，用橙红线相连。它囊括了当时北半球肉眼所能见到的大部分恒星。

《紫微垣星图》也是彩绘于敦煌文献中，它画在两个同心圆上，上标“紫微宫”3个字，内圆为紫微垣，是个封闭的圆圈，外圈直径26厘米，表示上规。据天文学家研究，这幅星图是在北纬35度左右的地方观测天象绘制而成的，大概在长安（今西安）或洛阳。

唐人天文学知识具有如此高的水平，那么他们制定的历法也应该是当时世界上最科学的。敦煌文献中的另一类文书“历日”便是最好的说明。

历日，就是古代的历法书，相当于今天日常生活中使用的“日历”，但历日的内容更丰富一些。敦煌文献中的历日文书共有30多件，其中有敦煌当地的，有来自中原王朝或其他地方的。绝大部分历日都是敦煌地方自编的，只有3件是来自中原的。最早的一件是北魏太平真君十一年和十二年（450—451年）的历日，这件历日不仅时间早，而且保存了我国现知最早的两次精确月食预报。另两件来自中原的历日分别是唐中和二年（公元882年）的《剑南西川成都府樊赏家历日》和《唐乾符四年（887）丁酉岁印本历日》，后一件很可能是来自唐王朝的历书。

敦煌地方自编的历日，现知最早者为《唐元和三年（808）戊子岁具注历日》，最晚者为《宋淳化四年（993）癸巳岁历日》。从形制上看，有两种类型，一种是繁本，一种是简本，历日题名后面一般还有序文，有的还介绍编制历日的意义、年神的方位等，在历日正文部分，又有每月的序言、节气、日出日入的时辰、日期、干支、五行（金、木、水、火、土）及其吉凶等。其间既有不少迷信色彩，也有不少我国劳动人民长期积累下来的科学记录。

特别需要指出的是，来自西方基督教的星期制度最早引入我国历法，是从敦煌历日开始的，如果没有敦煌文书出现，将无人知道星期的概念何时传入中国。在敦煌历日中，星期日至星期六的名称是：密（星期日），莫（星期一），云汉（星期二），嘀（星期三），温没斯（星期四），那颉（星期五），鸡缓（星期六）。

敦煌历日中一般都在正月一日顶端注上星期几，以后逢星期日的那天注上一个“密”字。至于这些奇怪的名称如何来的，是何人翻译的，目前说法不一，尚无定论，但据历日推算起来，基本上准确无误。

总之，敦煌历日在我国天文学史上的地位太重要了。因为唐以前的天文学资料实在太少，很难寻觅到古代天文学的发展轨迹。敦煌历日的发现，大大开阔了人们的眼界。敦煌历日基本上奠定了宋代至清代历日的格局，唐代的确是中国古代文化承上启下的重要时期。

5. 算经与算表

敦煌遗书中的天文学文献价值很高，与之相媲美的还有许多数学文书写本，主要内容是《算经》和《算表》。如伯 2490 号文书是《算表》，而伯 3349、斯 19、斯 5779 号文书是《算经》，斯 930 号文书题目是《立成算经》。这些算书都是我国现存算书中最早的写本，是研究中国古代数学发展史所不可缺少的重要资料。

例如在《立成算经》中有九九乘法表，同时还有算筹数字：

九九八十一　直下八十一

八九七十二　通前一百五十三

再如《算经》中一些十进位制的说明、万万进制的说明以及亿以上单位的名称，都是过去很少发现的数学史料，在敦煌《算经》中，万以上的计算单位有兆、京、该、梓、让、沟、间、政、载、极等。

敦煌《算经》的价值还不止于此，《算经》中在介绍面积的计量单位时这样记载：“方丈曰堵、五尺曰步、六尺为寻、七尺为常、八尺为一仞”。《立成算经》中说：“三丈为段、四丈为匹、五丈为常”，这些记载，颇有助于对我国古代度量衡制度的研究。

至于算书例题中提到的许多当时社会政治、经济、军事、文化方面的资料，更有助于推动学术界进行社会史的研究，这使敦煌算书文献更加受到世人的重视。

敦煌文献中保存的科技文书暂时介绍到这里。其实，敦煌文献本身就是绝好的科学技术材料。譬如几万卷文献，用了各种各样的纸，有楮白纸、有硬黄纸等，它们的制造、裱装都是科学技术水平高超的表现。中国的造纸始于汉代，唐代的纸与汉代的纸、与南北朝的纸有哪些不同，在哪些方面进步了，它是用什么原料制造的？工艺如何？通过敦煌文献都可以进行研究。另外，几万卷文献绝大多数都是手写的，但也有四五十件文献是印刷的，印刷品中有佛经，也有字帖、拓本，这不仅告诉人们：我国唐代已经发明了雕版印刷术，而且一些佛经、佛像印制之精美，又表现出了唐代雕版印刷水平的提高。的确可以说，敦煌遗书本身就是最好的古代科学技术实物资料。

五、敦煌书法的艺术价值

书法是通过书写汉字来表达作者精神美的艺术，它在隋唐时期获得迅速发展，书体渐多，技法日精。数万件敦煌写本文书，正是六朝隋唐书法精品的大荟萃，当你看到精湛的敦煌经卷及公式文书上遒劲的书法佳作时，你就会感觉到在遗墨的点画篇章之间，气韵蕴藉，风神齐聚，充分表达着书写者的性格、情感和素质、趣味。敦煌文献中还有许多专门的书法专著，包括法帖和书史书论，这些文献更是千古书法艺术大师们留下的艺术珍品。

1. 敦煌法帖

上一章我们谈了敦煌的文化教育情况，讲到学校或寺院中要上书法课，学子们以及僧尼们练习书法，也是敦煌古人的一种风尚。敦煌藏经洞中发现的著名碑文拓本法帖，就是这种风尚的极好证明。

在敦煌文献的法帖当中，以唐太宗李世民亲手御撰并书的《温泉铭碑》最为著名。这件拓本原卷被法国的伯希和带到巴黎去了，现在的编号是伯 4508。这件拓本是个残卷，如今仅存 50 行，并裱装成横卷。卷尾有墨笔行书一行："永徽四年八月三十日，围谷府果毅见"。永徽四年是公元 653 年，围谷府即今开封，果毅是唐代兵府的官名。这一行文字表明，这件碑帖曾经在围谷府果毅手中，也就是说它是从开封流入敦煌的。

据正史记载，唐代的著名皇帝唐太宗一生中曾御撰亲书三座碑，一座是《魏郑公碑》，贞观十七年（643）立。二是《晋祠铭碑》，贞观二十年立，三是《温泉铭碑》。三个碑中，只有《晋祠铭碑》现存山西晋祠，其他两碑均已缺佚。敦煌文献中发现了《温泉铭碑》，总算是稍微补了个空缺。

唐太宗不仅是著名的政治家、军事家、文学家，也是书法家。从敦煌文献中的拓本看，唐太宗的书法源于晋代书法家王羲之的书体，全碑书法清便宛转，流丽潇洒，行笔如流如风如雪，天纵之资，良不可及。由于这件书法作品极佳，曾被宋人列入《绛帖》，清人吴荣光又将其刻入《筠清馆法帖》，但敦煌文献中的《温泉铭碑》残拓，墨光犹存，为唐代孤拓本之精华，实在难得。

敦煌文献中的第二件拓本精品，当属唐代大书法家欧阳询书写的《化度寺碑》拓本。这件法帖共达 12 页，但如今它已身首异处，开头两页被法国人伯希和劫走，存于巴黎，后面 10 页被英国人斯坦因带到了伦敦。如果在九泉之下的千古书家欧阳询得知自己碑拓的命运，不知该作何感想。

欧阳询的《化度寺碑》又叫僧邕塔铭，历代书法家都认为这是欧阳询晚年最具代表性的杰作。书法的点画波磔略带隶书味道，风骨峻整，气息纯懿，与他一贯的书风稍有不同。清朝人说这个碑文书写得字迹遒逸，正如东岱西华，不可轩轾。而叹所见皆翻本，即都是翻刻本，敦煌文献中的拓本，远胜于传世的各种翻刻本，清末大学者罗振玉说，这件书法精品，让人看后觉得“十步之外，精光四射”。

再有一件被伯希和掠走的法帖是如今编号为伯 4503 号的《金刚经》拓本，其书家是唐代书法另一大家柳公权。在这件拓本末尾有题记 5 行：“长庆四年（824）四月六日翰林学士朝议郎行右补阙上轻车都尉赐绯鱼袋柳公权为右街僧录准公书。强演、邵建和刻。”由此可知，这件《金刚经》书作是柳公权专门抄给僧录准公的，僧录是僧官，准公是唐代僧人灵准，他曾担任全国僧侣之总管，地位极高，柳公权为其书写《金刚经》，自然会十分卖力。正史《唐书》上说柳公权的这件《金刚经》书法作品，“备有钟王欧虞褚陆之体”，柳公权本人也为此而“尤为得意。”

敦煌本柳公权书《金刚经》由强演与邵建和刻于石上再拓下，最后流传到敦煌。刻字者强演与邵建和也是熟悉书法艺术著名的镌工，由于他们高超的刻字技艺，才使得敦煌拓本《金刚经》不失柳公权笔意，使其成为书法名帖。

柳公权本不是什么朝官，就是因为他经常为寺院抄经写经，展示书法才华，才使他有机会进爵升官。他是唐穆宗时的人，有一次穆宗召见柳公权，说自己在佛寺中见到了柳公权的书迹，久久不能忘却，于是便拜柳公权为右拾遗、充翰林侍书学士，迁右补阙，司封员外郎。

敦煌文献中的柳公权书《金刚经》拓本墨纸如新，光彩焕发，首尾完整，尤可矜贵。自从 1900 年被发现以来，翻印者屡屡不绝。

再有几件敦煌遗书中的书帖是：智永的《真草千字文》临本和《大唐三藏圣教序》、《雁塔圣教序》临本，三件现在均藏于法国巴黎，编号分别为伯 3567、伯 2780、3127。

智永《真草千字文》为贞观十五年七月蒋善进临写的，一行楷书一行草书。原帖是由唐代名僧智永禅师书写的，据说他曾临写《千字文》800 本，散与人间，给江南各佛寺每寺留下一本，其目的是让寺院的写经生们临摹练习，以便使佛经抄写得更工整和美观。因此，这件书帖字形大小一致，结体平稳，法度森严，真草联璧，风格通融。楷书工稳、严谨，又有自由活泼的成份。草书自由洒脱，又有工稳严整的气质。

智永的《真草千字文》临本当时一共有多少已不可确知，是否真有 800 本，这很难断定，但目前流传只有 3 个本子，一是唐代流传到日本的墨迹本，二是北宋大观三年（1109）薛嗣昌的刻印本，三是南宋时的《群玉堂帖》40 行残本。敦煌本自然比这三个本子都早，书法很明显带有唐初时代的特征。

伯 2780《大唐三藏圣教序》是模仿唐初大书法家褚遂良的，临摹时间为武则天时期。伯 3122 号敦煌文书《雁塔圣教序》，也是临摹褚遂良的。褚遂良的书法在唐初十分流行，有“广大教化主”之称，门生弟子遍及天下。他的作品临本出现在偏远的敦煌，也是理所当然的。

敦煌文献中保留的法帖肯定还不止这些，然而这里所列举的诸帖，都是中国书法史上的经典名作，被历代书家奉为圭臬。

2. 书圣在敦煌

这里所说的“书圣”是指晋代大书法家王羲之。书圣在敦煌，并不是说王羲之在敦煌，而是要谈谈敦煌文献中王羲之的书法作品，当然都是唐五代或宋初人们的临摹本。

王羲之代表着东晋书法的革新派，他在书法艺术中“汰去旧迹，裁成新体”，创造了中国书法清朗俊逸的崭新风貌。因此，王羲之在中国书法史上的地位极为重要，人们称他为“书圣”。

早在唐朝，太宗李世民就特别喜欢王羲之的书法，在日理万机之余，亲自撰写了《王羲之传论》，并认为王羲之的字很有欣赏价值，尽善尽美，应心慕手追。皇帝如此推崇王羲之的书法，朝臣文士自然也努力追慕，五品以上官都要学习王羲之的书法，欧阳询、虞世南学得最好，经常为百官讲课。

由于时代久远，王羲之的书法真迹至今已荡然无存了，唐代的临摹本也是凤毛麟角，少得可怜。但是，在敦煌文献中，人们却发现了王羲之书法的唐人临本，十分珍贵。这些临本有：伯4642《十七帖》、伯2555《王羲之书宣示表》和伯2544《兰亭序》等。这几件临本都是残卷，其中《兰亭序》在王羲之作品中影响最大，据说唐太宗赚得此帖之后，命拓书人专门榻摹多册，分赠给太子及诸王、大臣，又命欧阳询等人临写多本，流传天下。因此，敦煌遗书中也保留了许多件《兰亭序》的临本，除了伯2544号之外，伯4764、伯2622号文书中也有《兰亭序》的临本片断。

由于王羲之在唐代的影响极大，受其书风影响出现的敦煌遗书作品就更多了。不仅如此，王羲之的一些书法理论著作也出现在敦煌文献之中了。如伯4936号文书《笔势论》就是王羲之书论的抄本。本来，《笔势论》是有传世之本的，但传世之本有两种，一是宋代的，一是清代的，二者差别极大，不知谁是谁非。幸好敦煌写本出现了《笔势论》，才使几百年的争论有了结果。敦煌本《笔势论》具有极高的文献价值，也是学书者必看的理论专著。

仅凭这些真实可靠的第一手材料，难道我们还看不出王羲之书圣对敦煌文化的深刻影响吗？我们完全有理由说，敦煌文化博大精深，书法艺术是敦煌文化百花园中的奇葩。王羲之是享誉唐朝的、也是敦煌古人心目中的书法巨匠。

3. 敦煌书手及其佳作

敦煌文献中保存的名家法帖固然令人欣喜，但敦煌广大书法爱好者或专业抄经人——书手及其他们的作品，更让人赞叹不已。

唐代十分重视文化建设。为了用儒家思想和佛、道观念教育人，又特别重视抄写经典的工作，培养了一大批抄经书法人才，数万敦煌写本文献，就是他们的杰作。在唐代的中央政府中，有专门的书法机构，叫“写麟台”，书法成员叫作“群书手”或“群书”、“书手”。敦煌的许多写经题记中都载有书手的名字。其中可分为三类人：一类是僧人，他们专门抄写佛经。第二类人是学士，或称“学士郎”，他们抄写的多数是经史子集类儒家著作。第三类人是经生，也有的文献上叫作“写生”、“书手”。他们以抄书为生，为得钱谷，抄书无论何种内容，有的终生长期从事某种经卷的抄写，其书法日精一日，创造了不少佳品。例如伯3126 号文献《还冤记》，书法水平就很高，也是出自经生之手。再如伯 2226 号《燃灯文》的字迹飘逸翩跹，伯 2568 号《论语》抄写得生拗古拙，伯 2548 号文献《张延绶别传》清劲挺拔，等等。还有的文献或清丽豁畅，或遒润浑厚，点画与章法都相当完美，这都有赖于数以千百计的敦煌书手们的创造。

在敦煌文献中，我们常常可以看到一卷文书开头写有“厨田麦若干硕”或“几硕几斗”的字样，这便是书手们抄经的报酬。中国国家图书馆收藏的潜字 15 号《大般涅槃经》题记中记载：“清信女令狐阿咒出资为亡夫敬写《大般涅槃经》一部，三吊；《法华经》一部，十吊；《大方广经》一部，三吊；《药师经》一部，一吊”。这也是记载着抄写佛经的价格，这是给钱的。抄写佛经是一种功德，为死去的人抄写佛经，以求其生灵得到超度，也是敦煌古人的一种风俗，敦煌文献真实地再现了这一情况。

由于敦煌文献内容庞杂，来源极广，抄写者不计其数，因此，其中的书法作品真、草、隶、篆书体应有尽有，上乘之作也是举不胜举，俯拾即是。篆书的代表有伯3658、4702号《篆书千字文》，其用笔提按顿挫，线条流畅，气势连贯，特点是左轻右重，疏朗潇洒。但不知为何人所书，更不知书于何时。隶书作品远远多于篆书，精品之作可推敦煌市博物馆收藏的一件《大般涅槃经》。这件写经全文用隶书抄写，通体布局安详洒脱，纵横齐对，但不呆板，点画左细右粗，左收右放，八字体式明显。右旁竖钩粗而内弓，钩处隐刃不发；左旁竖笔则作竖长笔而左送，给人以姿韵飘举的美感。

敦煌文献中的楷书作品更多，但六朝时期的写本楷书中仍带隶味，字体较扁，又有魏碑体势。隋唐时期的作品已进入楷书的成熟期，渐渐走向洗炼遒美，笔墨变得秀润清丽。最典型的是斯575号《礼记》抄本，这是唐太宗时期抄写的，是标准的唐楷风貌，点画圆浑，结字略长，四平八稳，布白匀称，一切技巧都显得淋漓尽致、完美无缺。伯2485《汉书萧望之传》、伯2056《阿毗昙婆婆卷五》、斯2658号《大云经疏》和斯3962号《华严经》等，也是唐前期至中期的作品，尽管风格各有不同，不是一人所写，但都深深地打上了唐楷的烙印。

敦煌的草书文献也不少，出自敦煌大姓的东晋学者索靖，就是久负盛名的大书法家，而且以草书见长。在敦煌遗书中，虽然仅发现了索靖书法作品的临本，但他的书风也对敦煌书法产生了一定影响。敦煌文献中的草书佳作有伯2141《大乘起信论略述》、斯2700《佛经疏释》、斯5478《文心雕龙》、伯2118《法华经》等。这些作品，或笔画清劲妍丽、风格闲雅，或结体瘦长、筋骨俊爽。但都比较注重横势，字体间不作牵丝连贯，与现行草书有所区别。应该说，敦煌的草书正处于从章草向今草过渡的时期。这时期的草书字字独立，让人玩味不够。总之，不管是敦煌文献中的名人法帖，还是那些出自不知名书家之手的真草隶篆，都是中国书法史上的珍品，无一不在表现着中国传统文化的精神风貌。

结语 说不尽敦煌文献 道不完千古文化

前面从几个方面简单介绍了部分敦煌文献的内容及其价值，这种举例式的介绍本身就不免要挂一漏万，而实际上，上面所介绍的又都只是用汉文书写的文献。当然，汉文文献是数量最多的，除了大量的汉文资料外，还有相当数量的其他民族的语言文字文献，其中主要有古藏文、粟特文、于阗文、龟兹文、回鹘文、梵文、希伯来文等文献。其中又以古藏文的文献为最多。据不完全统计，敦煌的古藏文文献现藏巴黎和伦敦两地的就有2000 件以上，藏于中国国家图书馆的有 400 件以上，日本、俄罗斯及甘肃省河西地区也有不同数量的收藏。

这些汉文以外的其他民族语文文字文献，内容十分丰富，它们和汉文文书一样，是中国千古文化的第一手珍贵资料，具有极高的历史价值。由于古藏族吐蕃统治敦煌几十年，因此敦煌藏经洞中出土的古藏文文献，基本上是吐蕃统治敦煌时期的遗物，也有一些是吐蕃从敦煌撤走后，归义军统治时期用藏文书写的文书。藏文文献中，佛经及与佛教有关的文献又占绝大多数。另外还有许多珍贵的藏族历史文献、社会经济文书、法律条例以及文学著作、医学文书、星占材料等。对于了解古代藏族社会的历史与文化及吐蕃与唐朝的关系具有极高的历史价值。例如，敦煌藏文献中有一件历史文书，上面记载了从唐高宗永徽元年到代宗广德元年，即从 650—764 年共 115 年吐蕃王国的大事及历代吐蕃首领赞普的传说和世系，也记载了吐蕃各小邦邦伯、家臣年表，其间又有许多吐蕃的民间传说、神话故事和古代歌谣、奇闻趣事。这件文书上的许多内容不见于正史中的记载，有些记事在藏族民间也已失传，因此，本文献被中外学者公认为是具有权威性的研究西藏古代社会政治、文化的重要资料。可惜的是，这件文书现在已身首分离，一半藏在法国，编号为伯 252，另一半藏于英国，编号为斯 103。

敦煌藏文文献中，一些反映其他民族情况的文献也很重要，如伯 1283 号文书记载了 8—9 世纪时中国北方几个民族和部落的情况，其中包括室韦、突厥、奚族、高丽、百济、鞑子、契骨、燕然、乌护、契丹、什固等，弥补了汉文史料记载之不足，同时也反映了当时各民族的关系。再如伯 960 号文书，是用古藏文记载的《于阗国教法史》，于阗是西域的一个小国，这件古藏文文书记载了佛教在于阗流行的情况，是研究于阗史的极为重要的史料。

敦煌古藏文文献中还有一些是翻译中原的汉文古典文献，如《尚书》、《战国策》、《易经》、《礼记》、《论语》、《孔子项托相问书》等译本，在古藏文文献中都有发现，甚至连前面提及的汉文童蒙读物，也有藏、汉文对照本，真实地反映了唐代汉藏交流的情况。

古藏文写本中，有关藏医学的卷子十分可贵，它们包括伯 1057 号《藏医杂疗方》、伯 1044 号《藏医灸法》及中国国家图书馆藏的《藏文针灸图经》等。这些文献，不仅表现了藏医学的独立性，也反映了藏医学与中医学之间的联系。

敦煌于阗语文献，数量远不及古藏文文献，但其数量也有 120 件以上，主要分藏在法、英两国。于阗文文献以佛经为主，这些佛经及相关文献，反映了于阗国佛教的发达。其实，我国北朝及唐代的僧人法显、玄奘等在西行印度求法时，都曾记载于阗国佛教的情况，而敦煌的于阗文文献则成了法显、玄奘记录的最好证实。至于于阗文卷子中的历史文书，更是敦煌文献的宝中之宝。这批文献包括《使臣奏于阗王奏报》、《于阗王致曹元忠书》、《致于阗王奏甘州突厥情势》等，这些第一手实用文书，是于阗国政治情况和它与唐朝、它与归义军节度使曹元忠、它与突厥关系的真实记录。于阗文文献中的罗摩衍那故事、阿育王的神话、迦腻色伽的传说等文学作品，均来自印度的史诗或佛教故事，这些文献又是古于阗国具有较高文化水平的反映。

敦煌文献中的其他文字资料不再一一介绍，因为敦煌文献的文化内涵实在太广泛了，不用说少数民族古文字文献有近10种之多，就是只谈汉文的敦煌文献，也是说不完道不尽。每谈一题，都好像把人们引入了一个中国千古文化的大世界，让人饱览了中古文化的方方面面之后，仍感到回味无穷。可是，敦煌文献又是那样的丰富多彩，一个挨一个的古代文化的层面，让人目不暇接，处处引人入胜。

然而，在我们谈及各种文献时，往往要指出，某某件敦煌文献现藏法国、英国或日本等，其文书编号更多的不是用中国自己的排列，而是称“伯某某号”或“斯某某号”，也就是伯希和多少号、斯坦因某某号，说明这些文献都是在它们从敦煌藏经洞发现不久，便被外国的所谓探险家、汉学家劫走了，并把它们带到了巴黎、伦敦，为它们编号、押印，使这些价值连城的中国古文献，成了外国博物馆、图书馆的珍藏，说起来实在让每一个热爱中国文化的炎黄子孙感到悲哀。尤其是有些文献，如今已是一分为几，分藏在两个或几个国家，更让每一位有爱国心的人感到痛心。自从敦煌文献被发现和被外国人分掠之后，不知有多少爱国学者为此垂泪涕零，他们为了一睹敦煌宝藏的全貌，不远万里，只身到海外探求敦煌文献所蕴涵的文化，创立了一门综合性的社会科学——敦煌学。在国内，很多学者也积极从事敦煌学的研究，刊布了一批又一批敦煌文献。但是，由于敦煌文献的大部分收藏在英、法、日、俄等国，国内的敦煌学研究曾经一度落后于国外。

在日本，早在1909年便开始对敦煌藏经洞发现敦煌文献的情况进行报道，并开展了对敦煌文献的重点研究。发表了一系列专著和论文。第二次世界大战结束后，日本龙谷大学组成了“西域文化研究会”，从1958—1963年，出版了六大册《西域文化研究》论集，除了研究考订许多吐鲁番墓葬出土文书外，也对敦煌文献进行了诸多研讨。1957年，日本学者获得了英国收藏的、由斯坦因劫掠的敦煌文献的缩微胶片和北京图书馆所藏敦煌文献的胶片，为了开展深入细致的研究，日本东洋文库在东京成立了“东洋文库敦煌文献研究委员会”，日本文部省给该委员会以巨额资助，在20世纪70年代初他们出版了四册《西域出土汉文文献分类目录》，初步将敦煌文献分为非佛教古文书、道教文书、文学文献几大部分，并对重要文献进行了分别介绍。70年代以来，日本的敦煌学研究进入了深入发展的新阶段。他们根据敦煌和吐鲁番文书，深入探讨了我国隋唐时期的社会经济，出版了《中国古代籍帐研究》、《均田制研究》、《唐代租庸调研究》等大批研究著作。进入80年代，一批日本敦煌学者共同努力，合作编纂了大型丛书《讲座敦煌》，一共13册。与此同时，龙谷大学小田义久教授开始陆续刊布日本大谷探险队从中国新疆、敦煌等地带到日本的文书，出版了《大谷文书集成》。

俄国人也从20世纪30年代开始发表研究敦煌文献的文章。1960年，苏联在莫斯科第25届国际东方学家大会上，首次展出了俄国人从我国带去的敦煌文献。1963年，苏联出版了俄藏敦煌藏汉文写本的解说目录第一卷，1967年出版该目录的第二卷，发表的目录及提要涉及2954件敦煌文书，但这只是俄藏敦煌文献的1/3。从两本目录中我们知道，俄藏的敦煌文献中有佛经，也有儒家、道教、史学、律令、文学文献，还有碑铭、字汇、千字文、难字课本、医方、历法、天象、字帖、卜辞等多种文献。与此同时，俄国学者也发表了一系列论文和专著，研究探讨敦煌遗书和中国古代的文化。

在英国，斯坦因带走了大批敦煌文献后，由于他本人不懂汉文，没有直接研究敦煌文献的能力，但他将部分文书交给一个叫沙畹的汉学家进行考释。1917 年，沙畹去世后，沙畹的学生马伯乐又继续从事这方面的研究工作。1953 年，马伯乐出版了遗作《斯坦因第三次中亚探险所获汉文文书》。与此同时，英国博物馆东方写本部保管员翟里斯也从 1919 年开始，用了 38 年的时间，对斯坦因劫走的汉文文书进行编目。1957 年在伦敦出版了《不列颠博物馆藏敦煌汉文写本解题目录》一书，共列条目 8102 条。此外，比利时人瓦累布散还编辑了《英联邦事务部图书馆藏敦煌藏文写本目录》，全面介绍了英藏的藏文文书。英国学者魏礼从 60 年代开始，也发表了一些敦煌学论著。

法国人对敦煌文献的研究远在英国人之上。伯希和是直接从中国掠走敦煌文书的法国汉学家，由于他具有较深厚的汉学功底，很早就编辑了法藏汉文敦煌文献的目录，这是个草目，经过法国的谢和耐和吴其昱等汉学家整理，直到 1970 年，法国才正式出版《巴黎国立图书馆所藏伯希和汉文写本目录》第一卷。以后又陆续出版了三卷、四卷。伯希和本人也曾有敦煌学研究的论著发表，他的弟子戴密微除了利用汉文文书进行研究外，也对藏文写本进行过探讨。

法国研究敦煌学的学者还有谢和耐、苏远鸣、梅弘理等，他们都有敦煌学的专著问世，为推动敦煌学的研究做出了贡献。另外，法国的石泰安教授对敦煌藏文文献的研究水平胜人一筹，在世界学术界占有独特的地位，他的代表作《西藏文明》等，大量利用了敦煌文献，得出了科学的结论。

不仅如此，英、法、日等国的敦煌学者，在对汉、藏文敦煌文献进行研究的同时，也开始对于阗文、回鹘文等文献进行研究整理，发表了一批高质量的论著。

面对国际上外国学者对敦煌文献研究的捷足先登，中国学者没有忘记自己的责任，他们在敦煌学成为国际显学的浪潮中，奋发图强，立起直追。早在20世纪20年代，就有罗振玉《鸣沙石室遗书》、王仁俊《敦煌石室真迹录》、蒋斧《沙洲文录》等八九种介绍敦煌文书的专著发表。佛学专家李翊灼又编辑了《敦煌石室经卷中未入藏经论著述目录》，打开了敦煌佛经研究的门径。

20—40年代，中国少数学者亲赴巴黎、伦敦抄录和拍摄敦煌文献。他们当中有刘复、向达、王重民、于道泉、姜亮夫、王庆菽等。他们的抄录和拍摄，为我国学者利用敦煌文献创造了条件。但是，这种利用仍是十分有限的。

1949年新中国成立以后，我国的敦煌学研究有了长足的进步，发表了一批高质量的专著。包括王重民的《敦煌古籍叙录》、姜亮夫的《敦煌——伟大的文化宝藏》、王重民《敦煌曲子词集》、仁二北《敦煌曲初探》、《敦煌曲校录》、周绍良的《敦煌变文汇录》、姜亮夫《瀛涯敦煌辑韵》、周一良等《敦煌变文集》等，把敦煌学的研究推向了新阶段。

尤其是王重民、刘铭恕合编的《敦煌遗书总目索引》，较全面地介绍了英、法、日、中所藏汉文敦煌文书的目录，反映了半个世纪以来我国敦煌学研究的成绩。

“文化大革命”期间，随着整个学术界学术活动的停止，敦煌学研究也中止了十年，在此期间，国外的敦煌学研究却一如既往，出现了许多值得重视的研究成果。1976年“文化大革命”结束后，我国学者再次鼓足勇气，奋力研究敦煌宝藏及其历史文化。随着改革开放政策的实施，中国学者一方面利用从国外拍摄的缩微胶片进行敦煌文献的录文、整理、研究，一方面走出国门，或者与外国学者合作开展工作，敦煌学的研究领域出现了欣欣向荣的新气象。

1983年，我国学者成立了中国敦煌吐鲁番学会。学会集中了全国高校、研究所、图书馆、文化馆、博物馆等许多单位的各方面专家，开始对敦煌文书进行全面的整理与研究。学会成立后，不仅召开了多次全国规模的敦煌学讨论会，也建立了北京、兰州、乌鲁木齐三个资料中心，出版了大量的研究著作和学术论文，敦煌学的研究出现了前所未有的局面。

让人可喜的是，中国学者与国外学者合作，利用现代化的拍照技术与排版印刷手段，编辑整理了英、法、俄藏的敦煌文献。目前，中国社会科学院历史研究所、敦煌古文献编委会与英国国家图书馆，英国伦敦大学亚非学院合编的《英藏敦煌文献》（汉文非佛教部分）已经由四川人民出版社出齐，全书共15巨册。上海古籍出版社正在陆续出版《俄藏敦煌文献》，法藏敦煌文献的合作出版，也正在运行之中。可以预见，在不久的将来，中国学者完全可以利用这些新出版的敦煌文献资料丛书，对敦煌遗书进行更全面、更深入的研究。这门国际显学，一定会在中国结出硕果。

说到这里，人们也许会问，一些古代文献，为什么在国内外受到如此重视？为什么各国都在投入人力、物力进行探究？我们认为，原因是多方面的，但有一点是肯定的：敦煌文献正是浓缩了的中国古代文化！通过本文前几章的叙述，也许您对此已经有了初步了解，但当你真的打开一千几百年前我们的祖先亲手写下的敦煌文献时，您就会感到敦煌文献如同中国千古文化的一个缩影，敦煌文献中的许多内容都会让您深感兴趣。比如，您想了解唐、五代、宋初时期中国的几十万僧人都在干什么，敦煌文献中保存的大量的七七文、行像文、燃灯文、行香文等文书就会告诉您：中古时期的僧人们在为死者七七日时念经祈福、在燃灯颂佛、在行香设斋……当您想了解中古时期的寺院是如何管理僧人的？国家是如何控制僧人队伍的？寺院的收入靠什么？支出有哪些？寺院财产如何管理等问题，敦煌文献中的僧尼籍、寺院每年正月向僧众公布的开支账——《入破历》以及颁发给僧尼的受戒文凭——《授戒牒》等文书，就会在您面前展现一幅幅敦煌寺院收取地租、收取高利贷、为僧尼授戒颁发《戒牒》以及登录僧尼名单的画面，它会让您十分清楚地看到寺院一笔一笔的收入，也可以看到寺院一石一斗的开支。这类文书在敦煌文献中也是大量的，而且是实用的，它们不仅表现了中古时期的寺院文化，更从一个侧面展现了当时的社会。

敦煌文献的确说不尽、道不完。比如您喜欢下围棋，敦煌文献中就有多卷《碁经》，它不仅告诉当代人们唐代围棋文化的发展水平相当高，而且阐发了今人仍在遵循的某些围棋理论原则；如果您想了解唐宋时的绘画，敦煌文献中的许多素描，则会为您提供具体翔实的材料；如果您对占卜、看相、风水、算命等古代文化现象感兴趣，那么，敦煌文献中大量的占卜、文书、爻辞卦辞、相书、命书、阴阳宅图都会使您爱不释手，有可能让您一生为之钻研，锲而不舍；假如您是音乐史家，那么，敦煌文献中《曲谱》的旋律、结构及《五弦谱》的曲名、调名、板眼，都会成为您倾心研究时取之不尽的素材。

仅仅是敦煌文献，就将引起几乎所有爱好中国古代文化的人们的浓厚兴趣，如果把敦煌文献与敦煌的历史、地理结合起来研究，如果将敦煌文献与敦煌莫高窟几千尊彩塑，几万平方米的各种内容的彩色壁画结合起来探讨中国千年的古文化，人们的眼界更会豁然大开，不知有多少中外学者或普通文化人会被它吸引得不能离开。难怪美国最大的应用软件公司（SSA）董事长罗杰伟先生（RogerE. Covey）1985 年到敦煌看了莫高窟后，毅然在 SSA 事业的高峰期，辞去了董事长职务，于 1992 年在美国芝加哥创立了“唐研究基金会”，不仅自己弃商从学，全身心投入对中国历史和文化的学习、研究，也致力于鼓励和支持中国大陆学者的研究。在罗杰伟先生的资助下，几十部敦煌学研究专著都已出版。一个美国人，又是电子计算机学士和工商管理硕士，尚对中国古代文化、对敦煌学如此感兴趣，何况我们深受传统文化教育和影响的中国人呢？

归根结底一句话：中国文化引人入胜，敦煌遗墨魅力无限，敦煌文献是我们永远看不够、读不完的千古文化的百科全书。

（2009 年 10 月韩国忠南大学讲座文稿）

藏文古籍整理研究60年综述

徐丽华

民主改革至1970年期间国内藏文古籍的收藏、整理和研究状况，大致如下：

第一阶段　1950—1979年藏文古籍的收藏状况

一、1950—1959年

民主改革之前，藏区没有现代意义的公共图书馆，绝大部分古籍收藏于寺院，少量收藏于噶厦地方政府和富豪府邸、寺院（包括印经院、藏医院、僧人）。除收藏宗教古籍之外，兼收历算、医学、历史、建筑、艺术等类图书；地方政府部门除收藏《甘珠尔》、《丹珠尔》、《般若八千颂》、《达赖喇嘛全集》等宗教类古籍外，以收藏法典、公文、信件、档案为主；富豪则以收藏《甘珠尔》、《丹珠尔》、《般若八千颂》为主，兼收个别大师的文集和常诵经文；医生收藏《般若八千颂》、《四部医典》、《四部医典注疏》、《晶珠本草》、《月王药诊》、《无畏武器》、《蓝琉璃》和一些常诵经文；有文化的俗人家庭也收藏《般若八千颂》等佛经和四、五函常诵经文；没有文化的贫寒家庭除少数供奉几叶经文外大多数无古籍收藏。从1950—1956年3月，藏区寺院、富豪、一般俗人家庭基本保持着民主改革前的状态，因而收藏在寺院和富豪府邸的藏文古籍基本没有损失。1956年3月，四川理塘叛乱，接着云南迪庆、甘南和青海藏区反动上层和僧侣参加叛乱，故在战乱中参战的寺院和富豪官邸等稍有损失。1959年3月拉萨发生叛乱，逐渐波及全藏区。1961年年底解放军彻底消灭叛匪，平定全藏。在平叛中，参加叛乱的寺院、富豪府邸在战斗中有损毁，故部分古籍也随之有不同程度的损失。1959年以前藏文古籍收藏情况大致如下：

1. 西藏

民主改革前，境内有藏传佛教寺院2711座，114103名僧尼，其中上层活佛约4000人；苯教寺院130多座，僧尼和活佛人数不详。[①] 这些寺院的藏书已无法统计，仅公布几个寺院的古籍数据，即可见一斑。

布达拉宫：专家认为布达拉宫是藏区藏书最多的地方，估计有7万函左右。1990年出版的《布达拉宫典籍目录》第1集，收格鲁派201人的文集700余函，约12000余种。[②]

哲蚌寺：原藏历代古籍约4417函，今藏1833函。[③]

---

① 关于苯教寺院数据目前有三个：1. 日本国立民族学博物馆2003年3月出版的《西藏及喜马拉雅苯教寺院庙宇调查报告》统计为90座。2. 1998年平措次仁调查统计西藏自治区内有苯教寺庙92座，其中昌都地区54座、那曲地区28座、日喀则地区6座、林芝地区2座、拉萨和阿里各有1座。西藏现有苯教僧人3291人，活佛93人，信教群众有13万多人。3. 1991年昌都地区宗教局统计，昌都地区有开放的苯教寺院有55座，其中丁青县31座，左贡9座，江达6座，洛隆5座，八宿3座，昌都镇1座。昌都目前开放和未开放的寺院合计共有苯教寺院94座。昌都地区94座，加上那曲地区28座、日喀则地区6座、林芝地区2座、拉萨1座、阿里1座，共计132座。

② 《布达拉宫典籍目录》，西藏自治区文管会布达拉宫文保所编，西藏人民出版社1990年4月版，16开，968页。藏文版。

③ 《哲蚌寺藏古籍目录》，百慈藏文古籍研究室编，民族出版社2004年出版，大16开，上下册共2483页。藏文版。

萨迦寺：收藏历代古籍17800多函，[①] 其中有250多函泥金写本、200多部贝叶经，以及世界上最大的经书《布德甲隆玛》。[②]

2. 甘肃

民主改革前，境内有藏传佛教寺院369座，16900名僧尼，其中上层活佛约310人；苯教寺院9座，僧尼和活佛人数不详。

拉卜楞寺：藏古籍228000多部。[③]

拉卜楞寺觉列印经院：藏印版62000多块。十年浩劫中藏经楼和印经院被毁，古籍和经版大量流失。

武威市博物馆：1959年以后，武威地区参加叛乱的藏传佛教寺院和反动上层的一批藏文古籍统一收归武威文管部门保管，这批藏文古籍98%为手抄本，其中《大藏经》409函（其中永乐版藏文《甘珠尔》4函）、吐蕃写经4件、吐蕃木牍4块、丝织品藏文祈愿颂词1件、磁青纸经文16叶、《莲花生大师本生传》1部。这批藏文古籍年代跨度较大，有吐蕃、萨迦、帕竹三个时期的文献。[④]

3. 青海

1958年以前，有藏传佛教寺院722座，寺僧约57647人，转世活佛约1240人；苯教寺院35座。

塔尔寺：藏古籍12000多函，印版45792块。

---

① 仅为现存数据。

② 《布德甲隆玛》：亦译《铁环大经书》，泥金写本，长1.8米，宽1.3米，厚0.67米。是一部涉及西藏宗教、历史、哲学、文学、农牧业等情况的著作。

③ 《甘青藏传佛教寺院》（蒲文成主编，青海人民出版社1990年版，32开，522页。）一书载，1989年时存65000余部，18200多种。一说该寺原有古籍228820余函，印版62000余块。

④ 才旺瑙乳《凉州大量吐蕃时期珍贵藏文典籍待保护》，载《宁夏新闻》2005年5月26日版。

隆务寺：藏古籍10000多函。

夏琼寺：藏古籍11000多函。

4. 四川

民主改革前有藏传佛教寺院747座，僧尼约93700名；苯教寺院84座，僧尼人数不详。

八邦寺：藏古籍32400部，木刻印版129845块。①

噶陀寺：藏古籍7000多函。

白玉寺：6000多函。

德格印经院：藏古籍630函，印版28万块，其中旧印版228814块，从民间搜集1178块，补刻43599块。

求吉寺：藏古籍1560函。

5. 云南

民主改革前有40多座寺庙，3200多名僧尼，活佛34人。藏文古籍主要收藏地在中甸县（今香格里拉县）、德钦县、维西县、丽江县、宁蒗县和贡山县。据不完全统计，仅松赞林寺所藏藏文古籍有：《甘珠尔》，纳塘版8套，拉萨版6套，丽江朱版1部，丽江墨版1部，赤金汁抄本1部；《丹珠尔》，纳塘版5套；1931年抄本2套；《般若十万颂》22套；各种文集470多函；礼赞、祈愿文、常诵经500多函；1708年的绸缎文书2轴。东竹林寺、德钦林寺和红坡寺收藏《甘珠尔》、《般若十万颂》共12套；《丹珠尔》5套，各类文集300多函，各类经文600多函。

6. 内外蒙

藏藏文古籍约5000多函。

---

① 《德格县志》记载：八邦寺收藏唐卡画10150幅，经书32400部，木刻印版129845块，纯金誊写的《甘珠尔》一套，各个历史时期的诏书、印章等文物5000余件。八邦寺印经院一楼经堂的《知识总汇》印版是女土司降央伯姆授命德格经印院为八邦寺雕刻的。

二、1960年以来藏文古籍的收藏状况

1960年后，内地涉及民族学的大学图书馆和一些公共图书馆先后收藏藏文古籍，主要单位有：

国家图书馆：藏藏文古籍3000多函，有明清和民国刻本，大部分为纳塘寺、德格印经院、北京和拉卜楞寺刻本。

故宫博物院：藏藏文古籍约有2000函，档案卷宗约2000件。多为清代版本。

中国民族图书馆：藏藏文古籍3200函，其中有1000余函珍贵抄本。版本有明、清、民国的刻本、写本和抄本，其中孤本近500多函。

中央民族大学图书馆：藏文古籍1900多函。有北京、德格、拉卜楞寺、拉萨雪印经院版本。

雍和宫藏经楼：藏藏文古籍有4500函。多为清代北京刻本。

中国社会科学院民族研究所图书馆：藏藏文古籍1300函。多为德格版、北京嵩祝寺版。

法源寺藏经楼：藏藏文古籍1000多函。多为嵩祝寺刻本。有纳塘版藏文大藏经《甘珠尔》和《丹珠尔》，共300余函，经板、捆书绳、包书布、页码和卷册完整无损，书品极好。

中国社会科学院少数民族文学研究所图书馆：藏藏文《格萨尔王传》抄本、刻本40多函。

民族出版社图书馆：藏藏文古籍200函。

中国第一历史档案馆特藏部：藏有上千件藏文古籍和藏文档案。

中国民族语文翻译中心图书馆：藏藏文古籍120多函。

西藏自治区图书馆：藏藏文古籍10000多函，藏文地方文献5000多册。

西藏大学图书馆：藏藏文古籍3000多函。

西北民族大学图书馆：藏藏文古籍4000多函（9568种）。其中有明抄本《甘珠尔》105函，系用金粉、朱砂、墨汁三色书写而成。

青海民族学院图书馆：藏藏文古籍1667函。

西南民族大学图书馆：藏藏文古籍2700多函。

西藏民族学院图书馆：藏藏文古籍1000多函。

甘肃省图书馆：藏藏文古籍300函。

1960年前后，部分参加叛乱的寺院的古籍并入各地博物馆、档案馆和文化馆收藏。“文化大革命”期间，藏区大部分寺院被毁，寺院古籍也随之被毁，只有布达拉宫、色拉寺、哲蚌寺、萨迦寺、塔尔寺、拉卜楞寺、德格印经院等文物保护单位保留了原来的藏书。

1970年后，在北京先后成立中国藏学研究中心和中国藏语系高级佛学院，这两个单位均有收藏。

中国藏学研究中心图书馆：藏藏文新版古籍3300多函，多为纳塘、塔尔寺、拉卜楞寺、德格和拉萨雪印经院于1985年前后印刷的刊本和复印本。

中国藏语系高级佛学院图书馆：藏藏文新版古籍1600多函，多为塔尔寺、拉卜楞寺、德格和拉萨雪印经院的刊本和复印本。

1980年，四川省民族研究所和四川省文化厅有关部门，从甘孜州搜集藏文古籍、唐卡、珍贵文物。先后征集藏文典籍12657包（其中手抄本671包），唐卡2125幅，铜铸馏金佛像680尊，以及其他大量历史文物。

在此期间的寺院藏书除参加叛乱的寺院外，大部分寺院的古籍保持原貌。

三、1950—1979 年国内藏文古籍的研究和整理

1950—1970 年的藏文古籍研究、整理可分为三个阶段：

（一）1950—1965 年

在此期间的藏文古籍研究、整理，主要表现在以下几方面：

（1）出版藏文古籍。先后整理出版《藏文字汇》（1954）、《藏文文法四种合编》（1956）、《藏文文法根本颂色多氏大疏》（1957）、《释迦牟尼赞》（1957）、《青年达美的故事》（1957）、《云使》（1957）、《格西曲扎藏文辞典》（1957）和《西藏王臣记》（1957）。编纂出版《汉藏新词汇》（第 1 集，1954）、《汉藏新词汇》（第 2 集，1955）、《汉藏新词汇》（第 3 集，1957）、《汉藏新词汇》（第 4 集，1957）、《藏文动词变化表》（1958）、《藏文同音字典》（1958）、《藏文文法讲义》（1959）、《汉藏音译方案：草案》（1959）、《西藏歌谣》（1959）、《汉藏词汇》（1964）等图书。此外翻译出版了大量政治、艺术等类图书。在此期间，十四世达赖喇嘛 1954 年赴京时向中央民族大学赠送第 2、5、7 至 13 世达赖喇嘛的传记和第 1、3、5、7、8、13 世达赖喇嘛的文集，以及《五世达赖喇嘛金塔目录》、《七世达赖喇嘛金塔目录》、《八世达赖喇嘛金塔目录》和《十世达赖喇嘛金塔目录》，共 65 函拉萨雪印经院刻本①；1958 年佟锦华教授赴德格购买藏文古籍，共购买历史、文学和人物传记等古籍

① 2009 年藏历年笔者采访了格桑居冕先生，他说“中央民族大学图书馆藏文古籍主要来源有二：一是十四世达赖喇嘛所赠历代达赖喇嘛文集。当时他是接收赠书的人员之一；二是佟锦华先生专程采购的古籍。”问及纳塘版《甘珠尔》是否为达赖喇嘛所赠时，他说：“在达赖喇嘛来京之前就有了，达赖喇嘛当时所赠藏文古籍中没有纳塘版《甘珠尔》。”

约2千多函。[1] 1958年一个偶然的机会，拉卜楞寺工作组组织部分格西将全寺藏文古籍约五万包集中于时轮学院[2]，编制成《拉卜楞寺总书目》，1959年油印出版。[3] 此目录内分17类，子目详细，著录用简略书名而不用冗长的原书名，作者也以惯称著录（名字前冠以地名、官职、学位、绰号、活佛名号等），很好地解决了同名同姓多的矛盾。检索较为方便。尽管"此书的文集部的缺点是先后的排列杂乱，毫无规律，既不按时代先后或教派，也不按字母顺序，极不便于检索，但这毕竟是小缺点。总的来说这部目录是迄今为止，规模最大、水平相当高的一部目录"。[4]

（2）翻译藏文史料。1954年法尊法师以文言文译《白史》，1963年王沂暖据法尊译本校对；1964年中央民族学院少数民族语文系藏语教研组油印付师仲《白史》译本。法尊法师译《随念三宝经》、释谭英译《中论略议》、隆莲译注的《宗喀巴大师的〈律梅心妥摄颂〉》等。此外，王静如教授1957年翻译巴考的《敦煌本吐蕃历史文书》，常凤玄协助译藏文，1961年以《吐蕃历史文书》为书名在拉萨打印成册。此时还

---

① 1958年春，在于道泉先生的策划和主持下，北京图书馆和中央民族学院合作，选派佟锦华先生赴德格印经院和八邦寺印经院购买古籍，大约在德格住了6个月。购买的古籍主要有文学、历史、人物传记和《大宝伏藏》（62函）等内容。当时印经院缺藏纸，故部分古籍是用带去的山东宣纸印刷的。此次购买的古籍共三套，分藏于北京图书馆、中央民族学院图书馆和民族文化宫图书馆。以上资料由黄明信先生、格桑居冕先生、黄润华先生、黄布凡教授提供。

② 据黄明信先生2001年3月23日在《北京市藏文古籍总目提要》编纂培训会上的发言。

③ 此目录由青海民族出版社删除原书中的页码、文集类的函序，略作补充后以《藏文典籍要目》为名于1985年铅印出版。

④ 黄明信先生等《北京图书馆藏文古旧图书著录条例说明》，载《中国藏学》1988年第1期。

刊刻了更敦群培翻译的《法句经》，印版藏西藏尼木。青海省文联搜集了一些《格萨尔王传》抄本、翻译了800万字的《格萨尔王传》。

(3) 研究和介绍藏传佛教。这一时期，法尊法师、融熙、观空法师、虞愚、释谭英、吕澄等发表了20多篇学术价值较高的文章和论文，如：王忠《宗喀巴传论》、柳升祺《西藏喇嘛教的寺庙与僧侣组织》、融熙《西藏政教与汉土禅宗的评价》、虞愚《法称的生平、著作和他的几个学派——重点介绍〈量释论〉各章次序所引起的争议》、慧幢尊者《修〈菩提道次第〉初修法门》、吕澂《西藏所传的因明》和《汉藏佛学沟通的第一步》、慧吉祥《西藏佛教概要》、司马平《喇嘛教简介》、以及法尊法师《〈菩提道次第广论〉的造作、翻译、内容和题解》和《宗喀巴大师的〈菩提道次第论〉》、《大般若经中“一百零八句简介”》、《随念三宝经“浅”谈》、《法称因明学中“心明”差别略说》、《西藏前弘期佛教》和《西藏后弘期佛教》等，这些文章探讨、阐明和介绍了藏传佛教的历史、宗教思想、哲学思想，以及内地十分生疏的藏传因明学。

(4) 历史研究。这一时期，在吐蕃史研究方面有较大进展，发表了《唐朝是否征服过吐蕃》①、《松赞干布——藏族的历史英雄》②、《联盟碑》③、《吐蕃和唐的亲善关系》④、《跋唐蕃会盟碑》⑤、《拉萨“唐蕃会盟碑的”盟文与建筑》⑥、《唐代汉藏两族

---

① 《历史教学》，1955年12月。
② 《历史教学》，1958年6月58期。
③ 《人民日报》，1959年4月26日。
④ 《学术论坛》，1959年第3期。
⑤ 《文物》，1959年7期。
⑥ 《现代佛学》，1959年11期。

人民的经济和文化交流》① 等大量学术论文。这一时期较突出的学术著作有：《新唐书·吐蕃传笺证》② 一书，利用巴考的《敦煌本吐蕃历史文书》、陶玛斯的《新疆发现之吐蕃文书》和吉利的《汉藏字书》等唐代古藏文文献，对《新唐书·吐蕃传》作了详细注释；《白史》③ 作者摒弃神学史观，采用人文史观和现代历史著作体例撰写，其资料来源于敦煌吐蕃文献、《唐书》等藏汉文古籍史料。书中首次利用语言学、吐蕃古籍、藏汉史料等，对“蕃”、吐蕃历史进行了考证，开藏人现代史学之先河；此外，《西藏地方历史资料选辑》④ 一书是采自正史、实录和相关著作的资料集，为研究西藏与中央政府的关系提供了重要史料。

元代西藏史方面的研究成果主要有《中央政府管理西藏地方制度的发展》⑤、《元朝中央政府是怎样管理西藏地方的》⑥、《元时史上有关西藏的几个问题》⑦ 等论文，以及《关于西藏佛教历史的十篇资料》⑧ 一书，此书在利用大量藏文古籍资料的基础上，吸收国外研究成果，对元朝时期的吐蕃地方制度做了深入和系统的论述研究，是这一时期最高水平的学术成果。

明清时期藏族历史研究的重要成果有《清代（1793）年在

① 《历史研究》，1965年5期。
② 王忠著，1958年9月出版。
③ 更敦群培著，1952年由霍康·索朗边巴出资在拉萨刊刻出版。
④ 中央民族学院参编，三联书店1963年内部出版。
⑤ 《历史研究》，1959年5期。
⑥ 《历史研究》，1959年7期。
⑦ 《山西师范学院学报》，1959年4期。
⑧ 王忠著，中国社会科学院民族研究所1965年内部出版。1987年由中国社会科学出版社以《西藏佛教发展史略》为书名正式出版。

西藏的重要措施》[①]、《清朝前期中央对西藏地方政治制度、宗教制度改革》[②]、《评李查逊（西藏简史）关于明代西藏地方历史的谬论》[③] 等论文，以及《清季英国侵略西藏史》[④] 一书详细叙述了1888年以来帝国主义侵略西藏的历史；《达赖喇嘛传》[⑤] 是根据藏文历代《达赖喇嘛传》等古籍撰写的，论述了历代达赖喇嘛与中央政府的关系；《西藏史》[⑥] 是一本藏族通史，论述了藏族历史及中央和西藏地方政府的关系等问题；《西藏社会概况》[⑦]，叙述了西藏的历史和现况；《藏族简史》[⑧]，全面叙述了藏族的整个历史。

（5）文化及其交流。根据藏汉文古籍介绍内地与西藏、藏汉民族关系和文化交流等方面取得了较大成绩，发表了《一千五百年来的汉藏民族关系》[⑨]、《藏族人民和汉族人民的传统友谊》[⑩]、《明代时期汉藏两族的友好关系》[⑪]、《西藏地方与祖国的

① 《学术月刊》，1959年第6期。

② 《史学月刊》，1960年第1期。

③ 《历史研究》，1963年第5期。

④ 余素著，世界知识出版社1959年7月出版，32开，182页。

⑤ 牙含章编著，三联书店1959年内部出版，32开，313页。1963年再版。

⑥ 李霖灿著，台湾台北中华文化出版事业委员会1953年12月出版，32开。

⑦ 林耀华、王辅仁、宋蜀华著，中央民族学院研究部1955年内部铅印本。

⑧ 柳升祺、王辅仁、常凤玄执笔，中国社会科学院民族研究所1963年内部铅印出版。

⑨ 《新建设》，1952年第6期。

⑩ 《光明日报》，1956年4月20日。

⑪ 《历史教学问题》（1958年12月）、《西藏地方与祖国的历史关系》（《民族研究》1959年第4期）、《唐代西藏马球传入长安》（《历史研究》1959年第6期）、《从主权和宗主权说到中国对西藏地方的关系》（《人民日报》1959年6月5日）、《唐代汉藏两族人民的经济和文化交流》（《历史研究》1965年第5期）、《略论唐代西藏和内地政治经济文化联系的加强》（《山东大学学报》1959年3期）、

历史关系》①、《唐代西藏马球传入长安》②、《从主权和宗主权说到中国对西藏地方的关系》③、《唐代汉藏两族人民的经济和文化交流》④、《略论唐代西藏和内地政治经济文化联系的加强》⑤ 等。此外，发表了许多介绍藏区的著名寺院和风俗习惯、地理风情等内容的文章。如：《西藏的典籍》和《关于清刻大藏经与历代藏经》，较全面介绍了藏文《甘珠尔》和《丹珠尔》等古籍的印刷历史、本版和内容。

（6）语言研究。这一时期发表的《嘉戎语梭磨话的语音和形态》、《藏语动词屈折形态在现代拉萨话里衍变的情况》是研究藏语最突出的论文。《藏语拉萨、日喀则、昌都话的比较研究》⑥ 一书对拉萨等三地的语言作了深入分析研究，成为藏语研究领域的名著。

（7）藏区社会调查。1950—1960 年，中国科学院组织高等院校和研究机构组成多学科考察队三赴藏区进行社会历史考

① 《民族研究》，1959 年第 4 期、《唐代西藏马球传入长安》（《历史研究》1959 年第 6 期）、《从主权和宗主权说到中国对西藏地方的关系》（《人民日报》1959 年 6 月 5 日）、《唐代汉藏两族人民的经济和文化交流》（《历史研究》1965 年第 5 期）、《略论唐代西藏和内地政治经济文化联系的加强》（《山东大学学报》1959 年 3 期）。

② 《历史研究》，1959 年第 6 期。《从主权和宗主权说到中国对西藏地方的关系》（《人民日报》1959 年 6 月 5 日）、《唐代汉藏两族人民的经济和文化交流》（《历史研究》1965 年第 5 期）、《略论唐代西藏和内地政治经济文化联系的加强》（《山东大学学报》1959 年 3 期）。

③ 《人民日报》，1959 年 6 月 5 日。《唐代汉藏两族人民的经济和文化交流》（《历史研究》1965 年第 5 期）、《略论唐代西藏和内地政治经济文化联系的加强》（《山东大学学报》1959 年 3 期）。

④ 《历史研究》，1965 年第 5 期。《略论唐代西藏和内地政治经济文化联系的加强》（《山东大学学报》1959 年 3 期）。

⑤ 《山东大学学报》，1959 年 3 期。

⑥ 金鹏著，1958 年铅印本，16 开，403 页。

察，搜集了大量政治、历史、经济、宗教、阶级剥削等方面的资料，其中藏族农业地区封建领主庄园制、牧业地区部落经济和阶级剥削方面的记录颇为详细。这些调查材料编辑成《西藏社会历史调查资料丛刊》（共10辑）、《四川省甘孜州藏族社会历史调查》、《四川省阿坝州藏族社会历史调查》、《青海省藏族蒙古族社会历史调查》、《中央访问团第二分团云南民族情况汇集》等，于1983年开始陆续公开出版。此次调查虽然对藏文古籍的数量、内容、藏书单位等方面的记录极少，但寺院、僧人、寺院经济、藏区社会、生产资料、剥削制度等资料较详。

（8）文物、考古。在此期间藏族文物的研究工作开始起步，先后发表了《八思巴帝师大元通宝碑》①、《步辇图》②、《八思巴朝见忽必烈壁画》③、《有关文成公主的几件文物》④、《关于驻藏大臣的几件文物》⑤、《西藏文物见闻记》、《布达拉宫有关文成公主的几幅壁画》⑥ 等文章。五六十年代为西藏考古工作起步阶段，从藏区发现的旧石器遗物和古人类化石认识到青藏高原地区古人类活动的历史，这一时期的成果有《青藏高原旧石器的发

① 《中国文化研究》，1957年9月3期。

② 《人民日报》，1958年5月23日。《文物》1959年7期、《有关文成公主的几件文物》（《文物》1959年7期）、《关于驻藏大臣的几件文物》（《文物》1959年第7期）、《西藏文物见闻记》、《布达拉宫有关文成公主的几幅壁画》（《文物》1963年4期）。

③ 《文物》1959年7期、《关于驻藏大臣的几件文物》（《文物》1959年第7期）、《西藏文物见闻记》、《布达拉宫有关文成公主的几幅壁画》（《文物》1963年4期）。

④ 《文物》1959年7期。

⑤ 《文物》，1959年第7期。

⑥ 《文物》，1963年4期。

现》[①]、《西藏塔工林芝发现的古人类遗骸》[②]。

（9）藏文教学。在中央民族学院、西北民族学院、西南民族学院、青海民族学院、西藏民族学院等开设藏语言文学专业，为今后开展藏语文教学、科研、翻译等工作培养了专门人材。东噶·洛桑赤列大师在中央民族学院讲授《贤者喜筵》、《米拉日巴》、《萨迦格言》、《藏文文法》、《诗词学》等古文献，并编写了多部藏文古籍的名词注释，还撰写了《目录学概论》。这些文献的名词注释成为国内藏文教学、汉文翻译工作者极好的工具书，而《目录学概论》则为创立藏文目录学奠定了坚实的基础。

（二）1966—1976 年

这一阶段为“文化大革命”时期，所有学术活动处于瘫痪状态。在“文化大革命”末，即1975年后才有《西藏聂拉木县发现旧石器》[③]、《西藏自治区林芝县发现的新石器时代遗址》[④]、《西藏墨脱县马尼翁发现磨制石锛》[⑤]、《西藏定日发现的旧石器》[⑥] 等考古报告问世。西藏自治区文物管理委员会编的《西藏萨迦寺发现的元代纸币》[⑦] 一文是当时难得的一项成果。在此要特别介绍一部稀罕的“文革藏历”——《十六饶迥和平土鸡年日历·善取明鉴》[⑧]，此书系四川德格八邦寺历算师焦青彭德（skyabs che phan bde 1919—2008）于1968年9—10月在“牛棚”

---

① 《古脊椎动物学报》，1958 年 2、3 合刊。

② 《古脊椎动物与古人类》，1961 年第 3 期。

③ 《考古》，1975 年第 1 期。

④ 《考古》，1975 年 5 期。

⑤ 《考古》，1975 年 5 期。

⑥ 《珠穆朗玛峰地区科学考察报告（1966～1968 年第四纪地质）》，科学出版社 1976 年出版。

⑦ 《文物》，1975 年第 9 期。

⑧ 十六饶迥土鸡年：即 1969 年。

据藏历古籍编制，页面 31cm×7.5cm，版框 27.1cm×5.8cm。全书以班玛遒体字书写，间有红字，红色表格。此书是目前所知三大藏区在“文化大革命”期间所编唯一一部藏历。本书完全按照楚派藏历的原则、格式编制而成，是一部在“文化大革命”期间用生命为代价整理、研究藏历古籍后编制而成的藏历，具有极高的学术价值和文物价值。

图 1《十六饶迥和平土鸡年日历·善取明鉴》书名页

图 2《十六饶迥和平土鸡年日历·善取明鉴》插图和内页文字

（三）1977—1979 年

这一阶段，藏文古籍的整理、教学、研究等处于准备和启动阶段。1978 年“三中全会”以后，全国进入以经济建设为中心的改革开放时期，藏学研究也开始逐渐步入正轨，1977 年邓小平批准编纂《藏汉大辞典》，由民族出版社等组织几十位藏汉学者，从藏文古籍中搜集词条，开始了编纂、研究和翻译工作。有藏文教学的几所大学，开始编印、教授各种藏文古文献。这一时期发表的成果有《藏北申扎双湖的旧石器和细石器》①、《西藏昌都卡若遗址发掘简报》②、《西藏原始文化同黄河流域的亲密关系》③ 等。《藏族族源考略》④、《宗喀巴传论》⑤、《论藏语拉萨口语动词的特点与语法结构的关系》⑥ 等。1979 年 5 月，批准德格印经院有限地开展印售藏文古籍业务，藏区寺庙、僧俗民众开始购买《甘珠尔》、《丹珠尔》、《般若八千颂》和一些常诵经文。

---

① 《考古》，1979 年第 6 期。

② 《文物》，1979 年 9 期。

③ 《历史教学》，1979 年 11 期。

④ 《西北民族学院学报》，1979 年第 1 期。

⑤ 《民族研究》，1979 年第 1 期。《民族语文》1979 年第 3 期）等。

⑥ 《民族语文》，1979 年第 3 期。

在此期间第十六世噶玛巴活佛主持复制了500套德格版《甘珠尔》和250套《丹珠尔》，赠送给国内外有关图书馆、学术机构和寺庙。在古籍整理研究方面，黄文焕先生1978年发表的《河西吐蕃文书简述》一文，首次公布我国学者对敦煌藏文文献研究的成果。该文通过对敦煌、酒泉、张掖、武威以及兰州等地所藏吐蕃文书的调查与整理，指出现存河西的吐蕃文书达9000多页，并论述了这些文书的价值。此文引起了我国学界对敦煌古藏文文献的广泛重视。

综上所述，1950—1979年由于藏区叛乱、“文化大革命”等原因，藏文古籍的整理、出版和研究均处于起步阶段，在翻译、利用藏文古籍方面取得的成果要多于整理、出版和研究藏文古籍的成果。利用藏文古籍资料编写汉文著作和撰写汉文论文方面所取得的成果，虽然没有形成体系，但为今后的学科发展研究奠定了一定的基础；在利用藏文古籍资料编写藏文论著方面，成果仅有更敦群培的《白史》、东噶·洛桑赤列大师的《目录学概论》（“文化大革命”前油印本）、《贤者喜筵名词注释》、《拉卜楞寺总书目》、《十六饶迥和平土鸡年日历·善取明鉴》等；整理出版的藏文古籍只有《藏文文法四种合编》、《藏文文法根本颂色多氏大疏》、《释迦牟尼赞》、《青年达美的故事》、《云使》、《格西曲扎藏文辞典》、《法句经》等几种。这一时期虽然成果不多，但是，这一时期的社会历史和语言调查资料却是藏学研究的无价之宝，为今后的研究奠定了丰富的资料基础。

四、藏文古籍工作会议、研讨会

这一时期虽然没有召开过专门的藏文古籍会议和研讨会，但也有一些会议讨论藏文古籍的保护和收藏等问题。如：1959年6月中共西藏工委讨论并下发的《关于加强文物古迹、文件、档案管理工作的若干规定》；1960 年中央民族学院开办藏文研究班，培养整理、研究古藏文的专门人才；1963 年成立西藏自治区档案馆筹备处，收藏部分寺院的古籍；1979 年成立“德格县文物管理所”，开展对印经院古建筑和文物的管理、保护工作等。

五、古籍机构、古籍专家

（一）古籍机构

1. 出版机构

民主改革后，先后成立了民族出版社（1953 年）、四川民族出版社（1953 年）、青海人民出版社（1954 年）、云南民族出版社（1957 年）、甘肃民族出版社（1957 年）、西藏人民出版社（1971 年）和青海民族出版社（1976 年），各出版社均设有藏语部。从 1953—1979 年，民族出版社以出版翻译著作为主，整理出版的藏文古籍仅有《藏文文法根本颂色多氏大疏》、《释迦牟尼赞》、《青年达美的故事》、《云使》、《格西曲扎藏文辞典》、《西藏王臣记》、《藏文字汇》和《藏文文法四种合编》等。其他出版社同样只出版政治性图书和宣传册，未整理和出版藏文古籍。

2. 收藏机构

1960 年以前，藏区的寺院是收藏和使用藏文古籍的主要机构。民主改革后藏文古籍逐渐被有关大学、科研机构、图书馆、博物馆和档案馆收藏。

博物馆：在此期间收藏藏文古籍的博物馆有：（1）甘肃武威博物馆。1959 年前后该馆接收没收、集中的寺院藏文古籍和部分受赠古籍，长期堆放存积达四十多年，其间遭受水灾、虫蛀鼠咬等灾难，损失严重。2005 年进行抢救保护，整理出 403 函属于《甘珠尔》的经典，但其中夹杂着少量《丹珠尔》写本的页码[①]；吐蕃佛经写本残卷4函；吐蕃木牍4块；藏文祈愿文（丝织品）残卷1件；佛经古抄本16面；噶当派（11至13世纪）古籍多部；《莲花生大师本生传》抄本1函；4函朱版《甘珠尔》刊本。专家初步认定写本大部分为755年前后的吐蕃写本。（2）青海、甘肃、四川等省的博物馆和档案馆都藏有藏文古籍。

档案馆：1959年6月成立的西藏自治区档案馆现存档案120多个全宗，共300多万卷（册、件）。以纸质载体为主，兼有木质、骨质、缣帛、金石等。有墨书和金、银、翡翠、珊瑚、珍珠、朱砂等研磨调制后书写于磁青纸上的古籍。青海、四川、甘肃、云南等省市的档案馆也藏有部分藏文古籍。

图书馆：五大藏区的省级图书馆和有关大学、科研机构都藏有藏文古籍。

3. 寺院

藏区寺院均为藏文古籍的藏书机构，但除了属于文物保护单位的寺院之外，数千座寺院毁于“文化大革命”，无数古籍也随之焚毁。到1979年，五大藏区仅有布达拉宫、罗布林卡、哲蚌寺、色拉寺、萨迦寺、德格印经院、塔尔寺、拉卜楞寺等为数不多的寺院保留古籍，而这些寺院的藏书也有不同程度损毁。

4. 机构

专门从事搜集、研究藏文古籍的机构仅有1979年成立的西藏《格萨尔》抢救小组，1985年更名为西藏大学《格萨尔》抢救小组，2001年更名为西藏大学《格萨尔》研究所。该所负责搜集、整理《格萨尔王传》的抄本、刻本和记录说唱艺人口述的《格萨尔王传》。从事教学和研究古籍的机构则较多：

---

① 403函中包括3部《甘珠尔》，共5317部，2496000页（双面），计8000多万字。目前尚未将3部《甘珠尔》清理出来。

（1）西北民族大学藏语言文化学院。1951 年成立，设古藏文文献研究专业，培养了大批从事古籍研究和整理的专门人才，出版《夏琼杂志》、《藏文文法详解》、《诗学通论》、《世界公桑》、《颇罗鼐传》、《九美仓传记》、《佛经注译》、《夏琼寺历史》、《藏文文法》、《法藏敦煌藏文文献》和《英藏敦煌藏文文献》等三十多部古籍。其中，《法藏敦煌藏文文献》和《英藏敦煌藏文文献》的整理出版，实现了我国珍贵历史文献的回归，标志着我国对吐蕃时期古藏文文献的整理、研究有重大突破，是敦煌学与藏学研究的一个里程碑。

（2）中央民族大学藏学研究院。前身是 1951 年创建的中央民族学院藏语文教研室，当年招收藏语文训练班，学生 37 人。1952 年中央民族学院建少数民族语文系，藏语文专业成为第一教研室，开始招本科生，从 1960 年开始招研究生班。1981 年中央民族学院成立中央民族学院藏学研究所，1993 年中央民族大学民语系藏文教研室和藏学研究所合并成立中央民族大学藏学系，2000 年 6 月更名为中央民族大学藏学研究院。该院自成立以来，培养了大批整理、编辑、研究藏文古籍的人才，也整理、出版了《西藏地方是中国不可分割的一部分》、《中国西藏地方藏文历史资料选编》、《藏历精要》、《红史》、《敦煌古藏文文书》等大批藏文古籍。

（3）西南民族大学藏学学院。前身是 1952 年创建的藏语言文学专业。成立以来培养了大量从事藏语教学，以及研究、整理、编辑藏文古籍的人才。出版数十种藏文古籍和研究专著。

（4）青海民族学院藏学院。1956 年成立。先后培养千余名能够从事藏文古籍工作的本科生和研究生，整理出版十余部古籍。

（5）中国社会科学院民族学与人类学研究所。其前身为 1958 年成立的中国社会科学院民族研究所，隶属中国科学院。

1962年，中国科学院少数民族语言研究所（1956年建立）合并为中国科学院民族研究所。1977年成立中国社会科学院，改称中国社会科学院民族研究所。2002年10月更名为中国社会科学院民族学与人类学研究所。该所民族历史研究室是一个从事中国民族史研究的专门机构，下设西藏组、南方组等5个业务组，也是中国社会科学院“藏族历史与文化研究中心”的常务机构。

（6）西藏民族学院。1958年建校。该校1979年以来设立藏文本科，至今培养了一批整理、编辑、研究藏文古籍等专业的人才。

（7）四川省民族研究所。1964年1月成立。先后出版《喇嘛教与藏族人口》、《藏传佛教寺院经济研究》等数十部学术著作，搜集藏文古籍数百函。

（8）青海省社会科学院。1978年10月成立。设藏学研究所、经济研究所、青藏高原资源与环境经济研究所等科研机构。先后出版专著110多部，整理古籍4种，发表大量学术论文。

（9）西藏社会科学院。1978年12月筹建，1985年8月5日正式成立。下设民族研究所、宗教研究所、农村经济研究所、当代西藏研究所、经济战略研究所、西藏藏文古籍出版社、《西藏研究》编辑部、图书馆等11个机构。此外，还设有“西藏藏学研究中心”、“西藏经济社会发展研究中心”、“西藏《格萨尔》研究中心”、西藏自治区藏文古籍工作领导小组办公室、《格萨尔》抢救办公室、五省区藏文古籍工作协作领导小组办公室。西藏社科院成立以来，出版《西藏通史》、《夏格巴〈西藏政治史〉批注》、《西藏古近代交通史》、《藏事汉文文献》、《藏文雪域文库》、《历史造就的统一体》等一批重要专著，整理出版《格萨尔》艺人说唱本20余部，以及《藏族工艺典籍选编》、《苯教甘珠尔》、《苯教丹珠尔》、《当秀噶塘蚌巴齐古塔出土吐蕃苯教文书选》、《西藏史籍五部》、《龙朵·阿旺洛桑全集》、《聂顿传承》、《洛绒史籍》、《苯教文法典籍》、《洛扎·朗卡降赞全集》、《协昂史籍》、《桑耶寺志》等80多部古籍，发行800余万册(函)。

（10）兰州大学敦煌学研究所。1979年成立。与敦煌研究院联合，在敦煌文献整理研究、敦煌石窟佛教艺术研究、隋唐五代西北区域史研究方面取得了很大进展，出版多部敦煌学著作。

（二）古籍整理、鉴定、收藏保护专家

专门从事藏文古籍整理、研究的专家虽然不多，但是，集教学、科研和古籍研究、整理于一身的专家却很多。

1. 才旦夏茸（1910—1985）

青海省循化县积石镇人，化隆县土哇寺僧人。自1934年创办土哇寺印经院伊始，便从事整理、刊刻藏文古籍。先后刊刻《晋美丹却嘉措大师文集》(15函)、各类佛教著作和日常读物数十函。1952年在青海民族学院讲授宗教、语言、诗学等藏文古籍课程，还与桑热嘉措、古嘉赛等合作整理出版《格萨尔王传·霍岭大战》，开创了研究、整理《格萨尔王传》的先河。出版《藏语语法简论》、《藏语语法》等。1978年后培养了一大批古藏文教师和古藏文研究生，并整理出版《菩提道次第广论备忘录要义集论》、《密宗注疏》、《藏文文法》、《藏文词典》、《诗学通论》、《书信格式》、《夏琼寺志》、《丹斗寺志》、《款仁波且传》、《宗喀巴传略》、《喇勤贡巴绕赛传略》、《历辈麻尼仁波且传》、《灵塔志》、《普氏历算法》等古籍。

2. 多吉杰布（1913—1992）

西藏昂仁县人，曾任堪仲·钦饶旺秋家文书、桑日宗宗本。1954年后在民族出版社专门从事藏文古籍的搜集、整理、出版工作。先后整理出版《达赖喇嘛传》、《贤者喜宴》（上下册）、《知识总汇》（上中下册）、《西藏苯教源流》、《古印度因明学选编》(1~4册)、《五明精选丛书》[1] 等藏文古籍。

3. 毛尔盖·桑木旦(1913—1993)

四川省阿坝州松潘县人，松潘县毛尔盖寺僧人。1950年后曾从事《中国人民政治协商会议共同纲领》、《中央人民政府和西藏地方政府关于和平解放西藏办法的协议》、《毛泽东选集》等文献的译审和《岷江报》藏文版编辑以及藏文古籍的搜集、整理工作。1980年以后，主要从事古藏文的教学，并整理出版《诗学明析》、《妙音声明学注解》、《梵藏对照词典》、《梵文书写及注释本赞语》、《藏文文法》、《因明学》等古籍。

4. 东噶·洛桑赤列(1927—1997)

西藏林芝县人，林芝觉木宗扎西曲林寺活佛，1947年在拉萨获“拉然巴格西”学位。1959年以来在中央民族大学主讲古典文学、古典诗词、古典哲学、古籍整理与鉴别、古藏文解读等课程，出版《贤者喜宴》、《红史》、《颇罗鼐传》、《旧式公文》、《布达拉宫史》、《拉萨志》、《诗学明鉴》、《布达拉宫藏文古籍目录》等古籍，并对《米拉日巴传》、《诗镜》、《藏传因明学》、《萨迦格言》、《萨迦格言注释》、《罗摩耶纳》、《新红史》等十几种古籍作了细致地校勘和注释，这些注释本不但被国内外许多大学选为教材，也为藏学研究、古籍整理和研究提供了宝贵的学术资料。

(三) 古籍保护

在特殊时期各地都有一些古籍保护者，其中较为突出者有：

1. 白亚仁波切

甘孜州德格县白亚寺活佛。“文化大革命”之初，他把更庆寺内珍贵的古籍、佛像、塘噶、法器等分发给被遣返回乡务农的

---

① 《五明精选丛书》：包括《布敦佛教史》、《现观庄严论》、《格鲁派教法史》、《俱舍论》等数十种。

更庆寺僧人，请他们设法收藏保管，并登记物件名称、数量和领取者的姓名。返乡务农的更庆寺僧人把古籍、佛像、塘噶、法器等藏于墙中、板壁夹层、房檐、柱头、档雀板、牛圈、深山、岩洞等处。“文化大革命”中许多寺院被毁，所有仁波切被毒打和批斗。白亚仁波切为避免伤害，他急中生智，点燃衣裤扔出窗外，家里无衣无裤，无一块可以遮羞的布，有时就赤身裸体绕着德格印经院乱跑、疯狂地吼叫。由于是“疯子”，故避免了毒打和批斗，拣了一条命。1976 年 9 月，他突然不“疯”了。“三中全会”后，恢复宗教信仰自由。1985 年，白亚仁波切照册收回那些返乡僧人用生命保护起来的古籍和文物，其中也有少数古籍、塘噶等被换了钱粮度日，仁波切理解他们的苦衷，并未责备。1987 年，大部分古籍、佛像、法器交回了更庆寺。

2. 拥杰、西绕旺丹和贡桑多杰

1966 年，苯教瓦琼寺僧人拥杰、西绕旺丹和贡桑多杰三人在极端危险的情况下以智慧和勇气将该寺苯教《甘珠尔》写本 102 函埋藏起来。80 年代初，国家对十年浩劫后幸存的文献和文物进行统计时，三位僧人将这套《甘珠尔》挖出来献给了国家，他们为保护和宏扬藏族传统文化做出了巨大贡献。

3. 东仓保毛、次成文青

青海玉树州囊谦县东日村有一古老的家族——东仓家族，据传“东仓”源于古代藏族四大姓氏之一的“东”姓，当地老人还说囊谦东仓家族的先祖是格萨尔王麾下大将——东·白日尼玛江才。东日村，就是东姓家族居住的地方。东仓保毛的父亲早年告诉她，家中的这套《大藏经》是东仓家的命根，是祖先白日尼玛江才传下来的宝物，传说有 500 部，故有“东仓五百部”之称。东仓经书成书于 10—11 世纪。东仓保毛的叔叔在临终时嘱咐她和丈夫次成文青，要他们保护好《大藏经》。“文化大革命”中，东仓保毛一家冒着生命危险，把《大藏经》和如意塔、转经筒、格萨尔王用过的弓箭、大将的宝座、奠基石、10万个擦擦藏在碉楼一层的仓库墙壁一侧，用泥墙封存。东仓家冒着生命危险，保住了这批写本和一些文物。但东仓家这座有数百年历史的三层古堡年久失修，东仓家又不敢轻易查看封藏的经书，因地震、火灾和墙体墙脚破裂，雨水渗透，封存条件恶劣，造成部分经书受潮发霉，损毁严重，但最终还是保住了400多函。此套《大藏经》，每函均雕有精细图案和六字真言的护书板、护书皮绳、护书巾（布）、函头书签。藏纸有黑、蓝、绿三色的磁青纸和普通纸，书写原料有泥金、银粉、海螺粉、朱砂和墨汁。还夹杂一些写在桦树皮、布匹和皮革上的文书。用金银粉书写于磁青纸上的写本有200多卷。

4. 焦青彭德（1919—2008）

八邦寺历算师、学者。“文化大革命”伊始，他将自己收藏的80多函古写本、旧刻本托乡民藏匿保管。“文化大革命”期间他虽然遭受了惨无人道的毒打和批斗，但由于修炼有素，笑对皮肉之苦，就是在暗无天日、生命在风口浪尖的年代，他还编写了《十六饶迥土鸡年日历》，不但如此，他在夜间为牧民子弟讲授《藏历》等传统知识。“三中全会”后部分古籍完璧归赵，部分古籍被受托者用于换取粮食、买盐茶钱而付之东流。土登彭措教授当年也曾经用粮食和一二元钱换得几函焦青彭德的古籍，得知是恩师的古书后，除一函作留念之外，悉数奉还了焦青彭德。

5. 噶玛益西

八邦乡著名猎人。1966年“文化大革命”工作组进驻八邦乡搞运动，召集群众在八邦寺开会，由于无电、气候较寒，工作组和积极分子把印版和古籍拿来当柴烧。于是，噶玛益西当天夜里叫来二个哥哥和妻子的两个哥哥，他们5人悄悄潜入八邦寺印经院，抢救《工珠云丹嘉措文集》（10函）、《白玛白杂》（1函）等古籍的印版。白天参加开会，深夜入寺搬运印版，用了整整

7 个夜晚搬完印版。他们把印版藏于一间小屋，然后用泥封门糊墙。工作组发觉印版库少了印版，于是推倒印版库的所有印版架，使印版散乱无序，堆积地上。印版一旦散乱，在短时间里无法理清，工作组用此办法阻止“偷盗”。工作组四处搜查也未搜到“失窃”的印版。1987 年，噶玛益西把冒着生命危险抢救、深藏的印版全部无偿送回八邦寺印经院。

八邦寺还有一名叫阿伯扎泽的普通僧人，他把个人生命安危置之度外，带领家人深夜入寺，将《司都文集》和部分古籍的印版搬运回家，藏匿于板壁和墙壁之间。一家人担惊受怕地度过了十多年时间，“三中全会”后云开日出，他们把用生命保护的印版全部无偿交回八邦寺。在“文化大革命”初期，许多八邦乡的牧民也冒着生命危险抢救了部分古籍和印版。因此，八邦寺的印版在“文化大革命”中虽然损失惨重，但也被僧人和牧民抢救了一部分。

此外，在特殊年代五大藏区或多或少都有一些敢于保护古籍的人士，如：哲蚌寺一僧人藏了一部泥金写本《甘珠尔》；桑耶寺村民藏了桑耶寺堪布的一部写本；青海省文联埋藏了部分译稿和抄本。

六、古籍活动

在 1950—1970 年期间，直接与藏文古籍有关的主要活动有：（1）1958 年，拉卜楞寺工作组将全寺藏文古籍约五万包集中于时轮学院，组织该寺学者编制《拉卜楞寺总书目》，并于 1959 年油印出版。（2）1950 年至 1960 年期间藏区部分印经院出版少量藏文古籍。（3）1966 年以前，藏汉学者利用藏文古籍资料进行学术研究，发表了一些藏族政治、历史、宗教、建筑、文化、民俗、经济等方面的文章、论文和著作。（4）翻译了部分藏文古籍。

七、大事记

1954年：14世达赖喇嘛赴京时向中央民族大学赠送第2、第5、第7至13世达赖喇嘛的传记和第1、第3、第5、第7、第8、第13世达赖喇嘛的文集，以及《五世达赖喇嘛金塔目录》、《七世达赖喇嘛金塔目录》、《八世达赖喇嘛金塔目录》和《十世达赖喇嘛金塔目录》，共65函拉萨雪印经院刻本。①

1955年：斯里兰卡佛教界为纪念释迦牟尼佛涅槃2500年，发起编纂英文佛教百科全书，要求各国佛教学者撰稿，中国佛教协会邀请佛教界撰写300余条目，其中包括藏传佛教的条目。

1956年：成立中国佛学院，内设研究部，后又增设藏语系讲授藏文古籍。

1958年：佟锦华先生赴德格印经院、八邦寺印经院印制藏文古籍。

1958年：拉卜楞寺工作组组织该寺学者编制《拉卜楞寺总书目》。

1959年6月：中共西藏工委颁发《关于加强文物古迹、文件、档案管理工作的若干规定》。

1959年7月：当时驻藏人民解放军军事管理委员会接管原西藏地方政府政府文件、文物、和档案。中共西藏工委提出“集中起来，保管好”的方针，成立“文物古迹、文件档案管理委员会”，下设文件管理组，负责接受军管会移交的文件、档案和古籍等。截至1962年，共接受文件档案264箱（包），约计150多万件。

① 2000年据格桑居冕教授介绍，他是当时接收藏文古籍成员之一。

1960 年：民族文化宫图书馆从西藏哲蚌寺等地运进一大批藏文古籍。

1960 年：历史学家陈寅恪先生建议中国科学院购买英国国家图书馆印度事务部所藏敦煌藏文写本胶片，但限于当时的条件未能购买。

1960 年 9 月：中央民族学院开办第一期藏文研究班，培养整理、研究古藏文的专门人才。

1961 年：西藏有 2676 座寺院，僧人 114925 人。当年 2379 座寺院完成“三反三算”① 运动。

1961 年 3 月：经国务院批准西藏萨迦寺列为第一批全国重点文物保护单位。该寺收藏有大量藏文古籍，其中不乏稀世珍本。

1962 年：西藏文物古迹、文件档案管理委员会接受文件档案 264 箱（包），约计 150 多万件。其中有许多珍贵古籍。

1963 年：成立西藏自治区档案馆筹备处。

1965 年 4 月：“四反”运动开始，德格印经院停止刻版、印刷，由德格县有关政府部门封存所有文物。

1966 年 9 月：青海省文联搜集、整理的部分老艺人口述记录本、部分《格萨尔王传》抄本和 34 本汉译稿被送进造纸厂。仅抢救出部分《格萨尔王传》抄本和资料。

1966 年 10 月：瓦琼寺僧人拥杰、西绕旺丹和贡桑多杰埋藏 102 函苯教《甘珠尔》。

1966 年：萨迦寺收藏的 200 多函贝叶经遭毁损，仅剩 20 多函。

1967 年：拉卜楞寺古籍损失 16.3 万多部，存 6.5 万余部，1.82

① 三反三算：即在寺庙反叛乱、反封建特权、反剥削制度和算政治迫害账、算等级压迫账、算经济剥削账。此为 1959 年平叛后在藏区寺院执行的政策之一。

万余种（复本书和《大藏经》除外），占原藏书总数的39.6%。[①]

1968年：西藏拆毁2000多座寺院，云南藏传佛教地区拆毁30多座寺院，青海藏区拆毁600多座寺院，甘肃藏区拆毁360多座寺院，四川藏区拆毁800多座寺院。烧毁藏文古籍无数。

1972年：在甘肃省武威县张义公社小西沟发现一批西夏文、汉文和藏文古籍。

1975年：敦煌研究院敦煌文献研究所和敦煌市博物馆联合整理敦煌市博物馆藏吐蕃时期藏文写经。

1975年：甘肃武威发生特大水灾，淹没武威市文物局收藏在文庙的藏文古籍，损坏较大。

1978年10月：西藏自治区藏医院搜集《四部医典》等20多函藏医学古籍。

1978年11月30日：青海省委宣传部召开大会为藏族民间史诗《格萨尔王传》平反，恢复名誉。

1979年：成立德格县文物管理所，开展对印经院古建筑、文物、古籍的管理、保护工作。

1979年：第十六世噶玛巴活佛主持复制了500套德格版《甘珠尔》和250套《丹珠尔》赠送给国内外寺庙、图书馆和学术机构。

1979年1月13日：中国人民银行西藏分行整理260多份藏文金融历史资料。

1979年2月9日：开放关闭十多年的塔尔寺藏经楼等部分殿宇。

1979年2月21日：开放西藏拉萨大昭寺、哲蚌寺和色拉寺。

1979年7月19日：开放西藏扎什伦布寺。

---

① 《甘青藏传佛教寺院》，蒲文成主编，青海人民出版社1990年版，522页。

1979 年 10 月 8 日：青海省塔尔寺展出建寺 400 多年来收藏的 350 多件珍贵文物和藏文古籍。

1978 年：《文物》第 12 期发表《河西吐蕃文书简述》一文，这是国内首次发表国人的敦煌藏文研究成果。

1979 年 5 月：经批准，德格印经院恢复中断 20 多年的印刷业务。

第二阶段　1980—1989 年藏文古籍的研究、整理、出版

一、1980—1989 年

这一时期，利用藏文古籍资料已无任何限制，故各方面的研究工作起步快、涉及面广。随着时间的推移各学科的研究不断深入，逐步向系统化、科学化发展。1981 年以来，先后成立中央民族学院藏学系、西南民族学院民族研究所、青海省社会科学院塔尔寺藏文历史文献研究所（后改为甘肃省藏学研究所）、西藏大学、中国藏学研究中心、中国藏学出版社、四川省藏学研究所、云南省社会科学院迪庆藏学研究所，西藏社会科学院也增加了研究所和建立藏文古籍出版社（筹），这些研究机构办有《西藏研究》（藏汉版）、《中国藏学》（藏汉版）、《西藏民族学院学报》、《安多研究》等专门研究藏学的学术杂志。北京民族出版社和甘肃、青海、四川民族出版社等出版机构整理出版了大量藏文古籍、学术著作，另外《中央民族学院学报》、《西南民族学院学报》、《西北民族学院学报》、《西部民族研究》、《青海民族学院学报》、《西藏大学学报》、《民族语文》、《民族文学研究》、《甘肃民族研究》等几十种学术刊物刊登了许多藏学论文。加入藏学研究领域的人员、机构还涉及中国社会科学院的民族研究

所、边疆史地中心、考古所、宗教所、历史所，中国人民大学清史所、西北大学西北史地研究所、四川大学西南考古研究中心、敦煌研究院等众多单位。

由于资料开放，学术研究自由，故藏文古籍的搜集、整理、研究和出版工作取得了较大成绩。

（一）藏文古籍研究

在藏文古籍研究领域，简单的介绍性文章逐渐减少，高水平的学术论文不断增多，并逐步向目录、出版、编目、校勘、印刷史等单一学科发展。这一时期研究藏文古籍的主要论文有：

（1）目录学方面具有代表性的有《藏文目录学》①、《管窥藏汉目录学的发展及东噶·洛桑赤列的目录学思想》、《整理利用藏文历史档案的管见》、《藏文书名刍议》、《藏文典籍的分布及其分编问题》等；

（2）古籍书目方面有《吐蕃时期的苯教及其典籍》②、《河西吐蕃卷式写经目录并后记》、《夏瓦崩巴等古塔目录整理》、《鱼通〈公嘛〉经文目录调查记实》、《拉卜楞寺藏书梗概》、《拉卜楞寺藏经楼所藏〈工艺学〉经籍概述》、《拉卜楞寺藏书现况》、《试论藏族文献之部分》等；

（3）古文献介绍方面有《藏文古代历史文献述略》、《略论藏族的史学和藏学史籍》、《河西吐蕃经卷目录跋》、《吐蕃文献叙录》、《西藏历史研究文献简述》、《关于新疆的藏文文献和文书》、《略论古代藏文史料》、《拉卜楞藏文档案史料概述》、《西藏史料题记》、《藏族史料题跋》等；

---

①《藏文目录学》，东噶·洛桑赤列著，1986年《章恰尔》（藏文版）第2、3期连载。《西藏研究》1987年第4期、1988年第2、3期连载陈庆英、敖红汉译文。《藏族印刷术》东噶·洛桑赤列著，载《章恰尔》（藏文版）1981年第1期。

②（日）光岛督著，钟美珠译。

（4）古籍印刷、出版等方面有《藏族印刷术》、《刻版技术推动了藏文的发展》、《古代西藏出版与印刷》、《略谈西藏古代印刷和印经院》、《关于藏文古籍的整理出版工作》、《藏文编译工作三十年》、《藏纸述略》、《藏族的长条书》、《藏文书为何大多是长条形的》、《藏文典籍中由汉文所译人名考释》、《关于整理〈格萨尔〉规范本之我见》、《藏文缩写字》、《常见古藏语中的标点符号》、《藏族的姓名和文房四宝》、《藏文文法与文房四宝》、《藏文文献及其保存、整理问题》、《格萨尔等藏文古籍整理之我见》、《翦议格萨尔的整理》、《一个格萨尔抄本世家——论布特尕祖孙三代的贡献》等。1984年、1989年出版了《德格印经院》（按传统藏文古籍目录编排方式编制的目录）、崔成仁钦的《丹珠尔目录》[①]、久迈旺布的《卓尼丹珠尔目录》、《藏文典籍目录：文集类子目》[②]、《大藏经甘珠尔总目录》[③]等。

（二）政治、法律、军事

对《吐蕃十善法》、《藏巴汗十六法典》等古籍的研究开始步入全面研究阶段。在吐蕃法律沿革、社会性质、法律效力、法律特点、军事制度等方面的研究取得较大成果，利用藏文法典的论文逐渐增多，同时整理出版了法律方面的藏文古籍，如：《西

① 此目录成书于18世纪，除分类目录外还叙述了佛教的诞生、各教派大师事迹、佛经基本内容和功德赞等内容。

② 这是中国民族图书馆馆藏古籍目录，收180余部文集，附作者简历。此书不仅提供了详细目录，还为藏文古籍的目录整理、编排、翻译等提供了宝贵经验。

③ 司徒·曲吉穹乃编，全书分五章：前三章，论述佛祖三讲佛法、佛经集结、佛法传入藏地和藏地弘法史等内容。第四章是《甘珠尔目录》，该目录分显宗和续部（密宗）二大类，显宗之下设三级类目，密宗之下设四级类目。大类设置与布顿分类法大体一致，部分小类的设置略有增加，可与《布顿佛教史》参照研读。由于此目录的类目设置合理，成为后人编纂、刻印《大藏经》必不可少的参考目录。第五章为编纂刻印《大藏经》之必要、功德、后记。

藏历代法规选编》[1]，此书收录吐蕃王朝至噶丹颇章时期的古代法规14部，其中有松赞干布时期、萨迦派时期、五世达赖时期的法规，以及第司·桑杰嘉措与锡金朗杰有关法规的问答，清代乾隆年间（1736—1795）有关西藏事宜的规定和一些寺庙的寺规等，具有很高的资料价值。

（三）历史

历史古籍、历史研究方面的主要成果：

（1）在西藏朗县、林芝、昌都等地发现吐蕃时期前后的碑刻、藏文木简、洞窟壁画、墓葬等，并发表多篇考古报告。这些碑刻、藏文木简、洞窟壁画成为研究吐蕃史的重要文字史料。

（2）与吐蕃史相关的古籍研究取得巨大成就，先后整理出版《敦煌本吐蕃历史文书》（藏汉对照）、《吐蕃金石录》（藏汉对照）、《敦煌吐蕃历史文书考释》、《巴协》等一批吐蕃藏文古籍。

（3）元明清时期的藏文古籍整理和研究得到迅速发展，先后出版《新红史》、《王统世系明鉴》、《贤者喜筵》、《红史》、《青史》、《安多政教史》、《塔尔寺志》、《朗氏家族史》等一大批藏文古籍，同时利用这些古籍资料的汉文论著则更多。根据藏文古籍汇编的图书有《西藏地方是中国不可分割的一部分》、《元以来西藏地方与中央政府关系档案史料汇编》等。

（4）宗教方面已步入教义、仪轨、密法、因明等深层次研究领域，还整理出版了《雅隆尊者教法史》、《觉囊派教法史》、《布顿佛教史》、《萨迦世系史》、《黄琉璃》、《郭札佛教史》等大批宗教古籍。东噶·洛桑赤列大师根据大量藏文古籍撰写了《论西藏的政教合一制度》一书，全面论述了西藏政教合一制度

---

① 该书编委会编。藏文版。西藏人民出版社1989年3月第1版，32开，406页。《雪域文库》之一。

的形成、发展，同时讲述了藏族的主要历史时期，并提供了大量珍贵史料。此外，还有《藏史明鉴》、《西藏割据史》、《西藏简明通史》、《藏族历史年鉴》等历史著作问世，而引用藏文古籍资料撰写的汉文论著则更多。

（四）经济

藏文古籍中几乎没有专门记载经济的古籍，只是在一些古籍中有一些与经济有关的记述。因此，在经济研究领域，主要的成果形式是利用古代史料撰写的论著。

（五）文学艺术

文学方面的古籍研究、整理和出版的成果较全面。一系列研究成果表明，藏族文学的系统化、学科化过程已基本完成。研究、整理、出版了《尸语故事》、《米拉日巴传》、《米拉日巴道歌》、《勋努达美》、《格萨尔王传》等数十部文学古籍，以及美术和音乐方面的《乐论》、《乐论注疏》、《佛说造像度量经》、《绘画度量经》等藏文古籍，并有《西藏艺术研究》杂志专门登载艺术类文章。

（六）语言文字

文法方面的研究成果，主要出版了《苯波文通二十七颂》、《扎德文法》、《三十颂与音势论》、《色都文法详解》、《文法释疑宝鉴》、《藏文文法汇编》等古籍；声明学方面的有《妙音志明注释·微智》、《声明八品及其注释》、《声明学论》、《妙音声明论》、《声明学论著注疏》、《央坚扎多》、《赞扎巴》、《丁香帐——藏文古今词语辨析》等古典名著，以及《声明要领二卷》、《藏梵对照词典》等明清时期古籍。

（七）科技

科技古籍分藏医、历法、手工艺、自然灾害等类：

（1）医学。藏医古籍的整理、研究进入全新阶段，先后研究、整理、出版《四部医典》、《月王药诊》、《帝玛·丹增彭措医著选集》、《甘露本草明镜》、《甘露要义秘密诀窍续》、《晶珠本草》、《兰琉璃》、《迷旁医著》、《四部医典注释》、《藏医尿诊脉诊注释》、《藏医临床杂记》、《药物配方精华》、《钦则医学选集》、《长寿珠缨·母子合璧》、《藏医药诊二元药诀》、《实践甘露滴》等数十部藏医古籍，有的多次再版。在药物炮制、诊疗等方面也有了新的突破。《四部医典》等经典藏医古籍被译为汉文出版。

（2）历法。在研究藏历古籍方面的重要成果是每年编辑出版的历书，以及整理出版的《布敦历算汇编》、《教历·明日》、《历算白莲口传心要》、《历算论典·圆月论》、《历算文殊喜悦供云》、《日光解释金质本》、《日光论》、《藏历运算大全》、《藏族五行根论》、《德格八邦天文星算》等藏历古籍。其中黄明信、陈久金翻译、整理的《藏历的原理与实践》一书，包括《时轮历精要》和《汉历心要》的藏文和汉译文、注释和演算、实例，以及用现代天文学方法对藏历的研究成果。该书是这一时期藏历的重要成果。

（3）手工艺。这方面的藏文古籍很少，研究也相对薄弱，目前整理出版的《藏族铁器工艺》一书，记录了藏族传统的金属加工、印染、制香、建筑、油漆、颜料、雕刻、泥塑、木器、石器等的制作、加工技术。1987年在四川德格县发现居·米旁著（1846—1914）《常用制艺宝箧》一书，此书成书于1896年。42叶（84页）。记录了造香、造墨、造纸、密写、涂漆、制印泥、金属处理、焊接、陶瓷、制革等80种工艺技术。1988年在西藏察雅县发现《灿烂光照下能满足一切欲望的各种制作技术工艺》一书，该书也是记载各种手工制造技术的古籍。

（4）自然灾害方面。搜集、整理出版了《西藏地震资料选编》、《雪灾篇》、《水灾篇》、《雹灾篇》、《虫灾篇》等关于自然灾害的藏文古籍资料。

二、藏文古籍工作会议、研讨会

这一时期，与藏文古籍工作有关的会议和研讨会逐渐增多。自1980年以来，西藏自治区人民政府召开各种会议，讨论搜集、保护、整理、出版、应用藏文古籍事宜，并先后成立《格萨尔王传》抢救小组、藏医学、藏文古籍出版社（筹）、研究所、藏语系、藏语文工作指导委员会、藏文古籍工作领导小组和藏文古籍丛书编辑委员会等各种机构，以及创办藏汉文版的《西藏研究》、《西藏文艺》等刊物，颁发《关于批转西藏自治区社会科学院〈关于整理出版藏文古籍实施方案的报告〉的通知》、《西藏自治区学习、使用和发展藏语文的若干规定》等政府文件，极大地促进了藏文古籍的搜集、整理和研究工作。西藏自治区人民政府还专门召开会议研究决定成立西藏自治区档案馆，并接受了驻藏人民解放军军事管理委员会接管原西藏地方政府的文件、文物、档案和古籍等264箱（包），约计150多万件。青海、四川、甘肃和云南也召开了与藏文古籍相关的会议，研讨搜集、保护、整理和研究藏文古籍工作，并把搜集、保护、整理古籍的工作具体落实到各研究机构、图书馆和文化单位。

1981年8月17日在西宁召开“西藏、四川、云南、甘肃、青海、新疆六省（区）首次藏族文学创作座谈会”，讨论搜集整理《格萨尔王传》、藏文民间文学古籍的工作。

1982年10月19日在拉萨召开“五省、区藏文出版工作协作会议”，确定藏文图书出版应以通俗读物为主的方针。

1984年8月，中国社会科学院民族文学研究所和西藏社会科学院（筹备）在拉萨召开“五个藏区、内蒙古、新疆七省区《格萨尔王传》民间艺人演唱会”，并讨论搜集、整理和出版手抄本、刻本《格萨尔王传》的工作。

1985年9月，甘孜州召开四川省藏区第二次藏文教学工作会议，会议主题为“落实编写出版中小学藏语文教材和培养、培训藏文教师工作，贯彻党和国家的民族语文政策，加强民族语文法制建设，搞好民族语文的规范化、标准化和信息处理，促进民族语文的翻译、出版、教育、广播、影视、古籍整理事业，推进民族语文的学术研究、协作交流和人才培养，鼓励各民族互相学习语言文字。”

1986年8月1—8日，西藏社会科学院在拉萨召开“藏学讨论会”，来自北京和五省区的藏学工作者数十人参加会议，研讨历史、经济、政治、文化和藏文古籍整理等内容。此次会议对搜集、保护、整理、研究藏文古籍提出了许多建设性意见。

1987年，甘孜州人民政府召开会议决定成立德格藏医药研究所，组织藏医专家整理和研究藏医古籍。

1988年甘孜州文化局召开会议决定甘孜州编译局和德格印经院文管所联合整理、翻译印《德格印经院藏文古籍目录》。

1988年8月，西藏社会科学院西藏藏文古籍出版社筹建工作组召开会议研讨藏区古籍工作事宜，会议决定发起召开“五省区藏文古籍工作协作会议”，以促进、协调、搜集、整理、出版和研究藏文古籍工作。此事得到青海、四川、甘肃和云南省的响应，并定于是年9月召开首次会议。

1988年9月6—15日，第一次五省区藏文古籍协作会议在西藏拉萨召开，会议名称为“西藏等五省、区藏文古籍工作协作会议”。① 这次会议在藏文古籍工作中具有里程碑式的意义，通过

---

① 五省区藏文古籍协作会议，即西藏、青海、四川、甘肃和云南五省。此后，会议名称基本称为“五省区藏文古籍工作协作会议”，有时也简称为“五省区藏文古籍协作会议”。

这次会议，五省区内从事藏文古籍抢救、搜集、整理、出版、研究的部门和人员之间有了广泛、深入的交流和探讨，避免了选题重复的现象。会议决定将不定期召开“五省区藏文古籍工作协作会议”，同时一致通过把“五省区藏文古籍协作”领导小组办公室设在西藏社会科学院，以协调五省区藏文古籍的抢救、搜集、整理、出版工作。此次会议在藏文古籍的搜集、保护、整理、研究和出版事业方面具有深远影响。

三、古籍机构、古籍专家

（一）出版、收藏和研究机构

这一时期增加了西藏自治区藏文古籍工作领导小组、西藏藏文古籍丛书编辑委员会、西藏大学藏医学院成立和德格藏医药研究所等古籍机构，藏文古籍的出版和收藏数量均有大幅度增涨。还新增教育、研究机构5个：

（1）西藏民族艺术研究所。1983年筹建时称“西藏自治区文化局艺术研究室”。1985年10月更名为西藏民族艺术研究所。该所在藏戏、寺院傩舞、民间艺术等方面的研究，取得了可喜成果，整理四部传统藏戏剧本、出版《中国民族民间器乐曲集成·西藏卷》、《中国民族民间歌曲集成·西藏卷》等著作。

（2）甘肃省藏学研究所。1984年成立时称“甘肃省拉卜楞寺藏书研究所”，以研究藏文古籍为主，后来研究内容扩大至安多藏区的藏传佛教历史状况、藏传佛教对藏族社会发展和意识形态产生的影响、政教合一制度对藏族社会历史变迁的作用、安多藏区重大历史事件、古代藏族社会的部落制及其农牧业生产经营和法律法规、寺院教育、民俗文化、文学艺术、藏医藏药等领域。整理出版多部藏文古籍。

（3）西藏大学。1985年7月成立。在《格萨尔王传》研究方面成绩突出，整理出版《天岭占卜九藏》、《英雄降生史》、《征服北方魔王》、《门岭大战》、《松巴犏牛宗》、《霍尔齐巴山羊宗》、《索岭之战》、《汉岭传奇》、《霸嘎拉神奇王》等二十部，搜集抄本四十多部。

（4）中国藏学研究中心。1986年5月20日成立。先后出版各类学术著作30多部，整理出版藏文古籍100多部，其中，《甘珠尔》和《丹珠尔》的对勘工作乃是旷世之举，为世人所瞩目。

（5）中国藏语系高级佛学院。在第十世班禅额尔德尼·确吉坚赞大师和中国佛教协会赵朴初会长倡导下于1987年9月1日成立，是藏传佛教实行现代教育管理模式的最高学府。目前，该院发掘、整理、研究和出版的藏文古籍有：《藏文文选》①、《雪域百科荟萃》② 丛书、《章嘉·若必多杰文集》等。学院所设课程包括《入菩萨行注疏》、《现观庄严论疏》、《兰色手册》、《止观修持》、《喻法轮·聚宝》、《宗教仪轨》、《显密传承》，以及《藏蒙佛教史》和宁玛、噶举、萨迦、格鲁等教派的古籍。

（二）古籍专家

这一时期各出版机构和研究所招聘了一大批有藏文功底的老学者，进行研究、整理和出版藏文古籍工作。同时，还有一批寺院学者以个人名义整理、出版了部分教义教规和高僧文集方面的古籍。因此，整理、研究、出版藏文古籍的专家队伍日渐壮大。如：西藏的诺昌吾坚、恰白·次旦平措、洛桑、格桑益西、巴桑次仁、乌金群培等；四川的钦饶威色、土登尼玛仁波切、更登

---

① 这套教材共25册，377万余字。分文学类、佛学义理类、教派源流类、寺庙管理类、佛教史略类、修诵仪轨类等内容。其中，部分图书多次再版，成为国内外佛学古籍再版率之首。

② 丛书内容包括佛学显密教义、仪轨等根本经典，已出版《慈氏五论》、《大乘修心讲义智者慧饰》、《莲花生大师本生传》和格鲁、宁玛、萨迦、噶举、觉囊等教派的《念诵集》等十余部。

等；北京的土登彭措、周华等，此外青海甘肃等地也有许多古籍整理专家。

四、古籍活动

此阶段最突出的古籍整理项目是被列入全国哲学社会科学“七·五”规划（1986—1990）的“搜集、对勘、出版《中华大藏经·藏文甘珠尔、丹珠尔》”项目，此项目后又被列为“九·五”出版计划。1986 年 6 月成立中国藏学研究中心，于是年该中心向中央呈报《关于整理出版〈中华大藏经〉（藏文部分）的报告》，获国家批准。1987 年 5 月在成都成立大藏经对勘局，聘请著名学者土登尼玛活佛、布楚活佛等二十多位学者指导工作，展开搜集版本、整理、对勘、编辑、出版工作。首先筹借对勘版本，作为对勘的参校本。其次，确定编辑原则和体例，制订《大藏经对刊细则》。再次，制作模拟本。制成后又分别去甘肃、西藏、四川和北京征求有关专家学者和高僧大德的意见，然后再修改。最后，开发藏文字体。在反复试用铅字排版而不能取得预期效果后，与有关部门合作研制微机藏文软件。经过多年努力，共搜集十几种《甘珠尔》版本和 4 种《丹珠尔》版本。因历史上《丹珠尔》只有 4 种版本，故决定先对勘、出版《丹珠尔》。《藏文大藏经》虽在历史上曾数次校勘、抄录和刊刻，但由于藏区交通不便，各地编辑水平、刊刻技术、资金短缺、教派差异，以及传抄本反复传抄等原因，各种版本或多或少都有错字、漏字、衍文，甚至章节编排、收录种数、章节顺序和函数各不相同，加上战乱和保管不善，出现严重缺损，影响了《藏文大藏经》的完整性和权威性。《藏文大藏经》汇集了众多佛教典籍，也保存了大量藏族文化典籍。现存《藏文大藏经》共收典籍 4570 余种，比汉文《大藏经》多三分之一以上，其中印度学者、大师著作的译本，比汉文多一倍多，而这些佛教典籍在印度反而很少保存下来。《藏文大藏经》形成期晚于汉文《大藏经》，但所辑录的典籍种类繁多，自成体系，独具特色。国内外学术界一致公认，它是一部具有百科全书性质的藏文古籍，已成为佛学和藏学研究最重要的资料之一，也是中华民族文化宝库乃至世界文化宝库的宝贵财富。因此，对现存各种刻本进行全面系统的对勘校订是一项保护藏文古籍、发扬中华优秀文化的重大举措。

此外，1982年四川省民委组织民族研究所等单位在甘孜州搜集藏文古籍12657多包（其中手抄本671包）、唐卡2100多幅、铜佛像680尊，以及其它文物。并整理和复制一批珍贵古籍。1987年，按第十世班禅额尔德尼的指示，北京中国民族图书馆将镶有象牙雕刻紫檀木夹板泥金写本《丹珠尔》送回拉萨哲蚌寺①。

五、重大发现

此阶段在四川省新龙县雄龙西乡瓦秋寺发现一套苯教《甘珠尔》手抄本。1986年在文物普查统计时，该寺僧人拥杰（gyung rgyal）、西绕旺丹（shes rab dbang ldan）和贡桑多杰（Kun bzang

① 这套《丹珠尔》是清乾隆年间颇罗鼐·索朗多杰执掌西藏政务时主持缮写的珍本，蓝本为琼结王宫（青瓦达孜宫殿）藏《丹珠尔》抄写。这部泥金写本《丹珠尔》包括夏鲁寺、乃宁寺、白居寺、达垅寺、热振寺、止贡寺、岗布寺等处之诸多要典，去重补缺，增补前所未收之显密教典、五明论著等多种。全书内容丰富，搜罗甚广，辑成225函。包括经律的阐明和注疏、密教仪轨和五明杂著等，分四大类，即：赞颂类、咒释类、经释类和目录类。于1960年从拉萨运至北京民族文化宫图书馆，1987年归还西藏。该馆存《丹珠尔》缩微胶片和光盘，并于1988年5月与天津古籍出版社合作影印出版，全书100册，16开。

rdo rje）等将“文化大革命”时期埋藏的这套珍贵抄本献给国家。此时，恰逢第十世班禅大师视察甘孜州，他责令有关部门必须作为国宝加以保护和尽快出版。这是唯一幸存的一套苯教《大藏经》，距今有140多年的历史。全书分4大类68部，187函，84834叶，600余万字。内容包括苯教教义、仪轨、显密法要、历史、地理、天文、数学、医学、制作工艺等，是具有百科性质的大型丛书。1987年在四川德格县发现居·米旁著（1846—1914）《常用制艺宝箧》一书，1988年在西藏察雅县发现蒂莫瓦著《灿烂光照下能满足一切欲望的各种制作技术工艺》一书。二书介绍了各种藏族传统手工制作技术。与此同时，在青海省囊谦县发现一套约为吐蕃后期缮写的藏文《大藏经》，但没有引起有关部门的高度重视。

六、大事记

1980年：出版《藏文古词浅释》一书，该书根据《藏族新旧词汇辨析》、《正字学》等古籍编纂而成，收词语3千余条，是阅读和研究藏文古籍的工具书。

1980年：成立西藏自治区《格萨尔王传》抢救小组，启动搜集、整理、出版《格萨尔王传》工作。

1980年4月9日：编纂完成藏文版《藏医医学词典》，该书是一部阅读和研究藏族古医书的工具书。

1980年5月18日，西藏自治区党委发出通知：要求在西藏工作的汉族干部、职工学习藏语、藏文，并把藏语文学习列为考核、晋级、提升的项目。

1980年7月8日：云南省德钦县和西藏芒康县交界处发现《格萨尔王传·汉岭传奇》抄本。

1980年10月：出版藏汉对照本《敦煌吐蕃历史文书》。该书除依据巴考注释本外，诸多古藏文字句、吐蕃历史等方面的疑难问题均得到东噶·洛桑赤列教授指导，故在许多方面超过了巴考本，在国内外影响颇深。

1980年10月8日：塔尔寺印经院重新印制佛教文献和古藏语文、藏医学书籍。

1980年10月22日：成立西藏自治区档案馆。

1980年11月27日：国家民委和国家出版局在京召开全国少数民族文字图书出版工作座谈会，决定在内蒙古、新疆和西藏建立专门的蒙古文、维吾尔文和藏古文出版社。

1981年：果洛达塘寺根噶活佛主持在美国加勒佛尼亚州将德格版《甘、丹珠尔》合编为120册，印制100份后发行流通。

1981年9月：西藏社会科学院（筹备）启动在西藏全区境内搜集藏文古籍工作。

1981年8月17日，西藏、四川、云南、甘肃、青海、新疆六省（区）首次藏族文学创作座谈会在西宁举行。

1981年8月：西藏社会科学院（筹备）创办藏汉文版的《西藏研究》，开始对藏族历史、文学、宗教、艺术、古籍进行大规模研究。

1981年10月21日：在西藏桑嘎古都寺发现大量吐蕃时期的古藏文手抄本。

1982年：青海省医学科学研究所据藏医古籍整理、翻译出版《藏医药选编》[①]。

1982年：国家民委翻译局从德格印经院购买1000多函藏文古籍。

1982年：西藏人民出版社根据30多万件历史档案和藏文古

① 桑罗却佩著，李多美译，青海人民出版社出版，1985年再版。

籍，整理出版《西藏地震史料汇编》[1]、《雪灾篇》、《水灾篇》等。

1982年：出版安世兴著《评介古藏文词书〈丁香账〉》，该书简介了《丁香帐》[2] 的分类、古今词汇异同、错误语词、存在问题，以及翻译、整理情况。

1982年1月1日：出版《西藏研究》（汉、藏文版）创刊号。

1982年3月5日：四川省民委古籍办在甘孜州德格、白玉、新龙、甘孜四县征集到藏文典籍12600多包、唐卡2100多幅、铜塑韶金佛像680尊，以及其它文物。

1982年3月25日：西藏自治区墨竹工卡县民间藏医昂贡献出900年前的珍贵写本《秘传经典》、《祖传教诫金鬘格言》和《直贡医学全集》三部名著。

1982年9月：西藏社会科学院（筹备）招收30名藏文中学毕业生送中央民族学院学习，培养古藏文研究、古籍整理等方面的专门人才。

1983年1月19日：成立青海省社会科学院塔尔寺藏族文献研究所。

1983年4月：著名藏医强巴赤列应邀参加在意大利举行的国际藏医学术讨论会，会上发表了有关藏医理论、实践、藏医古籍整理出版等方面的论文。这是西藏首次派专家参加国际性藏医学术讨论会。

1983年4月1日：西藏色拉寺喇嘛阿旺列西把珍藏多年的

---

① 选自公元642年至1955年期间西藏地震史料，填补了国家缺少西藏地震史料的空白，1983年获国家科技奖。

② 《丁香帐》：藏文古籍。

49部经书[①]和8幅唐卡、三尊镀金铜佛像捐献给国家。

1983年5月27日：西藏自治区招生工作会议决定"从1983年起西藏高考除汉语文科外，其他各科均可用藏文答卷；考生年龄可适当放宽；少数民族考生的路费由国家补贴。"

1983年7月：在阿坝州召开了四川省藏族地区第一次藏语文教学工作会议。

1983年11月3日：成立德格藏文学校，此为四川省第一所藏文中等专业学校。首届80名藏族新生全部免费入学，所设课程大多涉及文法、天文、诗学、宗教、历史方面的古籍。

1984年：北京图书馆购买塔尔寺印经院所藏印版的全部藏文古籍。

1984年：成立四川省民族事务委员会古籍办公室，负责藏文等民族文字古籍的搜集整理工作。

1984年：西藏自治区政府将藏文大藏经《甘珠尔》拉萨版赠送给中国佛教协会西藏分会，并资助拉萨印经院印刷出版。

1984年：成立四川省阿坝州古籍研究室，隶属阿坝州编译局。

1984年2月17日：西藏自治区党委、人民政府发出《关于认真学习和使用藏语文的指示》。

1984年4月19日，国务院批准国家民委关于抢救整理少数民族古籍的请示。

1984年5月31日：颁布《中华人民共和国民族区域自治法》，明确指出"要十分重视少数民族语言文字的学习和使用"。

1984年8月12—30日：中国社会科学院民族文学研究所和西藏社会科学院（筹备）在拉萨召开五个藏区、内蒙古、新疆

① 其中包括14、15世纪的《三师徒文集》抄本。

七省区《格萨尔王传》民间艺人演唱会，会上讨论了搜集、整理和出版手抄本、刻本《格萨尔王传》的工作。

1984年10月29日：全国少数民族文物工作会议在京召开。

1984年11月：西藏藏医院根据藏医古籍，编纂《医学百科全书·藏医卷》。

1984年12月：西藏藏医院根据藏医古籍，编纂藏医《生理学》、《病理学》、《药理学》、《饮食学》、《新编藏医学》等。

1985年："德格县文物管理所"更名为"德格印经院文物管理所"，严格执行《中华人民共和国文物保护法》和《四川省文物保护管理办法》制定了各项制度，完善各项管理措施，加强了对印经院古籍、建筑、文物的保护。

1985年：出版《藏汉大词典》，该书是在扎西泽仁主持下由五省藏区和北京专家齐心协力经过5年时间完成的，是一部整理、研究藏文古籍不可缺少的工具书。

1985年：西藏自治区人民政府下达《关于批转自治区社会科学院〈关于整理出版藏文古籍实施方案的报告〉的通知》，要求西藏自治区社会科学院组织人员筹建藏文古籍出版社和成立由东噶·洛桑赤列、恰白·次旦平措、霍康·索朗边巴、波米·强巴洛珠、绰如·次朗、钦绕威色等著名藏学专家组成的藏文古籍丛书编辑委员会，希望经过十几年的努力，完成藏文古籍大型丛书《雪域文库》的编辑出版工作。

1985年7月26日：西藏社会科学院向国家出版局呈报《请求成立西藏藏文古籍出版社并授予社号的报告》。

1985年8月4日：拉萨罗布林卡的达赖喇嘛书库向游人开放，书库内藏历世达赖收集的有关宗教、历史、天文、医学等方面书古籍6千多函。

1985年9月：在甘孜州召开四川省藏区第二次藏文教学工作会议，会议主题为"落实编写出版中小学藏语文教材和培养、培训藏文教师工作，贯彻党和国家的民族语文政策，加强民族语文法制建设，搞好民族语文的规范化、标准化和信息处理，促进民族语文的翻译、出版、教育、广播、影视、古籍整理事业，推进民族语文的学术研究、协作交流和人才培养，鼓励各民族互相学习语言文字。”

1985年12月4日：国家民委召开少数民族古籍整理工作会议。

1986年：成立甘孜州古籍科。

1986年：成立西南民族学院民族语言文学研究所民族古籍文献研究室。

1986年3月12日：中共中央办公厅、国务院办公厅发出关于成立中国藏学研究中心的通知。

1986年5月20日：中国藏学研究中心在北京正式成立。多杰才旦任总干事长。

1986年5月15日：西藏自治区唐卡展览在北京民族文化宫开幕。

1986年6月：中国藏学研究中心向中央呈送《关于整理出版〈中华大藏经〉（藏文部分）的报告》，报告中说：“整理出版藏文《大藏经》，使之与正在分期出版的汉文《中华大藏经》珠联璧合，构成世界上独一无二的最完备的《中华大藏经》，无论在宗教上还是在文化上都具有深远的意义。”

1986年7月19日：西藏自治区人民政府颁布《西藏自治区学习、使用和发展藏语文的若干规定（试行）》。

1986年8月1日至8日：西藏社会科学院在拉萨召开“藏学讨论会”。

1986年8月8日：西藏社会科学院成立西藏藏学学会。

1986年9月：第十世班禅额尔德尼·确吉坚赞大师视察德格印经院，确定维修德格印经院方案，并成立德格印经院维修领导小组。

1986 年 9 月 9 日：国家出版局下发“同意进行藏文古籍出版社的筹建工作”（[86] 出综字第 771 号）的文件。

1987 年：西藏自治区颁布《西藏自治区学习、使用和发展藏语文的若干规定（试行）》。

1987 年：甘肃省有关部门对凉州藏文典籍进行初步清理，共整理古籍 156 包。由于收藏单位缺藏文专业人员，未进行系统整理。

1987 年：开始执行《西藏自治区学习、使用和发展藏语文的若干规定（试行）》。西藏自治区七届人大五次会议审议通过的《西藏自治区学习、使用和发展藏语文的若干规定》是第一部藏语文学习、使用和发展的正式法规，也是中国第一部为发展和保护一个少数民族语言而制定的专门性法规。此法规共 19 条，其中规定在义务教育阶段，以藏语文和国家通用语言文字作为基本的教育教学用字，开设藏语文课程、国家通用语言文字课程，同时可以开设外语课程。法规规定，西藏自治区采取措施培养藏文教师、编辑、作家以及研究藏语文的专门人才。同时法规还明确要求，西藏城市公共场所设施、广告、招牌、区内生产、在区内销售的产品，同时使用藏文和国家通用文字，并应书写规范、工整，译文准确。

1987 年：四川省凉山州成立古籍研究科，负责搜集州内彝文和藏文古籍。

1987 年：四川省德格县成立德格藏医药研究所，组织藏医整理和研究藏医古籍。

1987 年：民族文化宫图书馆归还哲蚌寺泥金写本《丹珠尔》。

1988 年 2 月 9 日：西藏自治区决定成立藏语文工作指导委员会。并于是年正式成立西藏自治区藏语文工作指导委员会。各地市州均成立藏语文工作指导委员会。

1988年4月19日：王工在西藏察雅县发现藏族工艺百科全书《灿烂光照下能满足一切欲望的各种制作技术工艺》一书。

1988年8月：西藏藏文古籍出版社筹建工作组倡议召开“五省区藏文古籍工作协作会议”。

1988年9月6日至15日：在拉萨召开“西藏等五省、区藏文古籍工作协作会议”。

1988年10月29日：西藏自治区人民政府颁布《〈西藏自治区学习、使用和发展藏语文的若干规定（试行）〉的实施细则》。

1989年3月：国家新闻出版署下发（89）新出图字第146号文件，“同意正式建立藏文古籍出版社”，隶属于西藏社会科学院。同时提出“该社主要工作范围为整理出版西藏和平解放前的藏文书籍、古代木简及金石文字”。西藏和平解放近30多年来，对藏文古籍尚未进行过全面的、系统的、科学的整理，加之“十年浩劫”，藏文古籍损失惨重，抢救、保护、整理迫在眉睫。为此西藏自治区于1989年成立西藏藏文古籍出版社筹备组，并从拉萨、日喀则、那曲、仁布等地区搜集300余部藏文古籍，为藏文古籍工作打下了坚实基础。

1989年9月3日：成立西藏大学藏医学院，进行藏医教学、藏医古籍研究、整理工作。

第三阶段 1990—1999年藏文古籍的研究、整理、出版

一、1990—1999年

这一时期，对藏文古籍的研究、整理、出版和保护等方面的工作进展较快，出现了一批从事研究藏文古籍编目、分类、保

护、整理、研究和出版的专家、学者，并有重要成果问世。

（一）古文献学概述

1992年出版的《藏文古籍文献概论》一书①是继《藏文目录学》之后的新作。该书根据《藏文目录学》和相关资料，论述了藏文发展简况、藏文古籍文献的分类编目历史，以及出版、版本、校订等内容。此外，还有《藏文古籍的新生》、《试谈藏文文献的特点》、《藏文佛典概观》、《蒙古族藏文文献概述》、《吐蕃时期藏文文献浅议》、《略论敦煌西藏古书》、《藏族古代佛教典籍概述》、《藏文文献概述》、《吐蕃时期的苯教及其典籍》、《藏学文献史述略》、《藏文书籍溯源》等大量论文也对藏文古籍的形成、发展、类型等进行了全面论述。至此，基本完成了对藏文古籍发展史、文献种类、重大事件、主要古籍介绍等方面的研究工作。

（二）古籍分类编目

古籍分类编目史、古文献介绍、收藏、现代古籍分类、古籍著录（书名、作者、年代、页码、著录方法）等方面的研究取得了比较突出的成果，先后发表了一批重要论文，如：《浅谈藏文古籍的分类》、《试谈藏文典籍命名的色彩及修饰》、《藏文目录学及分类研究》、《藏文文献分类大观》、《藏文典籍目录学的源流与分类研究》、《浅谈藏文古籍》、《布敦·仁钦珠在藏文佛典目录和分类上的贡献》、《藏学文献的目录建设与开发利用》、《北京图书馆藏文古旧图书目录组织情况简介》等，这些论文依据《藏文目录学》和分类编目实践，探讨了“东噶法”、“拉卜楞寺法”、“四部法”等藏文古籍分类法，同时对具体的编目方法也进行了论述。在此要特别指出的是《藏

① 鲁仓·道尔杰仁青著，藏文版。民族出版社1992年8月出版，32开，206页。

文图书分类法》[①] 一书，该书在《中国图书馆分类法》基础上融合藏族十明学科内容编著而成的，补充了苯教、藏传佛教、英雄史诗等方面的类目，弥补了《中国图书馆分类法》之不足，具有重大的学术价值和实用价值。

（三）古籍开发利用

近年来在整理、出版、借阅、复印、扫描、网上传送等古籍利用方面的论述有所增长，如：《藏文文献及其开发利用》、《汉藏文献学相互为用一例》、《藏文文献的历史性发展及其启示》、《藏文文献对理解印度文化的重要性》、《试论藏文文献在藏学研究中的地位和作用》等，详细论述了古籍的价值、开发利用的手段等。

（四）编制古籍目录

编制古籍目录是整理古籍工作中最基础、最重要的工作。这一时期先后出版的古籍目录有：

《布达拉宫典籍目录》[②] 第1集，该书是布达拉宫藏格鲁派高僧201人的文集子目，共700余函，约12000余种。该书特点：（1）作者目录之下系子目（子目为简略书名），作者姓名采用惯称。（2）全书按作者（除达赖喇嘛、班禅世系外）年代先后编排。（3）附作者简介。本书首次公布布达拉宫藏书目录，为研究古籍提供了十分宝贵的资料。

---

① 《藏文图书分类法》，西藏大学图书馆桑旦、达琼、央宗编著，民族出版社1995年出版，32开，28页。此书所补充的藏族文化方面的类目是具有重大学术意义的，但是，该书并非仅仅是补充《中图法》之不足，而是通过颠倒《中图法》类目顺序、增减部分类目编著而成。这种颠倒、删减的做法虽然有其特点，但不利于统一编目、文献交流。

② 西藏自治区文管会布达拉宫文保所编，藏文版，西藏人民出版社1990年4月出版，16开，968页。

《康定民族师专图书馆民族文献目录》①，该书收入该馆 1986 年 9 月—1990 年入藏的中国少数民族社会、历史、政治、经济、文化、艺术、宗教、风俗等方面的书目。其中部分书目为藏文古籍目录（以汉译文著录）。本书按“中图法”分类，按《普通图书著录规则》著录。

《苯教大藏经目录》②，该书为国内正式出版的第一部苯教大藏经目录，收录苯教教法、仪轨、传承、祈祷文、常诵经文、历史、历法、艺术等方面的典籍，并记述了苯教的起源、兴衰及其教义等方面的情况。此外，还有《雍仲苯教甘珠尔大藏经目录》③。

《藏汉对照西藏大藏经总目录》④，该书取材于日本出版的《西藏大藏经总目录》，在其基础上作了部分拾遗补阙工作。收录 3722 部经典书名及其相关资料。长期以来，藏汉大藏经在国内外闻名遐迩，是祖国灿烂的文化遗产之一，但没有一部完整的藏汉对照大藏经目录，该书弥补了这一缺憾。是研究《大藏经》的重要工具书之一。

《藏文论文目录索引》⑤，该书收录了 1979—1989 年全国各种藏文期刊刊载的藏学论文 840 余篇，内容涉及藏学各个领域，按学科分类编排。每篇论文列出其篇名、作者、期刊名称、出版日期和内容提要。其中有大量涉及古籍历史、翻译、整理、介绍等方面的论文。

---

① 康定民族师专图书馆编，1991 年 10 月内部油印本，16 开，25 页。

② 仁增更珠扎巴编，藏文，中国藏学出版社 1993 年 12 月出版，32 开，370 页。

③ 阿雍 · 泽志致明、桑吉编，刘立千译，《西藏研究》1993 年。此汉译目录据 1990 年《苯教大藏经》胶印本所附《苯波大藏经目录》翻译。

④ 黄显铭编译，藏汉文对照本，青海民族出版社 1993 年 12 月出版，32 开，297 页。

⑤ 赤 · 山夫旦编，藏文，中国藏学出版社 1993 年 12 月出版，32 开，715 页。

《德格印经院目录大全——文集类细目》第1册[1]，该集为《嘛呢全集》、《隆钦饶绛巴全集》和《吉迈林巴全集》的子目目录。

《藏文典籍目录：文集类子目》第3册[2]，该书收录180余部文集的目录，附文集作者小传。

《甘肃省所存西藏和藏事档案史料目录》（1412—1949）[3]，本书收录甘肃省档案馆收藏的有关藏族历史的各类档案资料的目录。

《雪域名著名词精典注释》[4]，该书介绍了藏区历代名人及其优秀作品，并且对作品中的典故作了详细的注释。本书为了解古代藏族名人、古籍的工具书之一。

《清代边疆满文档案目录》[5]，该书收录12万余条目，共计900万字。全书12册，其中第12册为沿海各省及西藏卷。

《中国藏学研究论文资料索引》（1872—1995）[6]，该书收录1872—1995年国内各种报刊志上刊载的藏学论文和资料目录26000余条，涉及报刊500余种，其中包括藏文刊物10余种，同时还收录有45种100余册藏学论文集论文目录和香港地区和台湾地区藏学论文目录1000余条。书中的敦煌藏文文书研究、书评史料、目录等类中有大量涉及古籍的论文。

---

① 德格印经院、甘孜州编译局编，藏文，中国藏学出版社1994年10月出版，16开，679页。

② 民族文化宫图书馆编（木雅贡布主编），藏汉文对照本，1997年民族出版社出版，16开，604页。

③ 甘肃省档案馆和中国藏学研究中心合编，中国藏学出版社1997年出版，16开，541页。

④ 拉卜楞卓玛加著，藏文，西藏人民出版社1997年1月出版，32开，519页。

⑤ 中国第一历史档案馆、中国人民大学清史研究所、中国社会科学院中国边疆史地研究中心编，广西师范大学出版社1999年出版，16开，12册。

⑥ 刘洪记、孙雨志编，中国藏学出版社1999年12月出版，16开，783页。

《中国第一历史档案馆所存西藏和藏事档案目录》（满、藏文部分）[①]，该书系中国藏学出版社推出的《全国藏学档案史料目录丛书（1949年以前部分）》之一。辑录中国第一历史档案馆所存西藏和藏事档案目录（汉文部分）294条，涉及西藏和藏区发生的重大事件、政教官员任免调补、奖惩抚恤、宗教事务和礼仪活动、西藏地方军政事务等方面的档案。

《旁塘目录、声明要领二卷》[②]，该书成书于吐蕃赤德松赞时期（公元9世纪），为《旁塘目录》和《声明要领二卷》[③]二书合订本，前者为西藏第一部藏译佛经目录，后者为同时期修订的藏译佛教名词术语的规范词典。

《金汁写本〈丹珠尔〉目录》[④]，此为清代颇罗鼐·索朗多杰主持缮写的泥金写本《丹珠尔》的目录。

《汉藏大藏经目录异同研究：〈至元法宝勘同总录〉及其藏译本笺证》[⑤]，该书通过对《至元法宝勘同总录》[⑥]、日本《藏文大藏经目录》（藏汉文对照本）和其他藏文《大藏经》目录的对比研究，理清了藏汉文《大藏经目录》的多与少、异与同的情况，具有极高学术价值。

---

① 李鹏年、吴元丰编，中国藏学出版社1999年12月出版，16开，773页。

② 西藏博物馆编，民族出版社2003年12月出版，32开，210页。

③《声明要领二卷》：亦译《翻译名义中集》、《语合》或《语合二集》。此书序言实为翻译原则，正文为梵藏词汇对照。由于统一术语，提高了译文质量。吐蕃时所译佛经，其内容、术语、词汇、译法、格式等均严格照此书执行，故藏文古籍中的佛学等词义自古至今毫无歧义。

④ 昂翁洛布编，民族出版社2004年12月出版。

⑤ 黄明信著，中国藏学出版社2003年8月出版，32开，400页。

⑥《至元法宝勘同总录》：十卷，（元）释庆吉祥等编，有浙江嘉兴愣严寺清顺治十八年（1661）刻本等多种版本。本书是藏汉文《大藏经》目录之对勘本，并注明藏汉佛经中的存、无、一同等内容。此书是在元朝主持下集合许多藏汉专家经过三年时间完成的。

《中国藏学书目》[①] 和《中国藏学书目续编》[②]，该书介绍了1949—1995年中国近200家出版社（不含台、港、澳地区的出版物）出版的2000多种涉及藏族哲学、宗教、政治、经济、古籍等方面的图书。

《宁玛续部目录明镜》[③]，该书分6章，第3、第4章为目录，其余4章叙述了《宁玛续部》[④] 的历史、特点、历代学者对该书的看法等内容。此书既是一部目录又是一部关于《宁玛续部》编辑、版本、历史诸方面的学术著作。

（五）印经院、印刷技术

发表和出版了德格印经院、拉萨雪印经院等印刷机构的历史沿革、印刷术（包括选材、沤板、熏板、制版、雕版、印刷、印版保存）、造纸（选材、捣浆、抄纸）、印版目录、历史贡献、艺术特色等方面的大量论著，结束了藏区印经院无详细资料的历史。

（六）古籍出版

先后整理出版《藏传佛教常识仪轨汇编》、《觉囊祖师本生传》、《入菩萨行广注》、《藏药晶镜本草》、《四部医典释续部注疏除暗明灯》、《赛马称王》、《英雄诞生》、《姜国王子》、《阿达拉姆》、《天岭九藏》、《兄弟教诲录》、《慈氏五论》、《经庄严论本注》、《觉囊山居派、了义海》、《藏族工艺典籍选编》、《西藏古典音乐》等百余种古籍。此外，还出版了《藏医药经典文献

① 《中国藏学书目》编委会编，外文出版社1994年3月出版，16开，428页。汉、藏、英三种文字合排。

② 《中国藏学书目续编》编辑委员会编，外文出版社1997年3月出版，16开，277页。汉、藏、英三种文字合排。

③ 图等曲达编，民族出版社2000年出版，32开，305页。

④ 《宁玛续部》，仁增吉美林巴（班玛千则维色1729～1798）编，成书于1771年。大型丛书，共50函。

集成》等大型古籍丛书。

（六）其他

这一阶段出版的《藏族工艺典籍选编》[①]，较系统地介绍了藏族传统的金属、印染、制香、铁器、建筑、绘画等工艺技术；《西藏工艺宝箧》[②] 一书则记载了藏香、砚墨、书法、绘画、冶炼、缝纫、刺绣、造纸、油漆、颜料、雕刻、泥塑、木器、石器等的制造工艺技术；《西藏古典音乐》[③]，较为详尽地介绍了不同种类的藏族歌舞80多种，并对每种歌舞的填词谱曲方法作了详细说明。

二、藏文古籍工作会议、研讨会

随着对藏文古籍整理、出版、研究的深入，1991—1999 年期间召开藏文古籍会议二十多次，其中主要会议有：

（1）召开第 2 至第 6 次“五省区藏文古籍工作协作会议”，其中第 2 至第 5 次会议主要协调五省区藏文古籍的出版选题、介绍整理经验、提供古籍资料、讨论古籍整理中存在的问题等等。1998 年在西藏召开的第 6 次会议提出编纂《藏文古籍总目》方案，并制定《藏文古籍编目纲要》和十年协作规划，正式启动编纂《中国少数民族古籍总目提要·藏族卷》的文化工程。

（2）“五省区”各自多次召开编纂《中国少数民族古籍总目提要·藏族卷》会议，议题包括交流整理编目经验、研究编目中

---

① 《藏族工艺典籍选编》，底吾玛尔丹增平措等著，西藏藏文古籍出版社 1990 年 12 月整理出版。

② 《西藏工艺宝箧》，巨米旁著，青海民族出版社 1993 年 12 月整理出版。

③ 《西藏古典音乐》，第司桑结嘉措著，西藏人民出版社 1991 年 10 月整理出版。

存在的问题、讨论编目数据质量、协调寺院古籍编目工作、交换古籍目录等。

三、古籍机构、古籍专家

这一时期，出版和藏书机构稳定，藏文古籍的出版、收藏数量大幅度上涨，专门从事古籍整理、编目人员日渐增多。“五省区”藏文学校、出版和研究机构培养出一大批从事古籍整理的专业人员和专家，藏区民间也出现了一批献身藏文古籍事业的个人和机构，其中最突出的是百慈藏文古籍研究室，该机构是由森噶仁波切发起建立的民间研究室，该室专门从事藏文古籍的整理、搜集、编目和出版。自成立以来自筹资金整理出版《俄巴噶举经典汇编》、《雪域历史名著精选》(先哲遗书二十八)、《第八世噶玛巴弥觉多杰文集》(28函)、《第十五世噶玛巴卡乔多杰文集》(10函)[①] 等藏文古籍，为科研院所和大学提供了宝贵资料，得到社会广泛好评，为抢救和保护中华民族文化作出了巨大贡献。还培养了噶玛德勒、喜饶桑波、公曲、坚赞旺秋、珠曲、阿旺此仁、土登米郎、赤勒、洛卓、索南曲丹、索南单巴、森喜南杰等一大批年轻的藏文古籍整理专家。

四、古籍活动

主要的古籍活动有：

（1）1984年西藏自治区政府将拉萨版《甘珠尔》赠送给中国佛教协会西藏分会，并资助拉萨印经院刻制印刷。在此基础上

① 所有《噶玛巴文集》均为胶版印刷，47.7cm×8.4cm，传统装帧。

又于1990年拨专款50万元，资助拉萨木如寺刻制《丹珠尔》[①]。这是拉萨首次刊刻《丹珠尔》。

（2）从西藏、四川、青海等地搜集各种版本及零散的《苯教丹珠尔》文献，在经反复对比、研究、分析、整理后，编纂完成《苯教甘珠尔》和《苯教丹珠尔》，并由西藏藏文古籍出版社和西藏人民出版社出版，这是国内首次正式出版的苯教古籍大型丛书，为研究苯教理论、藏族史、古代文化、艺术、医学等提供了宝贵古籍资料。

（3）1995年，青海玉树州文物管理所所长尕玛图嘎与次成文青签订“关于东仓《大藏经》[②] 文物保管合同”，并将东仓《大藏经》从囊谦县搬迁至结古镇玉树州文物管理所保管。合同期限20年，在此期间次成文青“无权使用、出借、转让和提取一件文物”。玉树州政府一次性奖励6万元用于次成文青一家搬迁和购买房产。青海桑杰教授考察东仓《大藏经》后认为：“从文字上看，经文中出现了古藏文的写法，说明年代比较久远，与拉萨、萨迦寺中保存的公元12世纪的《大藏经》年代相近，用料上价值更高”。目前，这批珍贵写本的修复工作仅仅依靠东仓家人对霉变的写本用清水、木板、皮革等工具做一些简单的清洗、剥离、包装工作，无专业技术指导，整理不到位，损失仍然较严重。

五、大事记

1990年：西藏拨专款50万元资助拉萨木如寺筹备以纳塘寺

① 在十三世达赖喇嘛土登嘉措于1925年前后主持刊刻《甘珠尔》和《丹珠尔》。1930年左右刊刻完成《甘珠尔》，因在拉萨刊刻故称拉萨版《甘珠尔》。《丹珠尔》的校勘、审阅等前期准备工作就绪，但因其他原因未能刊刻，成为十三世达赖喇嘛的遗憾。

② 东仓《大藏经》：青海玉树州囊谦县东仓家珍藏的300多函《大藏经》写本。

《丹珠尔》[①] 为蓝本刊刻《丹珠尔》，策墨林活佛主持刊刻工作。

1990年12月：据统计，国内公开发行藏文古籍200多种。

1991年：中国民族图书馆归还西藏哲蚌寺等单位的藏文古籍。

1991年8月：在青海省西宁市召开“第二次五省区藏文古籍协作会议”。

1992年1月21日：全国已建立藏学研究单位50多个，拥有研究人员2000多名，其中高级研究人员约200人。

1992年8月：在四川省红原县召开“第三次五省区藏文古籍协作会议”。

1994年：《更堆群培著作选》获国家民委颁发的全国少数民族图书三等奖。

1994年7月：西藏博物馆建设列入西藏自治区成立30周年大庆和援藏62项工程之一。

1994年：木如寺印经院、布达拉宫印经院等大型传统印经院近60家，印刷销售6.3万函藏经，民间经书销售摊点达20家。

1995年1月18日：布达拉宫列入《世界文化遗产》名录。

1995年6月1—4日：在云南省中甸县（今香格里拉县）召开“第四次五省区藏文古籍协作会议”。

1995年：东仓保毛一家和装有《大藏经》写本的163个麻袋从囊谦县搬至玉树州结古镇。

1996年：在四川省民族事务委员会古籍办公室支持下，西南民族学院藏语系举办藏文古籍工作人员培训班，聘请北京、西藏、青海、甘肃等地古籍专家任教。

---

① 纳塘寺《丹珠尔》：纳塘寺《丹珠尔》共225函，76883叶，清刻本，印版毁于“文革”。此次刊刻依据纳塘寺《丹珠尔》写本。

1996 年：德格印经院维修法轮、孔雀、法幢、金顶，耗资 9 万元。

1997 年夏：在甘肃省兰州市召开“第五次五省区藏文古籍协作会议”。

1998 年：在西藏拉萨召开“第一届全国五省区藏文报业务协作会议”。

1998 年：甘肃省民委古籍办举办《中国少数民族古籍总目提要 · 甘肃藏族卷》编目培训班”，共培训 42 名编目人员。

1998 年：西藏藏文古籍出版社和西藏人民出版社分别整理出版《苯教甘珠尔》和《苯教丹珠尔》（大藏经），以及一大批有关佛教古籍。

1998 年：成立西南民族学院民族古籍整理研究办公室，其前身是 1986 年成立的西南民族学院民族语言文学研究所民族古籍文献研究室。有从事藏文古籍的研究人员 4 名，搜集藏文古籍 11 部，整理出版《纳若六法》、《古藏文辞典》等藏文古籍。

1998 年 12 月：甘、川、青、滇、藏五省区在拉萨召开“藏文古籍编目协作会议”，制定十年协作规划。

1999 年：西藏自治区自召开“藏文古籍工作领导小组扩大会议”，并举办藏文古籍目录登录培训班。

1999 年：云南省召开“全省民族工作会议”，并在会上成立了藏族卷编委会，部署编纂藏文古籍目录的工作，培训专业人员。

1999 年 10 月：西藏七地（市）上报藏文古籍条目 14，428 余条，其中书籍类 10，501 张、铭刻类 3，280 张、文书类 109 张、讲唱类 538 张。完成古籍提要的审查、定稿工作，并启动汉文翻译工作。

1999 年 10 月 5 日：全国最后一个省级博物馆——西藏博物馆在拉萨正式开馆。

1999年8月：在西藏拉萨市召开“五省区藏文古籍第六次协作会议”。

1999年12月14日~16日：在四川成都召开“五省区一方藏文古籍协作联络员会议”①。会议讨论《中国少数民族古籍总目·藏族卷》的编写工作和交流藏文古籍编目情况，制定了普查登目卡和附表的具体填写规定。

第四阶段　2000—2009年藏文古籍的研究、整理、出版

一、2000—2009年

随着国家对整理、出版、研究和保护藏文古籍工作的重视和大量资金的投入，这一时期的藏文古籍研究、整理、出版等方面的工作取得了巨大成就。

（一）古籍研究

这一时期，藏汉文的古籍研究论文不但数量有所增加，在研究对象、范围、内容等方面亦有突破。

（1）古文献学。对古文献学的发展、载体、目录学等方面，从不同角度作了深入细致地论述，如：《论藏文目录学的发展及其文化意义》、《我国藏传佛教寺院文化的宝库——藏文典籍著名印书院考述》、《论古藏文文献学》、《关于藏文古写本研究》、《国外有关英藏敦煌、和田等地出土古藏文写本的研究》、《试论藏文典籍文化》、《藏文雕版印刷》、《藏文古籍载体述略》、《藏文古籍文献述略》、《藏文大藏经形成的历史概

① 五省区一方：即藏、川、青、甘、滇五省；一方，即北方（北京）。

述》、《藏文版大藏经概述》、《康熙朱印藏文〈甘珠尔〉谈略》、《藏文〈大藏经〉的文化涵蕴》、《藏文辞书编纂史的分期与特点》、《藏文佛学典籍与藏戏探源》、《藏文〈贤愚经〉与佛教戏曲流变考》、《藏文本罗摩衍那本事私笺》、《藏文佛学典籍的整理和研究略述》、《藏文出版印刷初探》等。

（2）分类编目。在分类、版本、书名和人名著录等方面的研究有了新的发展，如：《藏文典籍装帧与命名特点初探》、《古藏文文献的分类研究》、《简析敦煌古藏文经卷的抄写年代》、《藏文〈大藏经〉的编纂历史、编目方法及研究状况》、《敦煌P. 988号藏文写卷考补》、《敦煌藏文写卷ch. 9. Ⅱ. 19号初探》、《最早的藏文木刻本考略》、《敦煌古藏文写本〈吐谷浑（阿豺）纪年〉残卷再探》、《藏文〈大藏经〉的版本及其内容》、《藏文书名汉译之管见》、《浅谈藏文古籍的分类》、《八种〈诗镜〉藏文译本考略》、《论藏文目录学的发展及其文化意义》、《元明时期藏族史学中的文献目录学与档案管理意识》、《论有关藏文古典图书印刷的几个问题》等论文，比较细致地论述了藏文古籍分编、本版考证、版式和著录方法。其中，西夏黑水城藏文刊本[①]的发现把藏文雕版印刷术从明永乐八年（1410）提前了近二百年。同时，有学者认为青海唃厮罗（996—1065年）政权与北宋、西夏等有文化、军事、经济、商贸等方面的交流，雕版印刷术可能是在这一时期引进藏区的。

（3）古籍收藏等方面的工作也有进展，如：《英藏新疆麻札塔格、米兰出土藏文写本选介》、《甘肃省博物馆所藏敦煌藏文文献叙录》、《试述古藏文文献研究的重要性》、《关于英国入侵

① 西夏（1038—1227）黑水城藏文文献包括XT－63号、XT－67号、XT－68号等，今藏俄罗斯圣彼得堡东方研究所、圣彼得堡博物馆，《俄藏黑水城文献》，史金波、魏同贤、克恰诺夫著，上海古籍出版社出版。第1－11册，1996—2000年。

西藏时所盗走的藏文文献典籍相关情况介绍》、《法藏敦煌藏文文献》、《甘肃省图书馆藏敦煌梵夹装藏文写经考录》、《英国图书馆藏斯坦因收集品中的新疆出土古藏文写本》、《西藏萨迦南寺普巴拉康佛殿所藏北寺部分藏文藏书》、《尼泊尔有座藏文古籍图书馆》、《藏文文献在北京的出版与收藏》、《云南藏文古籍概述》、《敦煌藏文发愿文研究综述》、《英藏古藏文占卜文献述要》、《关于英国入侵西藏时所盗走的藏文文献典籍相关情况介绍》、《甘肃省图书馆藏敦煌藏文文献叙录》、《藏文手写体本教〈大藏经〉及其相关典籍述略》、《藏文史籍中的"格萨尔"与史诗〈格萨尔〉》、《有关沙州地区的藏文文书》、《圣·彼得堡诸图书馆的旧藏文及蒙文收藏品》等文章，首次公布和介绍了国内外部分图书馆的藏文古籍收藏和现况等。此外，西藏、四川等还设立了《贝叶经的整理研究》、《甘孜藏区藏文古籍文献整理与扫描》、《布达拉宫藏噶举派典籍目录》等古籍整理项目。

（二）古籍开发利用

论述古籍的价值和开发利用方面有一批比较突出的成果，如:《敦煌吐蕃藏文文献在藏学研究中的史料价值初探》、《试析提高中等职业学校馆藏文献利用率的途径》、《藏文古籍文献的抢救和保护与西部大开发》、《论藏文文献的开发和利用》、《浅谈吐蕃统治敦煌时期藏语文的使用和藏汉翻译活动——以敦煌本古藏文文献为例》、《浅谈藏文古文献的开发利用》、《〈中华大藏经·丹珠尔〉藏文对勘本字频统计分析》、《携手发掘藏文古籍的宝库》、《试探凉州遗存藏文典籍的历史文化价值》、《藏文刻板技术印场形成发展研究》等。

（三）古籍出版

研究和整理古籍的成果除了研究论著外最主要的成果就是出版古籍。这一阶段除文化教育、科研部门整理出版单册古籍外，出版大型藏文古籍丛书是这一阶段的一个显著特点，如：《藏族十明文化传世经典丛书》[①]，此丛书包括《宁玛派系列丛书》（大32开，20册。）、《萨迦派系列丛书》（大32开，20册。）、《噶举派系列丛书》（大32开，20册。）和《格鲁派系列丛书》（大32开，20册。）；《雪域十明精粹大全》[②]，所收录著作均属“十明学科”方面的经典之作。此书编者为佛学家格西科才·慈智木，他自筹资金，四处寻访古籍，组织和培养本寺僧人学习编辑、整理古籍、计算机操作和录排，历经15年始成；《藏医药经典文献集成》[③]，收录《第司藏医史》、《藏多医学札记》、《金巴四部医典注释》、《医学注释·无垢明示》等40部医书，基本囊括了千多年来主要的藏医古籍经典，是有史以来第一次大规模出版的藏医古籍；《布顿大师文集》[④]，根据古写本影印出版，是十分珍贵的古籍，为研究早期写本制度、书法等提供了宝贵资料；《噶当文集》[⑤]，此丛书内容涵盖语言学、逻辑学、修辞学、工巧明、历算学、天文学、医学、历史学和佛学等多个学科领域，是一部包罗万象的古代百科全书；《觉囊·多罗那他文集》[⑥]，据作者手迹和古写本并与刻本校勘整理出版，收书370多种，为首次公开出版。这一阶段出版的古籍丛书和百余种古籍，荟萃了博大精深的“十明学”[⑦] 的经典著作，为研究藏族历史、文化、藏传

---

① 青海民族出版社、民族出版社等单位出版。该丛书为“国家‘十五’重点图书《中国少数民族宗教文化丛书》”和“国家‘十一五’重点图书”。

② 民族出版社2003年出版，大16开，10册。

③ 民族出版社2005年出版，大32开，40册。

④ 百慈藏文古籍研究室整理，中国藏学出版社2005年出版，共28函。

⑤ 百慈藏文古籍研究室整理，四川民族出版社出版2008年出版，共60函，开本75×425mm。

⑥ 百慈藏文古籍研究室整理，中国藏学出版社2008年出版，大32开，43册。

⑦ 十明学：由大五明（声律学、因明学、内明学、工艺学、医学）和小五明（修辞学、辞藻学、韵律学、戏剧学、星象学）组成。

佛教等提供了宝贵史料，是近年来古籍整理的重要成果，也是保护古籍和传承传统文化的重大举措。此外，寺院学者个人筹资整理古籍和出版古籍也是这一时的一大特色，如：《宁玛系列丛书》由香赤寺堪布·格登、久美希热、慈诚南斗、官却加参、加华桑保、更桑诺布等编辑整理；《萨迦派系列丛书》由玉树萨迦寺堪布更尕松保等整理；《雪域十明精粹大全》由拉卜楞寺格西科才·慈智木主持编纂；《布顿文集》、《觉囊·多罗那他文集》、《噶当文集》等均由百慈藏文古籍研究室筹资、整理出版。2005 年 8 月出版中华大藏经《丹珠尔》对勘本，全书 124 册（含 4 册目录）。这是历史上规模最大的《丹珠尔》对勘出版工程，搜集校勘版本最多，对勘质量最好，是古籍整理史上的壮举。

（四）目录书

研究古籍、利用古籍都离不开古籍目录，而编纂古籍目录是一项十分艰苦而又耗时的工作，不但要有耐力，也要有一定功底。然而，在这十几年时间里就编纂出版了多部古籍目录，成果喜人，令人欣慰。如：

《德格印经院目录大全》[①]，为德格印经院刻版总目，计划出版 17 册，收《甘珠尔》、《丹珠尔》、宗教、文化、医学、文集和杂类古籍 6200 多种。书采用传统编目方法，并对篇名、要目、章节、内容及原版页数、行数等作了详细摘编。

---

① 德格印经院、甘孜州编译局编，藏文。目前已出版 4 册：第 1 册《文集类细目》，收录松赞干布、隆钦巴和吉美领巴的文集目录。中国藏学出版社 1994 年出版，16 开，679 页；第 2 册《伏藏典籍目录》，为《伏藏宝库》的细目。中国藏学出版社 2000 年 4 月出版，16 开，739 页；第 3 册《道果目录》，为萨迦派道国教义的目录。四川民族出版社 2005 年出版，16 开，431 页；第 4 册《噶当、噶举和萨迦派文集目录》，是噶当、噶举和萨迦派大师的文集目录。四川民族出版社 2005 年出版，16 开，431 页。

《四川省所存西藏和藏事档案史料目录》①，是四川省档案馆、甘孜藏族自治州档案馆、阿坝藏族羌族自治州档案馆，以及康定、德格、巴塘、马尔康、木里等县档案馆所藏1949年以前档案文献的目录。这些档案资料的时间起于明洪武二十一年（1388），迄于民国三十八年（1949）。共辑条目4559条，其中明代4条、清代1448条、民国3107条。主要内容包括政治、经济、统计、田赋、沿革、乌拉机构的设置、军事、司法治安、民族、宗教、文教卫生、外事等。

《中国第二历史档案馆所存西藏和藏事档案目录》②，为中国第二历史档案馆所存西藏和藏事档案的目录，收25827个条目，时间从清末光绪十五年（1889）12月起至1949年12月止。中国第二历史档案馆是典藏民国时期中央政府及其所属各部院档案的国家级档案馆，其中珍藏有民国中央政府及其所属部院等机关与西藏地方政府、达赖喇嘛、班禅额尔德尼以及四川、西康、青海、甘肃、云南等省份来往的、内容十分丰富的档案史料。本书条目按省区划分，内容包括：

（1）西藏地区。包括西藏地区的政治、经济、政策、法规、农牧业概况、人口调查、户籍与行政区划管理，民国政府推进西藏教育计划措施及实施情况、创办报纸和刊物及推广识字运动的情况、医疗卫生、藏传佛教的政策等。

（2）西康地区（含川西北藏区。民国时期指川西甘孜、西藏昌都等地区）。包括西康省政府筹建和成立前后的工作情况、中央政府治理西康的政策、西康省的社会状况和司法制度及民间

---

① 四川省档案馆、中国藏学研究中心编，中国藏学出版社2000年12月出版，16开，326页。

② 中国第二历史档案馆、中国藏学研究中心编，中国藏学出版社2000年10月出版，16开，（上下册）1871页。

社团等内容。

（3）青海地区。包括青海省参众两院议员选举（含藏族候选人）情况、开发青海的意见、社会调查、青藏战争及青藏会议、玉树二十五族、藏军冲突、土司制度、红军长征过藏区等。

（4）甘肃地区。拉卜楞地区政教活动、藏民代表团赴重庆致敬、甘肃藏区的政治和交通及文化、土司争牧纠纷、边境冲突及藏哈（萨克）民族间的冲突等。

（5）云南地区。包括云南省政府关于当地土司状况的调查、处理土司头人仇杀事件、土司活动情况、金沙江西岸藏区政治和军事情况等内容。附分类索引。

《青海省档案馆所存西藏和藏事档案史料目录》①，该书所辑档案文献主要是青海省档案馆所存清代和民国时期产生的历史档案史料，共辑条目15354条，其中清代的5272条、民国时期的10082条。

《藏学报刊汇志》②，该书收入清末和民国时期及民主改革以后涉及藏学的各类报纸和杂志共计700余种，其中有清末的《藏文白话报》，民国时期的《边政月刊》、《屯殖》、《边事月刊》、《西陲宣化使公署月刊》、《戍声周报》、《新西康》、《西康青年》、《边政导报》、《康声报》等，这些报刊大都为珍本，有重要的史料价值。附《报刊名称音序总目》、《报刊名音序分省区目录》、《1949年前报刊目次》、《1949年后报刊目次》。该书的出版不仅为藏学和少数民族新闻史研究提供了历史资料和线索，也弥补了《全国中文期刊联合目录》、《中国新闻事业编年史》

① 中国藏学研究中心、青海省档案馆编，中国藏学出版社2002年11月出版，16开，968页。

② 徐丽华著，中国藏学出版社2003年6月出版，32开，368页。为“教育部人文社会科学百所重点研究基地中央民族大学中国少数民族研究中心丛书”之一。

和一些报刊工具书之不足，因为这些书中缺收的藏学报刊有《各地新闻明鉴》、《藏文白话报》、《西藏班禅驻京办公处月刊》、《西陲宣化使公署月刊》、《藏文报》、《蒙藏月报》、《蒙藏学校校刊》、《康声报》等等。

《德格印经院藏版细目》①，该书为德格印经院藏书和刻版的目录，未收丛书类之子目。

《旁塘目录、声明要领二卷》②，该书由《旁塘目录》和《声明要领二卷》两部古文献组成，前者是吐蕃赞普赤德松赞时期所编制的西藏第一部藏译佛经的目录，后者是吐蕃赞普赤德松赞时期修订的藏译佛教名词术语词典。

《中国藏学论文资料索引（1996—2004）》③，该书是《中国藏学研究论文资料索引 1872—1995》的续集。本书分政治、法律、社会、经济、历史、人文地理、地质矿产、生态、环保、宗教、哲学、文学、艺术、语言文字、文化、教育、体育、民俗、文物考古、医药卫生、科技、灾异、书评、书讯、动态和附录。在历史、宗教、书评等类中辑录了大量关于藏文古籍的论文和文章。

《哲蚌寺藏古籍目录》④，该目录由《哲蚌寺十明神殿书馆目录》、《哲蚌寺囊玛书馆目录》、《哲蚌寺寝室之郎仁巴书馆目录》、《哲蚌寺果芒扎仓书馆目录》、《哲蚌寺贡噶热瓦书馆目录》、《哲蚌寺果芒书馆文集目录》和《哲蚌寺寝室书馆文集目录》七个图书馆的目录组成。共收 29047 种，其中未收常见文集

---

① 西饶降称等编译，藏文，民族出版社 2003 年出版，32 开，295 页。

② 西藏博物馆编，藏文，民族出版社 2003 年出版，32 开，210 页。

③ 永青巴姆编，中国藏学出版社 2005 年 8 月出版，16 开，303 页。

④ 百慈藏文古籍研究室编，民族出版社 2004 年出版，大 16 开，上下册共 2483 页。

细目，如：布顿、三师徒、达赖喇嘛文集等。书名按简略书名著录。著录项有字母顺序号、卷册顺序号、种类名称（书名）、作者、字体（写刻本）、页码和规格。

《中国藏学书目三编》①，该书是1996—2000年公开出版的藏文古籍和部分藏学研究著作的目录及提要。收入国内百余家出版社出版的图书共950余种，内容涉及哲学、宗教、语言、文字、历史等二十多类。该书按书名、编著者、出版者、出版年月、页码、开本、书号和内容提要顺序编写。附《汉文书名索引》、《汉文编、著者索引》、《藏文书名索引》、《藏文编、著者索引》、《英文书名索引》和《英文编、著者索引》。

《藏汉对照德格印经院藏版总目录》②，该目录为德格印经院刻版图书总目录（子目）的汉译本。目录分大藏经部、文集部、丛书部和综合部四大类。

《觉囊派典籍要目》③，该书为觉囊派古代高僧大德著作目录。

在较短的时间里能够出版如此多的藏文古籍目录和藏文古籍图书，证明在抢救、整理、出版藏文古籍继承藏民族优秀文化遗产方面取得了巨大成绩，同时也证明国家对藏文古籍的重视和关怀。

二、藏文古籍工作会议、研讨会

这一阶段主要的藏文古籍工作会议和研讨会有：

---

① 《中国藏学书目》编辑委员会编，外文出版社2001年3月出版，16开，305页。汉、藏、英三种文字合排。

② 噶玛降村编译，四川民族出版社2004年出版，32开，416页。

③ 何布甲等编译，民族出版社2005年出版，大32开，254页。藏汉文对照本。

1. 第七次五省区藏文古籍协作会议于2000年10月25日至27日在四川省成都市召开，会议由四川省民族事务委员会、四川民族出版社主办。会议邀请北京市民族事务委员会、民族出版社、民族文化宫图书馆（今中国民族图书馆）、中央民族大学图书馆、中央民族大学藏学系、中国藏学中心图书馆、中国藏学出版社、北京大学图书馆、国家图书馆等单位参加。会议认为北京是我国的政治、经济和文化中心，藏文古籍蕴藏量大，中央国家机关和北京市有关单位多涉及藏文古籍工作，因此，会议决定将北京市正式纳入协作组织，并将协作组织更名为“六省市区藏文古籍工作协作会”。该组织成员逐渐增多，成果和质量不断提升，社会影响和涉及的地域行业范围也逐步扩大，使藏文古籍工作走向了新的里程。会议讨论并通过了国家民族事务委员会全国少数民族古籍整理研究室制定的《中国少数民族古籍总目提要编写纲要》，会议一致同意按照《中国少数民族古籍总目提要编写纲要》的规则编纂《中国少数民族古籍总目提要·藏族卷》的目录和提要。会议吸收北京市为“五省区藏文古籍协作会”成员，协作会更名为“六省区藏文古籍协作会”，并决定由北京市民族事务委员会承办“第八次六省区藏文古籍协作会议”。

2. 第八次六省市区藏文古籍工作协作会议于2002年10月22日至25日在中国藏学研究中心召开。六省市区提交书籍类目录195542张，讲唱金石类目录6927张。其中西藏提交目录14428张（其中书籍类10501张、铭刻类3280张、文书类109张、讲唱类538张），附藏汉文提要；青海提交口碑类条目3000余条；甘肃提交简目160000多张；四川提交简目5000多张；云南提交文书档案目录1400多条；北京提交简目10000多条。会议就存在的诸多编目问题进行了研讨。

3. 第九次六省市区藏文古籍工作协作会议于2005年8月10日至13日在青海西宁召开。会议讨论并决定各省市先整理出版讲唱类和金石铭文总目提要等问题。

4. 第十次六省市区藏文古籍工作协作会议于2008年7月24日至27日在甘肃兰州召开。会议审阅了甘肃敦煌藏文文献卷藏汉对照目录、拉卜楞寺名僧学者文集内容提要、讲唱类藏文词条6000余条和铭刻类词条100余条。会议决定以《甘肃藏族卷》为范本，部署实施各省市编目计划。

三、古籍机构、古籍专家

出版机构和收藏机构建制无变化。这一时期除国家古籍专家外，寺院学者中出现了极为突出的古籍整理专家：

（1）堪布更尕松保，青海玉树人，他个人筹资、组织寺院僧人整理古籍，经7年多的努力，出版了《萨迦系列丛书》[①] 和《噶妥仁增次旺诺布文集》[②]。还培养5名整理古籍的专业人员。

（2）格西科才·慈智木，甘肃夏河县人，拉卜楞寺格西。他个人筹资编纂《雪域十明精粹大全》丛书，并培养整理古籍的僧人多人。

（3）德格印经院、拉萨雪印经院等培养了大批雕刻师、校对、誊写员和古籍整理专家。

四、古籍活动

2002年10月22日至25日在北京中国藏学研究中心举办六省市区藏文古籍成果展，展览分四部分：（1）六省市区藏文古籍整理编目工作；（2）六省市区藏文古籍整理编目成果；（3）六省市

① 民族出版社2003年出版，32开，26册。

② 中国藏学出版社2006年出版，16开，三册（上871、中736页、下656页）。

区藏文古籍整理出版成果；（4）藏文《大藏经》版本精品。

2004年3月11日，苯教活佛根珠·满金拉色举报有人盗版1986年《苯教甘珠尔》版，四川省新闻出版局在西藏巴青县、左贡县及四川的阿坝、若尔盖、松潘等地发现购买盗版《苯教甘珠尔》合同130多份，顺藤摸瓜终于在成都市金牛区破获盗版印刷窝点和盗版者。

西藏自治区文物局为维修和保护萨迦寺古籍，于2005年8月8日正式搬迁萨迦寺“经书墙”① 的古籍，搬书前举行了宗教仪式，经过37天的搬运，于9月10日经书搬迁完成。“经书墙”共有古籍14660函。此外，萨迦寺主殿南墙东段尚存古籍2257函、八思巴母亲丹增桑母主持写造的泥金写本252函和《布德甲隆玛》。此次统计萨迦寺共有各类古籍17169函。

五、重大发现

2003年10月，陕西省考古所在西藏那曲县罗马乡十七村辖地的察秀塘祭祀遗址首次发现墨书藏文的动物骨。据初步推断，察秀塘祭祀遗址的年代为9—11世纪，是一处苯教祭祀活动遗存。墨书藏文内容是苯教咒语，其中有“镇压”等词语，但目前不知其意，字体不是吐蕃时期常见的“乌坚体”，而是较为成熟的“乌美体”，但仍然可以看出有吐蕃字体的痕迹。古藏文专家依据这批墨书藏文字体和内容，初步认定书写年代为公元10—11世纪。同时还出土了土陶罐、不同色质的料珠、铜牌饰、铁刀、人头骨和牛马等动物骨骼。

---

① 经书墙：萨迦寺主殿顺墙书架高10米，长80多米，架上摆满古籍，距今已有700年历史，此次为首次挪动经书。因经书如一面巨大地墙壁而称为“经书墙”。此为世界绝无仅有的最大书架。

为编纂《中国少数民族古籍总目提要·藏族卷》，甘孜州民宗局于2004年5月启动藏文古籍普查工作。是年9月24日在甘孜县东谷寺发现泥金、泥银抄本《甘珠尔》154函、海螺泥抄本3函。同年在甘孜县唯一的苯波寺发现苯教早期抄本十余函，其中部分书名是用象雄文①书写的。2005年8月，敦煌研究院公布甘肃兰州籍山东人范耕球先生②收藏的20件藏文写经属于敦煌藏经洞吐蕃藏文写经。这批藏文经卷为黄麻纸、卷轴装，属于《大乘无量寿经》，大部分经有朱笔校勘，有题记者十三件。其中卷长者169厘米，短者22厘米，卷高31厘米左右，保存基本完好。部分写经上盖有阳文“中亚望瀚楼主收藏”章和阴文“宝存古物”章。此章的主人就是发现敦煌藏经洞时期（1902—1905）担任敦煌知县的汪宗瀚，藏经洞打开以后他收藏了一批敦煌写本。范氏所藏就是汪宗瀚藏敦煌写本中的一部分。2008年8月19日新疆日报报道新疆乌尔禾发现藏文残卷。残卷用黄绸布包裹，有百余叶，长约40厘米、宽约12厘米，其中有几页藏历图和擦擦。此残卷于1998年6月在乌尔禾魔鬼城发现，后一直存放直至公布之日。

六、古籍价值

藏文古籍是藏族先哲艰辛耕耘的智慧结晶，是藏族历史进程的真实写照，不仅是藏族优秀文化遗产，也是中华民族乃至世界

---

① 象雄文在数百年前已不通行。

② 范耕球：山东临沂市人，2005年9月病逝。1947年春他在兰州城隍庙购得敦煌写经三十多卷，之后捐献部分经卷。2005年6月至8月，他曾两次请敦煌研究院鉴定其收藏的吐蕃敦煌写经，迄今为止这是唯一一次鉴定民间所藏的敦煌藏文写经真品。

文化的重要组成部分。藏文古籍历史悠久，卷帙浩繁，门类丰富，其哲学、宗教、密法修炼、仪轨、美术、医学、心理学、语言学等博大精深，在众多古籍中完好的保存了政治、历史、宗教、天文、历算、医学、语言、文学、英雄史诗、艺术、民间习俗和经济等内容，不仅为研究藏学提供了丰富的资料，这也是藏族人民贡献给世人的精神财富。

（一）社会价值

藏文古籍作为传统文化，有着非常久远的历史，是藏族人民在历史进程中的智慧结晶。它既是藏族历史的见证，也是当今物质文明和精神文明建设的基础，更是连接民族感情的纽带和弘扬民族精神、维护国家统一的重要内容，对民族间的文化交流和传承历史有着极其重要的意义。古籍文献记载着历史，承担着延续历史、传播古代文明的重任。古籍文献所记载的哲学思想、伦理道德、政治经济及科学技术，闪烁着贤哲思想的光芒，是启迪人们智慧的源泉之一，对构建社会主义和谐社会有极其重要的参考价值。

藏文古籍是藏族古代文明的标志，是藏文化生存和发展的根基之一，不但是中华传统文化的重要组成部分，也为世界多样性文明提供了实物资料。

（二）文化价值

藏文古籍是藏族在数千年历史发展过程中创造的重要文明成果，蕴含着藏族特有的精神价值、思维方式和想象力、创造力，是雪域高原文明绵延数千年，一脉相承的历史见证，也是人类文明的瑰宝。藏文古籍对促进文化传承、联结民族情感、弘扬民族精神、维护国家统一及社会稳定具有重要作用。藏民族精神的核心是藏文化，而藏文古籍是藏文化的重要组成部分。古籍是文化的重要载体，她积累、积淀、储存了藏民族的优秀文化和历史传承，是文化知识的重要工具。文化是一个民族的灵魂，而藏文古籍是藏民族物质文化和精神文化的结晶之一，也是这个民族世代守望的精神家园和生生不息、一脉传承的精神纽带和根基。保持民族文化的独特性，必须弘扬和继承传统文化。藏族古代文明是中华多元文化中的一员，继承和保护藏文化也就是在保护中华文化，也是在为世界文化的多样性和人类文明做贡献。

（三）使用价值

藏文古籍涵盖古代社会科学和医学、历法、建筑等自然科学，是研究藏族政治、历史、宗教、语言、文学、艺术、医学和历法等学科的主要史料来源，具有较高的使用价值和重大的现实意义。

（1）政治方面。1950年以来，我国政府和学术界为批驳“西藏是一个独立国家”、“历史上西藏与中国是‘供施’关系”、“中国在西藏侵犯人权”等谬论，根据藏文古籍和汉文文献，以严肃的科学态度，全面、公正地论证和阐明了西藏是中国不可分割的一部分、解放以来西藏的发展变化和人民当家作主的事实，为维护祖国统一作出了贡献。其藏文史料主要来源于历代《达赖喇嘛传》、历代《达赖喇嘛文集》、历代《班禅额尔德尼传》、《多仁班智达传》、历代《章嘉活佛传》、《萨迦世系谱》、《萨迦五祖全集》、《十六法典》等藏文古籍。

（2）历史方面。解放以来有关西藏历史学术著作约50余部、论文数千篇，这些论著以历史唯物主义的立场和观点，科学地划分了藏族社会从原始社会到封建农奴制社会的历史发展进程，同时也阐明了公元13世纪纳入中国版图的详细过程。而资料来源就是大量藏文史籍和宗教典籍，如：《贤者喜宴》、《青史》、《红史》、《白史》、《拔协》、《五部遗教》、高僧大德文集和传记等。

（3）宗教方面。宗教方面比较有影响的学术著作约30余部、论文上千篇，从不同角度论述了藏传佛教的产生、发展、教义、仪轨，以及宁玛萨迦噶举格鲁等派的理论、各派与中央政府的关系等等。其资料来源于藏文《大藏经》、《慈氏五论》、《入行论》、《时轮金刚》；宁玛派的《隆钦七宝藏论》、《莲花生遗教》、《大圆满法》；噶丹派的《噶丹六论》、《菩提道灯论》；萨迦派的《三律仪论》、《正理藏论》、《量释论》、《道果法》；噶举派的《解脱道庄严论》、《大手印法》；格鲁派的《菩提道次第广论》、《土观宗教派源流》等。

（4）语言方面。依据《文法三十颂》、《司都文法详解》、《苯波文通二十七颂》、《声明学论著注疏》等古籍，在语言史、语法、词汇等方面取得了巨大成就。

（5）补遗。藏文古籍可以弥补汉文《大藏经》密法之不足，如：德格版藏文《大藏经》有4122种不见于汉文《大藏经》。

（6）文学方面。有关文学的学术著作近40部、论文上万篇，其中《藏族文学史》一书初步确定了藏族文学史的分期年代，界定了作家文学和民间文学的条件、范围、特点、体裁。其资料来源于《玛尼全集》、《敦煌吐蕃文书》、《萨迦格言》、《米拉日巴传》、《西藏王统记》、《西藏王臣记》、《国王修身论》、《迅努达美》、《格萨尔王传》、《莲池歌舞》、《康珠诗论》、《如意藤》等藏文古籍。

（7）科技方面。如：藏医，至今仍然是藏民求医问药的主要手段之一，《四部医典》、《四部医典释难诃子丽鬘》、《四部医典注疏·祖先遗教》、《甘露要义秘密诀窍续》、《国王神术紫册》、《晶珠本草》、《兰琉璃》、《米旁医著》等古医术仍然发挥着不可替代的作用；藏历，是农牧民主要使用的日历；此外，绘画、雕塑、建筑等的理论依据也都要依赖于艺术类古籍。总之，藏文古籍涉及面大，集社会历史、文学艺术、文物和使用价值于一体。

七、大事记

2000年4月至5月：四川省民委古籍办在阿坝州理县和西南民族学院藏语系举办"《中国少数民族古籍总目提要·藏族卷》编目培训班"，共培训62名编目人员。

2000年6月：维修萨迦寺经书墙。西藏自治区组织有关专家利用维修机会，了解经书内容，并对其进行整理、编目。

2000年9月25日：成立西藏大学中国藏学研究所。

2000年10月25日至27日：第七次五省区藏文古籍协作会议在四川省成都市召开，会议讨论并通过《中国少数民族古籍总目提要编写纲要》和决定编纂《中国少数民族古籍总目提要·藏族卷》。会议吸收北京市为"五省区藏文古籍协作会"成员。

2000年12月6日：西藏召开"藏文古籍编目启动工作会议"，会上次仁卓嘎发表题为《抢救整理古籍文献、继承发展民族文化》的专题发言。

2002年西藏自治区将原来试行的有关规定修订为《西藏自治区学习、使用和发展藏语文的规定》，从而使藏语文的学习、使用和发展获得了更明确、更可靠的法律保障。

2002年7月18日："《格萨尔》千年纪念大会"在北京人民大会堂举行。

2002年10月22日至25日：第八次六省市区藏文古籍工作协作会议在北京召开，会议由北京市民族事务委员会主办。

2003年：甘肃省民委古籍办在拉卜楞寺举办《中国少数民族古籍总目提要·拉卜楞寺藏文古籍目录》编目培训班"，共培训14名拉卜楞寺编目人员。

2003年：敦煌研究院整理分藏于敦煌市博物馆、甘肃省图书馆及其它市县博物馆、档案馆中的敦煌藏文文献3370件。

2003 年：西藏自治区文化厅、自治区文物局组织有关部门研究制定《关于开展梵文贝经保护研究和人才培养工作方案》，并成立西藏自治区文物局“梵文贝经保护工作领导小组”，要求各地文博单位进行有关贝叶经的问卷调查。

2003 年 10 月：陕西省考古所在西藏察秀塘祭祀遗址首次发现墨书藏文的动物骨。

2003 年 10 月：青海省民委古籍办完成第一期藏文古籍简目著录，其中文集 125 部、散集 3016 部、口碑类条目 3000 余条。

2003 年 10 月：四川民委古籍办公布四川藏区现存各类藏文古籍达 29 万函（册）。

2004 年 5 月 10 日：四川省出版物市场稽查总队在成都市金牛区洞子口乡新桥村查获盗印《苯教甘珠尔》的地下印刷窝点。

2004 年 6 月：武威市文化局、文物局抽调专业人员开始整理武威市博物馆搁置多年的藏文古籍。

2004 年 6 月 3 日：六省区藏文古籍编目联络员工作会议在拉萨西藏自治区社科院召开。

2004 年 9 月 24 日：在四川甘孜县东谷寺发现泥金、泥银写本《甘珠尔》154 函、海螺尼抄写的经书 3 函。同年在甘孜县唯一的苯波寺发现苯教早期抄本十余函。

2005 年初：武威市政府召开专门会议，研究凉州藏文典籍抢救保护问题。聘请多识教授等三位藏学专家为顾问，并决定借实习生力量进行整理。

2005 年 4 月：西北民族大学和上海古籍出版社联合召开“海外民族文献研究出版会议暨签约仪式”，邀请敦煌学家和藏学家、民族语言学家讨论英藏法藏敦煌藏文文献和其它流失海外民族文献的研究出版工作。会上西北民族大学与上海古籍出版社签定合作编纂出版《法藏敦煌藏文文献》和《英藏敦煌藏文文献》的协议。

2005年8月8日：正式搬迁萨迦寺“经书墙”的古籍，9月10日搬迁完毕。

2005年8月11日至13日：第九次六省区藏文古籍协作会议在青海西宁市召开。由青海省民族事务委员会主办。出席会议的有西藏、青海、甘肃、四川、云南、及北京等六省市区26个部门的46位藏、汉、蒙、满、回等民族的领导、学者、专家和民族古籍工作者参加会议。

2006年：在西藏山南地区措美县一座古塔中出土一批公元10世纪以前即吐蕃王朝末期的写本，内容多为苯教仪轨、医学等方面的藏文古籍。西藏藏文古籍出版社将部分孤本汇编成《当秀噶塘蚌巴齐古塔出土吐蕃苯教文书选》一书出版。

2006年：甘孜州民委完成白玉、德格等6县18个区乡（镇）和12座寺庙所藏藏文古籍的普查工作。

2006年6月25日：敦煌研究院首次公布海内外现存敦煌莫高窟藏经洞出土的藏文文献共8600多件。其中，甘肃各地收藏3300件，中国国家图书馆及各地公私零星收藏近300件，海外近5000件。3300件甘肃敦煌藏文文献包括敦煌市博物馆收藏2890件、甘肃省图书馆351件、敦煌研究院76件、甘肃省博物馆36件、兰州范氏藏20件，其余散藏于酒泉、张掖、武威、高台博物馆。甘肃各地收藏的敦煌藏文写经主要有《大乘无量寿经》、《般若经》等佛经和部分社会文书。吐蕃时期敦煌藏文写本在西藏本土基本没有收藏。

2007年：四川民族出版社制定《藏族珍稀古籍集成》（藏文）出版计划。

2007年：西藏人民出版社制定《布达拉宫藏噶举派典籍目录》（藏文）出版计划。

2007年：青海省人民政府发布《关于进一步加强我省古籍保护工作的意见》。

2007 年 8 月：中央民族大学才让太等受聘为“文化部全国古籍保护工作专家委员会”藏学古籍专家成员。

2007 年 8 月 3 日：在北京召开全国古籍保护试点工作会议，提出“今年的古籍保护工作重点是对包括寺庙藏书在内的全国各级图书馆、博物馆、民间所藏古籍情况进行深入的摸底普查，为古籍定级、库房改造、古籍保护、成果利用等工作奠定基础”。

2007 年：西藏大学图书馆从西藏日喀则尼拉木地区收购一批 11 世纪藏文古籍。

2007 年 5 月 12 日：西北民族大学与甘肃省武威市博物馆合作整理藏文古籍 409 函。

2007 年 8 月 19—21 日：在甘肃省兰州市西北民族大学召开“全国民族院校藏文文献整理工作研讨会”。本次会议是新中国成立以来首次召开的全国民族院校藏文文献整理研讨会，会议决定全国民族院校联合编辑《全国民族院校藏文文献联合目录》和建设“全国民族高校藏文文献全文数据库”。

2007 年 11 月：西藏自治区文化厅向国家文化部上报《旁唐目录》等第一批珍贵古籍名录。

2007 年 12 月 5 日：黄南藏族自治州人民政府颁布《关于进一步加强我州古籍保护工作意见的通知》。

2008 年 3 月：西藏申报的《因明正解藏论》（元写本）、《旁唐目录》（十四世纪写本）、《大藏经·甘珠尔》（明永乐刻版）和《白琉璃》（清抄本）、《苯教经咒集要》（明写本）和《四部医典·后续医典部注释》（明写本）等古籍入选国务院公布的第一批《国家珍贵古籍名录》。

2008 年 7 月 25 日：第十次六省区市藏文古籍工作协作会议在甘肃省兰州市召开。

2008 年 8 月 19 日：新疆公布克拉玛依市乌尔禾镇新疆生产建设兵团农七师一三七团王全新收藏的藏文古籍残卷。

2008年9月9日：西藏自治区文化厅召开“西藏古籍保护工作会议”，决定在西藏进行一次大规模的古籍普查工作，并制定《西藏自治区古籍普查工作方案》，计划在2010年6月前完成西藏古籍普查工作。普查对象为西藏境内的各公共图书馆、文博单位、高等院校图书馆、科研单位图书馆、寺庙及个人收藏，普查内容包括古籍基本信息、破损和保存状况等内容。普查后将编制《西藏古籍联合目录》。

2008年9月10日：青海藏医药文化博物馆落成。该馆是目前世界上唯一一座全面系统反映藏医药文化的综合型专业博物馆，计划设藏医学史、曼唐器械、古籍文献、藏药标本、天文历算、彩绘大观、藏族民俗、藏式建筑、藏文书法、藏医养生等展厅。

新中国成立60年中国朝鲜族方志简介

崔　莲

中国是一个统一的多民族国家，朝鲜族是中国56个民族之一。由于朝鲜族是迁入民族，是由邻邦朝鲜人迁入中国后逐渐形成的，因此成为中华民族的一个较年轻的成员。据2000年第五次全国人口普查统计，全国朝鲜族人口为192万，主要分布在东北三省及内蒙古自治区。新中国建立后根据我国民族区域自治政策，先后设立延边朝鲜族自治州、长白朝鲜族自治县及39个朝鲜族自治乡（镇）。延边朝鲜族自治州辖延吉、图们、龙井、和龙、珲春、敦化六市和汪清、安图两县。由于历史原因，新中国建立前中国朝鲜族方志只有民国《延吉县志》、宣统《安图县志》、民国《安图县志》、光绪《珲春地理志》、民国《珲春县志》、民国《珲春县乡土志》、民国《额穆县志》等几部。新中国建立60年来，在党的民族政策的指引下，延边朝鲜族自治州、长白朝鲜族自治县及延边朝鲜族自治州辖8个县市全部出版发行方志，各种部门志、专业志也陆续出版发行，为朝鲜族研究提供了一批珍贵的资料。目前，笔者收集到新中国建立后出版发行的中国朝鲜族方志180部，其中，朝鲜族方志10部，延边州164部，长白县6部。为便于各族人民更好地了解朝鲜族和进行研究，下面将对这些方志进行简要介绍。

1. 朝鲜族方志

朝鲜族方志共10部，其中，简志3部，地方朝鲜族志5部，朝鲜族专业志2部。

朝鲜族简志3部，编者均为中国科学院民族研究所吉林少数民族社会历史调查组，属内部资料，至今无正式出版物。《朝鲜族简志》，1961年印，113页，少数民族史志丛书。朝鲜族第一部简志。内容分为七章，包括：第一章概况；第二章解放前的社会面貌和反帝、反封建斗争；第三章民族区域自治；第四章民主改革和社会主义革命；第五章经济建设的辉煌成就；第六章文化教育事业的蓬勃发展；第七章人民公社万岁等。《朝鲜族简志：初稿》，1963年印，154页，少数民族史志丛书。《朝鲜族简志：初稿》，1964年印，261页。

地方朝鲜族志共5部。其中，辽宁省4部，全部公开出版；吉林省1部，内部发行。《沈阳朝鲜族志》，沈阳市民委民族志编纂委员会编，辽宁民族出版社1989年出版。上限自1840年，下限至1985年。《丹东朝鲜族志》，丹东市民族宗教事务委员会民族志编纂委员会编，辽宁民族出版社2000年出版。《清原朝鲜族志》，清原满族自治县朝鲜族志编纂委员会编，辽宁民族出版社1999年出版。第一部清原朝鲜族志。《新宾朝鲜族志》，主编金梦顺、金顺化，新宾满族自治县民委朝鲜族志编纂组编，辽宁民族出版社1994年出版。《吉林市朝鲜族志：1907—1988》，吉林市民族事务委员会专志编写领导小组编，1999年印。吉林省朝鲜族第一部志书。

朝鲜族专业志共2部，均为公开出版。《朝鲜语简志》，宣德五等编著，民族出版社1985年出版，国家民委民族问题五种丛书之一，中国少数民族语言简志丛书。《朝药志》，崔松男主编，延边人民出版社1995年出版。该书收录了朝鲜族习用的植物、动物、矿物药100种。

2. 延边朝鲜族自治州方志

延边朝鲜族自治州方志共计164部，其中，延边朝鲜族自治州州属志32部，延吉市11部，图们市10部，龙井市11部，珲春市22部，和龙市11部，敦化市22部，汪清县15部，安图县30部，长白朝鲜族自治县6部。

2.1　延边朝鲜族自治州属志

延边朝鲜族自治州建国后出版发行的州属志共32部。

州志共2部。《吉林省延边朝鲜族自治州州志：初稿》，佚名编，油印本，1963年印，3册。延边朝鲜族自治州第一部州志，吉林省第一部地区级志书。该志是延边地区自开发以来至1963年的延边地区之全史。内容分为六章，书末附有大事记。《延边朝鲜族自治州志》，延边朝鲜族自治州地方志编纂委员会编，中华书局1996年出版，2册（1971页），吉林省地方志丛书之三十四。该志书是延边地区建制以来公开出版的第一部志书。编首设总述、大事记，分设专志31篇，附录殿后。正文包括：区域建置、自然环境、人口、民族、政党、群团、政权、政协、政务、公安、司法、军事、国民经济管理、农业、林业、水利、工业、乡镇企业、交通、邮电、城乡建设、环境保护、财税、金融、商业、对外经济贸易、口岸、教育、科学技术、文化、文物、报纸、广播、电视、出版、卫生、体育、宗教、人物等31篇。大事记纵观古今，凡属历史上影响较大的事均予记载。附录包括：有关界务条约、旧志序跋、重要文件辑存、本届修志文献、修志期间成果等。上限为1714年，下限至1988年。该志填补了延边历史空白，是集思想性、科学性、资料性为一体的百科全书。

州专业志30部。《延边朝鲜族自治州人民代表大会志：1945.11—2007.12》，刘锡春主编，延边朝鲜族自治州人民代表大会志编纂委员会编，延边人民出版社2007年出版。《延边朝鲜族自治州人事志》，主笔李遂禄，延边朝鲜族自治州人事局编，

1988年印。《法院志：1952—1992》，尹春范主编，延边朝鲜族自治州中级人民法院志编纂委员会编，1992年印。《延边物资志》，延边物资局编，1988年印，吉林物资系统志丛书之十三。《延边朝鲜族自治州土地志》，潘熙浩主编，延边朝鲜族自治州土地志编纂委员会编，延边人民出版社2002年出版。《延边林业志》，赵华主编，延边林业志编辑部编，延边朝鲜族自治州林业管理局林业志编纂委员会1990年印，延边林业志丛书之首卷。《延边电业局志．第一卷：1918—1985》，李家琦主编，1987年印。《延边朝鲜族自治州邮电志》，金泰昊、韩显卿主编，延边朝鲜族自治州邮电局编，1988年印。《吉林省邮电志，延边卷》，主编刘广新，延边朝鲜族自治州邮电局编，北京燕山出版社1997年出版。《延边朝鲜族自治州税务志：1851—1988年》，傅继舜主编，延边朝鲜族自治州税务局编，1994年印。延边朝鲜族自治州第一部税务志。《延边财政志》，延边州财政局史志办编，1989年印。《延边金融志：1894—2000》，王连德主编，延边大学出版社2004年出版。《延边朝鲜族自治州志，文化艺术篇：送审稿》，陈涌河主编。《延边新闻志　延边日报新闻志》，金秀国、朱玉斌主编，延边日报社编，1988年印。《延边朝鲜族自治州广播电视志：1938—1985》，延边朝鲜族自治州广播电视局史志编辑室编写，1988年印。《延边朝鲜族自治州教育志：1715—1988》，延边朝鲜族自治州教育志编纂委员会编，东北朝鲜民族教育出版社1992年印。延边第一部教育专志。《延边朝鲜族自治州教育志（续志）：1989—2006》，延边朝鲜族自治州教育局编，2008年公开出版。延边第二部教育专志。《延边朝鲜族自治州戏曲志》，金昌浩主编，《延边朝鲜族自治州戏曲志》编辑部编，1988年印。《延边朝鲜族自治州卫生志》，蔡春锡主编，延边州卫生局卫生志编纂小组编，1990年印。《延边妇幼保健志：1918—1988年》，延边妇幼保健院编。《延边朝鲜族自治州土壤志》，刘忠杰主编，延边大学出版社1990年出版。《延边朝鲜族自治州水利志》，高振东主编，延边朝鲜族自治州水利局编，2001年印。《吉林敖东药业集团公司志：1993—2003》，吉林敖东药业集团股份有限公司编，2005年印。《大石头林业局志》，主编林松岚，大石头林业局志办公室编，1989年印，延边林业志之四。《大兴沟林业局志》，主编尹天祥，延边州林业管理局林业志编纂委员会编，1990年印。《延边公路客车厂厂志：1953—1986》，周振英主编，1993年印。《图们铁路分局志：1922—1988》，郭兆太主编，《图们铁路分局志》编纂委员会编。中国铁道出版社1994年出版。《图们铁路分局工会志：1945—1999》，主编邱玉光，《图们铁路分局工会志》编纂委员会编，2000年印。图们铁路分局第一部工会志书。《吉林长白山国家级自然保护区管理局志》，李文生主编，吉林长白山国家级自然保护区管理局编，1990年印。《吉林长白山国家级自然保护区管理局志：1989—2004》，李文生主编，吉林长白山国家级自然保护区管理局编，2006年印。

2.2　延吉市

延吉市是延边朝鲜族自治州首府。延吉市建国前无志，建国后出版发行市属志11部，其中，市志2部、专业志9部。《延吉市志：1881—1985》，金信后主编，吉林省延吉市地方志编纂委员会编，新华出版社1994年出版，吉林省地方志丛书之二十五。首部延吉市志。全书共设20篇101章302节。《延吉市志：1986—2000》，延吉市地方志编纂委员会编，中华书局2003年出版，吉林省续修市州县志之三。第二部延吉市志。《法院志：1953—2003》，吉林省延吉市人民法院志编纂委员会编印。延吉市第一部法院志。《延吉市城市建设志》，李哲云，林万镐主编，延边人民出版社1990年出版。《延吉市土地志：1840—1995》，金成银主编，《延吉市土地志》编纂委员会编，延边人民出版社

2000年出版。延吉市第一部土地志。《延吉市交通志》，周文主编，延吉市交通志编纂委员会办公室编，1988年印，延吉市地方志丛书。《延吉金融志》，姜延福编纂，东北师范大学出版社1990年出版。《延吉市文物志》，《吉林省文物志》编委会主编，1985年印，吉林省文物志丛书。《延吉市地名志》，延吉市人民政府编，1986年印，吉林省地名志丛书之五十一。《延吉市卫生志》，金明学主编，延吉市卫生局1987年印。延吉市第一部卫生志。《吉林省延吉市土壤志》，延吉市农业区划委员会办公室编，1986年印。

2.3　图们市

图们市建国前无志，建国后出版发行市属志10部，其中，市志1部、专业志9部。《图们市志：1644—1985》，蓝海主编，吉林省图们市地方志编纂委员会编，吉林文史出版社2006年出版。该志内容分为二十三篇。图们市第一部志书。《工商行政管理志［吉林省图们市］》，王德元主编，图们市工商行政管理局编，1987年印。《图们制材厂志》，主编历宝曙，图们制材厂厂志办公室编，延边朝鲜族自治州林业管理局林业志编纂委员会1988年印，延边林业志之十。《吉林省图们市邮电志》，张志水编著，图们市邮电局编，吉林省图们市邮电局志编纂委员会1987年印。图们市第一部邮电志。《图们市邮电局志》，金勋主编，吉林文史出版社1996年出版。《吉林省图们市供销合作社史志：1965.7—1989.6》，1989年印。《图们市文化馆志：1949—1985》，图们市文化馆编，油印稿，1987年印。《图们市文物志》，《吉林省文物志》编委会主编，1985年印，吉林省文物志丛书。《图们市地名志》，图们市地名志编辑委员会编，1985年印。图们市第一部地名志。《吉林省图们市土壤志》，图们市农业区划委员会办公室编，1984年印。

2.4 龙井市（原名延吉县、龙井县）

龙井县建于1913年（民国二年），始称延吉县，1983年4月7日更名为龙井县，1988年撤县改市。龙井市属志11部，其中，县志1部、专业志10部。《龙井县志》，龙井县地方志编纂委员会编，东北朝鲜民族教育出版社1989年出版，吉林省地方志丛书之七。龙井县第一部志书。《龙井物资志》，主编李春，龙井县物资局编，1988年印，吉林物资系统志丛书之十。《龙井县林业志》，主编朴荣吉，龙井县林业局林志办编，延边朝鲜族自治州林业管理局林业志编纂委员会1990年印。《龙井发电厂志：1938—1985》，主编崔欣烈，龙井发电厂志编纂委员会编。《开山屯化学纤维浆厂志：1936—1988：上中下卷》，朴东燮主编，开山屯化学纤维浆厂厂志编辑室编。《龙井县文物志》，吉林省文物志编委会主编，1984年印。《龙井县地名志》，龙井县人民政府1985年印。龙井县第一部地名志。《龙井县野生经济植物简志》，龙井县农业区划委员会办公室编，油印稿，1984年印。《延吉县土壤志：讨论稿》，延吉县农业区划委员会办公室编，油印稿，1983年印。《吉林省龙井县土壤志》，龙井县农业区划委员会、龙井县农牧局1984年印。《龙井县水利志》，李树山，任承赫执笔，龙井县水利局1990年印。

2.5 珲春市（原名珲春县）

珲春市原名珲春县，1988年撤县设市。建国前珲春县有3部志书，建国后出版发行市属志22部，其中，市志3部、专业志19部。《珲春市志》，郎景宽总编，珲春市地方志编纂委员会编，吉林人民出版社2000年出版，吉林省地方志丛书之三十七。该志是继1931年朱约之监修《珲春县志》后的第二部珲春志。上限自清康熙五十三年（1714）建珲春协领衙门时起，下限至1987年。《珲春史志》，安龙祯整理，吉林文史出版社1990年出版，长白丛书第四集。该书以《珲春县志》为主体，兼收《珲牍偶存》、《珲春琐记》和《珲春地理志》四种东疆文献。《珲春史志》，李澍田主编，再版，中共珲春市委办公室2009年印。《珲春军事志：1714—1988年》，主编关庆瑞，珲春市人民武装部编，1992年印。珲春市第一部军事志。《珲春县物资局简志》，李永吉等编，珲春县物资局志编委会编，1988年印。《珲春粮库志：1715—1985》，金光彬主编，吉林省珲春县珲春粮库志编写小组编，1988年印。《珲春县林业志》，吴士喜主编，吉林省延边朝鲜族自治州林业管理局林业志编撰委员会编，1990年印。《吉林省珲春县粮食志：1715—1985》，陈立主编，吉林省珲春县粮食局编，1988年印。《珲春县商业局志》，顾平志主编，珲春县《商业局志》编写委员会编，1987年印。《珲春县税务志》，李兴业主编，珲春县税务志编委会编，1987年印。《珲春文化艺术志》，珲春文化艺术志编辑委员会编，1990年印。《珲春县体育志》，李能镐等编，珲春县体育志编委会编，1987年印。《珲春市民族志：1860—1987》，主编李能镐，珲春市民族志编写组编，1988年印。《珲春县文物志》，《吉林省文物志》编委会主编，1984年印。《珲春市地名志》，金自龙主编，珲春市地名委员会编，1989年印，吉林省地名志丛书之五十七。珲春市第一部地名志。《珲春县卫生志》，李能镐主编，珲春县卫生志编辑委员会编。1986年印。珲春县第一部卫生志。《珲春市卫生防疫站志：1953—1988》，李能镐主编，卫生防疫站志编委会编，1989年印。《珲春县医院志》，崔炳录主编，珲春县医院志编写小组编，1986年印。珲春县医院第一部院志。《珲春卫生职工中等专业学校志》，柳兴洙主编，珲春卫生职工中等专业学校志编委会编，1987年印。《吉林省珲春县土壤志》，金光益主编，珲春县农业志编委会编，珲春县农业局、珲春县土壤普查办公室1985年印。《珲春灌区志》，主编黄龙吉，吉林省珲春灌区志编辑室编，1992年印。《珲春县水利志》，黄龙吉主编，吉林省珲春市水利局著，1989年印。

2.6　和龙市（原名和龙县）

和龙市原名为和龙县，1993年7月撤县设市。和龙市建国前无志，建国后出版发行市属志11部，其中，市（县）志2部、专业志9部。《和龙县志》，许正昊总编，和龙县地方志编纂委员会编，吉林文史出版社1992年出版，吉林省地方志丛书之十二。和龙县第一部志书。上限溯源，下限至1987年。《和龙市志：1988—2000》，和龙市地方志编纂委员会编，吉林人民出版社2008年出版，吉林省地方志丛书之二十四。和龙市第二部志书。上限起1988年与前志接轨，下限止于2000年。《和龙林业局志》，主编王振华，《和龙林业局志》编辑室编，延边朝鲜族自治州林管局林业志编纂委员会1988印，延边林业志丛书之二。《和龙县林业志》，主编杨静儒，吉林省延边朝鲜族自治州林业管理局林业志编纂委员会编，1990年印。《八家子林业局志》，吴刚、陈建文主编，八家子林业局志办公室编，延边朝鲜族自治州林业管理局林业志编纂委员会1990年印。《和龙市税务志》，王德发主编，延边人民出版社1999年出版。《吉林省和龙县土壤志》，吉林省延边朝鲜族自治州和龙县农业区划委员会办公室、吉林省延边朝鲜族自治州和龙县农业局土壤普查办公室编，1983年印。《和龙县科技志》，主编崔河协，吉林省和龙县《科技志》编纂领导小组编印。和龙县第一部科学技术专业志书。《和龙县文物志》，《吉林省文物志》编委会主编，1984年印。《和龙县地名志》，和龙县地名委员会编，1984年印。《和龙县医药志》，李凤虎主编，吉林省和龙县医药公司编志办编，1989年印。

2.7　敦化市（原名敦化县）

敦化市原名为敦化县，1985年撤县设市。敦化市建国前有1部志，建国后出版发行市属志22部，其中，市志1部、专业志

21部。《敦化市志》，温大成主编，敦化市地方志编纂委员会编，新华出版社1991年出版，吉林省地方志丛书之六。该志上限自光绪六年十二月二十六日（1881年1月）始建县治、定名敦化时起，下限至1985年。《中共敦化市委员会、敦化市人民政府党政志》，马吉祥等主编，中共敦化市委组织部编，1989年印。敦化县第一部党政专志。《敦化市人民代表大会志》，主编邹卫华，吉林省敦化市人大常委会编，2002年出版。《敦化市政协志》，王玉海主编，政协敦化市委员会，《敦化市政协志》编纂委员会2000年印。《敦化市土地志》，主编刘发，敦化市土地志编纂委员会2001年印。敦化市第一部土地志。《白河林业局志》，张猛主编，延边朝鲜族自治州林业管理局林业志办公室编，1989年印，延边林业志丛书之五。《黄泥河林业局志》，于雷主编，吉林省延边朝鲜族自治州林业管理局林业志编撰委员会编，1988年印，延边林业志丛书之三。黄泥河林业局第一部林业志。《敦化市农业机械化志》，敦化市农业机械化志编写组1986年编印。敦化市农机事业上第一部志书。《敦化市工业志》，袁旨奇主编，敦化市工业局1988年编印。敦化市地方志丛书之一。《敦化市交通志：公元1950—1996》，刘喜祥主编，敦化市交通志编纂委员会办公室编，1999年印。敦化市第一部交通志。《敦化市地方税务志：1994—2003》，敦化市地方税务志编纂委员会2004年编印。《敦化林业机械厂志》，杨继顺主编，《敦化林业机械厂志》办公室编，延边朝鲜族自治州林业管理局林业志编纂委员会1990年印，延边林业志丛书之十二。《敦化市教育志》，李建树主编，敦化市教育局2003年编印。敦化市第一部教育志。《敦化市民族志》，主编金光哲，敦化市民族志编写委员会编，敦化市民族事务委员会1991年印。《敦化市文物志》，吉林省文物志编委会主编，1985年印。敦化市第一部文物志。《敦化县地名志》，敦化县地名委员会1985年编印。敦化县第一部地名志。《敦化县野生动物简志》，林德发、王永昌、王佳贵执笔，敦化县农业区划办公室编，1983 年印。《敦化市医院院志：1947—2002》，马克仁主编，敦化市医院院志编纂委员会 2003 年印。《敦化卫生志》，敦化市卫生志编委员会著，1988 年印。《敦化市水利志》，刘树桐主编，敦化市水利局编，1992 年印。

2.8 汪清县

汪清县建国前没有志书，建国后出版发行县属志 15 部，其中，县乡志 2 部、专业志 13 部。《汪清县志：1909—1985》，李全德主编，汪清县地方志编纂委员会编，2002 年印。该志上自 1909 年汪清县之时起，下至 1985 年止。《东光乡土志：初稿》，金七星执笔，中共汪清县东光乡委员会编著，中共东光乡委员会、东光乡人民政府 1984 年印。汪清县东光地区第一部乡土志。《汪清县城乡建设志》，汪清县城乡建设委员会 1989 年编印。汪清县第一部城乡建设志。《天桥岭林业局志》，孙悦发主编，《天桥岭林业局志》编辑室编，延边朝鲜族自治州林业管理局林业志编纂委员会 1989 年印，延边林业志之九。天桥岭林区第一部林业志。《汪清林业局志》，李惠杰主编，吉林省延边朝鲜族自治州林业管理局林业志编纂委员会 1990 年编印，延边林业志之七。《汪清县林业志：1878—1985》，主编林达洙，延边朝鲜族自治州林业管理局《林业志》编撰委员会编，1989 年印，延边林业志丛书之二十。汪清县第一部林业志。《汪清县农业志：修正稿》，金东春编写，油印本，1987 年印。《汪清县水利志：1896—1985》，主编崔载轼，汪清县水利志编辑室 1991 年编印。《汪清县税务志》，洪东杓编写，汪清县税务局 1988 年编印，抄本。《汪清县金融志：1909—1985》，刘弘吉主编，中国人民银行汪清县支行 1989 年印。《汪清县文物志》，《吉林省文物志》编委会主编，1984 年印。《汪清县野生动物简志》，王永明、金朱编写，汪清县农业区划办公室 1985 年编印，油印本。《汪清野生植物志

. 第1册》，王永明编写，汪清县科协、汪清县教育学会1984年印。《汪清县卫生志：1890—1985》，汪清县卫生志编写组1988年编印。汪清县第一部卫生志。《汪清县土壤志》，汪清县农业区划委员会办公室1984年印。

2.9 安图县

安图县建国前有2部志，建国后出版发行县属志30部，其中县志1部、专业志29部，志书数量居延边州各县市首位。《安图县志》，安图县地方志编纂委员会编，吉林文史出版社1993年出版，吉林省地方志丛书之十八。安图县第三部县志，是第一次以记载社会主义建设为主体的志书。上限始于设治时，下限止于1985年。《安图县政协志》，《安图县政协志》编纂委员会编，延边大学出版社1999年出版。《安图县民政局志》，安图县民政局编，1987年印。《安图军事志：1909—1986年》，吉林省安图县人民武装部1988年编印。《安图县乡镇企业志》，《安图县乡镇企业志》编写领导小组1988年编印，油印稿。安图县乡镇企业第一部志书。《安图县城乡建设志》，安图县城乡建设委员会1987年编印，油印稿。《安图森林经营局志》，王燕铭主编，《安图森林经营局志》编辑室编，延边朝鲜族自治州林业管理局林业志编纂委员会1988年印，延边林业志丛书之十四。《安图县粮食志：1906—1985》，吉林省安图县粮食局1985年编印。《安图县林业志》，陈恒林总编，《安图县林业志》办公室编，延边朝鲜族自治州林业管理局林业志编纂委员会1990年印，延边林业志丛书之十六。安图县第一部林业志。《安图县农业志：初稿．上下册》，李成洙主编，安图县农业局农业志编纂办公室1987年编印，油印稿。安图县第一部农业志。《榆树川发电厂志》，刘仁勋主编，安图县《榆树川发电厂志》编写委员会编，1987年印。《安图县二轻工业局志：初稿》，安图县二轻工业局志编写组1987年编印。安图县二轻工业第一部志书。《安图县交通志》，安图县交通局编，油印稿，1987 年印。安图县第一部交通志。《安图县邮电志》，主编卢杰，安图县邮电局编，1986 年印。《安图县供销社志：初稿》，李伟周主编，安图县供销社志办公室 1987 年编印，油印稿。安图县第一部供销专业志。《安图县商业局志：初稿》，安图县商业局志办公室编，油印稿，1987 年印。《安图县财政志》，于天洲编纂，安图县财政志编写组编，油印稿，1987 年印。安图县第一部财政志。《安图县金融志》，主笔张献成，安图县金融志领导小组编，油印稿，1987 年印。安图县第一部金融志。《安图县税务志》，景树祥主编，安图县税务局 1994 年编印。《安图县教育志．上中下册》，安图县教育志编写组编，油印稿，安图县教育志办公室 1989 年印。《安图县教育志》，田子斌主编，安图县教育志编纂委员会编，延边大学出版社 1999 年出版。安图县第一部公开出版的教育志。《安图县体育志》，安图县体育运动委员会编，油印稿，1988 年印。安图县体育事业第一部志书。《安图县民族志》，安图县民族事务委员会编，抄本，1988 年印。《安图县文物志》，《吉林省文物志》编委会主编，1985 年印。《安图县地名志》，孙忠海主编，安图县人民政府编，延边人民出版社 1989 年出版，吉林省地名志丛书之四十。《安图县爱国卫生运动志》，安图县爱国卫生运动委员会 1987 年编印，油印稿。安图县爱国卫生运动历史上第一部专业志。《安图县卫生志：1909—1985》，主笔谷志方，吉林省安图县卫生志编辑组编，1988 年印。安图县第一部卫生志。《安图制药厂志．第一卷：1969—1989》，《安图制药厂志》编纂小组编，1989 年印。《吉林省安图县土壤志》，安图县农业区划委员会办公室 1985 年编印。《安图县水利志》，安图县水利局编，1994 年印。

3. 长白朝鲜族自治县

长白朝鲜族自治县是 1958 年 9 月 15 日经国务院批准撤销长

白县建制建立的，是国内唯一的朝鲜族自治县。目前公开出版县志2部，内部发行专业志4部。《长白朝鲜族自治县志：1908—1985》，长白县志编纂委员会编，中华书局1993年出版，吉林省地方志丛书之三十六。长白朝鲜族自治县第一部志书，翔实地记载了自清末光绪三十四年（1908）建治至1985年长白沧桑变迁和历史兴衰更迭，侧重记载了长白解放后长白所走过的道路和创下的光辉业绩。《长白朝鲜族自治县志：1986—2005》，韩连第主编，长白朝鲜族自治县志编纂委员会编，吉林文史出版社2009年出版。长白朝鲜族自治县第二部志书。《长白朝鲜族自治县林业志》，孙准兴、郭发祥主编，长白朝鲜族自治县林业局、长白森林经营局1992年印。《长白朝鲜族自治县水利电力志》，长白朝鲜族自治县水利电力局1989编印，油印本。《长白朝鲜族自治县文物志》，吉林省文物志编委会1986年编印，吉林省文物志丛书。《长白朝鲜族自治县地名志》，长白朝鲜族自治县政府1985年编印，吉林省地名志丛书之三十七。长白朝鲜族自治县第一部地名志。

建国60年来出版发行的180部中国朝鲜族方志，为我们提供了大量珍贵的史料和信息。对这些丰富的资源，应进行深层分析和研究。但因篇幅所限，本文简述到此，日后再续谈。

参考文献：

1. 杨昭全等：《中国朝鲜族革命斗争史》，长春：吉林人民出版社，2007年。

2. 国家民族事务委员会经济发展司，国家统计局国民经济综合统计司编：中国民族统计年鉴（2007），北京：民族出版社，2008年。

3. 梅森、刘辰主编：《中国专业志要览》，合肥：安徽科学技术出版社，1997年。

4. 全国方志资料工作协作组编:《中国新方志目录:1949—1992》,北京:书目文献出版社,1993 年。

5. 吉林方志大全/曹殿举主编.——长春:吉林文史出版社,1989。

6.《图书目录》编写小组:《图书目录:1947—2000》(朝鲜文),延吉:延边人民出版社,2001 年。

吴丰培边疆史料丛书的编纂成就及特点

李　婷

吴丰培（1909—1996 年），出生在江苏吴江一个书香门第之家，父亲吴燕绍为清季廷试进士，是一位边疆史地学专家。吴丰培幼承家教，走上治学之路。1930 年他考入北京大学国学研究所，师从著名明清史专家朱希祖、孟森，历时五年。1935 年毕业后进入北平史学研究会任编辑。“七七事变”后，吴丰培辗转于各校，先后在辅仁大学、北京大学、北京师范大学就职，从事教学和科研工作。① 50 年代初院校合并，吴丰培调至中央民族学院任教，1957 年又进入学院图书馆工作。数十年如一日孜孜不倦地从事民族史料的搜集、钞纂、整理和传播工作，为后人留下了 2000 万字的编著，其治学之勤奋，成果之丰厚，令世人景仰。

（一）编辑边疆史地资料

作为一名著名的边疆史地学家、藏学家和版本学家，他以民族大学图书馆数量宏富、品种繁多的古籍收藏为基础，开始了长达 40 年的边疆史地的编纂与刊刻。他先后编纂的图籍主要有：

---

① 吴丰培还兼任中俄关系研究会华北分会理事，国家教委民族学科文献信息中心委员、中国科学院边疆史地研究中心研究员、西藏社会科学院汉文文献编辑室顾问、《中国地方志集成》编辑委员会委员等职。

《边疆丛书》及续编十二种、编纂《中国民族史地丛刊》三十种、《甘新游踪汇编》三十六种、《川藏游踪汇编》二十六种等民族史料丛书。

吴丰培是著名的边疆史地学家，他以其出版家特有的眼光和魄力，出版了多部有影响的边疆史地丛书，对边疆研究起到了极大的推动作用。

1. 方略六种

方略是清代创编的一种记载军事的官方著作。清朝每当一件军事结束以后，必开设方略馆，以大学士领衔，组织编纂班子，班子里大都是瀚苑人员。方略馆调集有关事件的上谕档案、地方官员和主持战役的统帅奏折，采用编年体，按事件的原原本本逐一详细记录，按日编纂，书成取名方略。方略用于记述战事始末，每一战事集成一种方略，因全据旧档，系属第一手资料内容丰富，比《清历朝实录》和《东华录》详尽得多。后者不载奏折全文，仅有上谕，且一再修改。方略编成，印数极少，赏赐给王公大臣或边疆大吏，作为办事的典则。清朝一代共编辑二十二种方略，大部分方略编制均集中在乾隆时期，台北学者曾编印了《方略丛书》，收集了嘉庆以后之军事方略。1985 年 2 月，吴丰培以馆藏底本选印了最为难得的《平定金川方略》、《平定两金川方略》、《巴勒布纪略》、《廓尔喀纪略》①，由西藏社会科学院汉文文献编辑室编印。《巴勒布纪略》、《廓尔喀纪略》均为叙述西藏地方与廓尔喀边境事件的官书，是藏史中极为重要的部分，吴丰培在《廓尔喀纪略》序言中认为它“胜于《卫藏通志》。”后他又选了《兰州纪略》，由中央民族大学图书馆编印。另外《安南纪略》，因世无刊本，他用旧抄本断句，由全国图书馆文

① 此四种著作均收入《西藏学汉文文献汇刻》第一辑。

献缩微复制中心编印刊行。最后，又加上《平定准噶尔方略》。尤其难能可贵的是从外馆编印了《平定察哈尔方略辑补》、《平定三逆方略》、《平定海寇方略》、《平事实上朔漠方略》定名为《清代稀见方略四种》由文献缩微复制中心出版。这样，他完成了嘉庆以前清代方略的编印，使清代战事前后衔接。史料的编印，为研究清代边疆史地及军事提供了基本史料。

此类方略未刊行的自然罕见，就是曾用清殿版刻印方略在当年修成印数极少、传本不多。社会很少流传，许多史学研究者自难见原本。吴丰培用殿版影印，为每部方略撰写提要，对编排加以说明，为研究清军事史提供了珍贵的文献史料。

2. 西域文献

吴丰培很早就关注到西域问题，明代有很多关于西域之记载，但散见于各丛书中，不易参用。他集数十年功力，辑录古籍文献中赴西域之作，从汉到明二千年的罕见之著中选编大量有关西域的著述影印出版。

第一，他辑录有关珍贵的敦煌残卷及分见各史籍中之珍本，汇编成《丝绸之路资料汇钞》，1984 年由全国图书馆文献缩微中心出版。内有《出关记》、《西域风土记附班勇传》、《由长安发迹至西域之旅程》、《西域记》、《使西域记》、《悟空入竺记》、《往五天竺国记》、《安西入西域道》、《经行记》、《岑嘉州诗选》、《西州图经》、《沙州伊州记程》、《西游录》、《西域行程记行诗》、《西游记》、《塞北纪行附西游记金山以东释》、《北行记》、《西使记》、《土鲁番记》、《送陈郎中谈西域记》、《西域番国志》、《西域诸国志》二十八种，行销不久即行再版，足见为史地研究者所重。1993 年，又增补《汉书·西域传》、《北史·西域传》为《丝绸之路资料汇钞补遗》，由全国图书馆文献缩微中心出版。

第二，他汇编明代西域史料，抄录出《明实录》中有关西域的史料，加上《复兴哈密记》、《平番始末》、《哈密志》、《吐鲁番侵略哈密事迹》、《明代经营西域议选编》汇编成《明代西域史料辑要》，1985年由中央民族学院图书馆胶印出版。

第三，他还将研究新疆史地语言必备的《西域同文志》和《钦定皇舆西域图志》两部重要古籍，加上《新疆大记补编》和《新疆四赋》四种，于1985年、1986年分别由中央民族大学古籍办和图书馆影印出版。

第四，新疆建省较迟，至光绪十年（1884）始行建立与内地行省相同的地方政府机构，他将第一任巡抚刘锦棠和第二任巡抚陶模的奏稿先后整理，分别用原书影印，《刘襄勤公奏稿》、《陶勤肃翁新疆奏稿》分别于1986年、1987年由全国图书馆缩微中心出版。新疆第三任巡抚饶应祺稿本，由饶氏后人捐献本馆，原稿共160册（件），吴很早就关注这批未刊奏稿信函电文，一直想编纂并做了部分整理工作，笔者可从原稿上看到先生的批校和题记。后因经费难以筹措而作罢。

第五，其他地方志方面，整理了《伊江汇览》、《伊江载集》、《宪章录》作为《新疆稀见史料汇辑》，由全国图书馆文献缩微中心出版。这些史料的编纂，对于新疆研究提供了有用的资料。

3. 蒙古史料

有关蒙古方面的史料，吴丰培先生共做了两方面工作。

第一，1990年编辑《清末蒙古史地资料丛刊》共收七种著述，由边疆中心文献缩微复制中心编印刊行。包括《定边纪略》、《乌里雅苏台志略》、《库伦志》三种地方志，又《三多库伦奏稿》为奏稿，《朔漠方略》、《游蒙日记》、《奉使喀尔喀纪程》为游记，均属罕见之本。

第二，编辑了《科布多史料辑存》四种，其中《桂祥科布多奏稿》、《连魁科布多奏稿》均属馆藏孤本，加上《科布多巡边日记》、《科布多政务总册》于1986年由书目文献出版社出版。两种蒙古丛书的出版，为研究蒙古历史提供了重要的史料。

4. 西藏史料

西藏是我国领土不可分割的一部分，自元代起西藏就正式归于我中国版图，明清朝进一步加强了对西藏的管理，清首次设置驻藏大臣。吴丰培先生在继续研究明史的同时，整理家藏文献蒙藏旧档，开始了对西藏史的研究。在顾先生的积极督导下，他早在民国26年（1937）出版《清代西藏史料丛刊》第一辑和《清季筹藏奏牍》。后加入禹贡学会，发表《记班禅达赖失和事》一文。

后又编纂了《清代藏事辑要》和《续编》，与曾国庆合编《清代驻藏大臣传略》，由西藏人民出版社出版；又选编《镇抚事宜》（六种）、《西藏纪游》、《西藏奏疏》及《康輶纪行》[①]，均由西藏学汉文文献编辑室编著印；又编纂《抚远大将军允禵奏稿》，此书原为满文，60年前译成汉文，由缩微中心出版；又影印了《西藏奏疏》，由汉编室付印；《景纹驻藏奏稿》由四川民族出版社出版（以下简称川社）；《联豫驻藏奏稿》，藏社出版，此书系两处残本配齐编成，曾得国家民委哲学社会科学优秀科研成果三等奖；《赵尔丰川边奏牍》由四川人民出版社出版，它与《联豫驻藏奏稿》成为姊妹篇，可以互相参用。又根据原稿本编成《有泰驻藏日记》，由中国藏学出版社出版；《民元藏事电稿》后附《藏乱始末见闻记四种》，由中国藏学出版社出版；《番僧源流考》、《西藏宗教源流考》、《西藏志》、《西招图略》，均由中国藏学出版社出版；又《四厅纪程》，由古籍办付印；还有《理藩部则例》，藏学社出版；《五边典则》由民大图书馆铅印

① 这四种加上《平定金川方略》和《平定两金川方略》，《巴勒布纪略》、《廓尔喀纪略》一起编成《西藏学汉文文献汇刻》第一辑付印。

发行。

又编辑《豫师青海奏稿》，由青海人民出版社出版，并将顾颉刚先生的《西北考察日记》精抄本影印，一同由中国科学院边疆史地研究中心（以下简称边疆中心）出版。

吴丰培编纂边疆系列史料涉及到各朝时期的边疆形势与边疆经略、包括历代王朝的边疆政策、边疆开发、边疆治理、边疆管理机构的设置，以及中央王朝与边疆地区的政治经济文化关系、民族关系、藩属关系的发展和演进等不同的方面的各种史料。它的出版，成为中国边疆研究最重要的史料，无论是从史料所涵盖的范围、体例和结构，还是史料的学术价值，其资料系统性，都可以称之为我国边疆研究领域最重要的基本史料。它极大地促进了中国边疆研究的发展，产生了深刻久远、不可估量的影响。

（二）史料编纂的特色

吴丰培学业功底深厚，他在史料编纂方面的成就是可以想见的，以至于他在其它方面的成果未曾受到关注。笔者作为一名在他曾经长期工作的古籍部的工作人员，虽未聆听其教诲，但对他取得的成果却深有感触：他的这些成就，基于他是一位图书馆员，源于他对馆藏资料的重视。他在民大图书馆长期的工作中编纂了大量馆藏目录及专题索引，为他在文献学、目录学方面的造诣奠定了扎实的基础，也成为史料编纂的二个特色。

1. 与文献搜集相结合

1956年吴文藻教授担任中央民族学院图书馆馆长，吴丰培任业务秘书，负责文献工作。从此，吴丰培在图书馆度过了四十个寒暑。1962年，中央民族学院建成4800平方米馆舍，图书馆气象一新，吴丰培更加精神抖擞地投入工作。

吴丰培是民族史料专家，有着广博的文献知识，他的编纂边疆史料过程非常注意收集各类文献。一是从国营或私营的各种书店，或私藏家手中大量采购。主要从新华书店和中国书店、各地古旧书店采购，北京有着得天独厚的古旧书收集条件，古旧书店非常多，尤其在50、60年代。同时，他也十分关注私人藏书家，不光从北京私藏家中购买了大量书籍，而且派人去外地大量购买书籍。1957年派专人赴南京朱契先生处购买地方志200多种。同年，为配合学校藏语文专业教研的需要，在贺志平副院长的关怀下，拨出专款购买西藏日报社利用藏经原版重印的一批藏文古籍。50年代从孔繁山、王镂冰、龙骧手中购得数短剧千种古籍；70年代又购入傅乐焕教授数千册古籍等。二是接受大量捐赠图书。计有北京市文物局、故宫博物院、禹贡学会、江苏文管会、商务印书馆以及张涛、张维、洪煨莲、潘光旦、吴文藻及吴先生本人捐赠的图书。人类学家林耀华教授赠送了珍贵的家藏《饶应祺奏稿》原稿。进入80年代，在王钟瀚教授的积极努力下，接受了美籍华人、专家学者捐赠的一大批图书资料，如美籍华人张琨先生赠送了很多有价值的书，洪煨莲先生的大量捐书，这些文献至今都保藏在图书馆里。

经过图书馆40多年的努力，民大图书馆收藏在高校中名列前茅。馆藏古籍25万册，其中馆藏善本1434种，其中包括宋元明清的版本，拓片1151种，排在北大、清华、人大、北师大之后，居全国民族高校图书馆之首。吴先生长期在图书馆文献部工作，对图书文献收集方面，尤其是对线装书，包括旧平装、旧期刊的收集功不可没。

也正是由于有吴丰培这样的民族史料专家在搜集馆藏中所起的作用，民大古籍也在高校图书馆中很有特色，一是民族文献丰富。馆藏民族文字古籍有满文210种，蒙文21种，傣文6种，藏文800余种，东巴文2种等。其中满文《西厢记》、满汉合壁《金瓶梅》、傣文《贝叶经》、彝文《西南彝志》是国内罕见的珍本。除此而外，本馆还收藏有回鹘文、八思巴文、契丹文、西夏文、女真文的金石拓片。二是方志丰富，尤其是民族地区的方志内容多、种类多，版本珍贵，馆藏方志3200种，占全国现有方志种数的三分之一以上，象钞本《新疆四道志》未见刊本，非常珍贵。

2. 与目录编制相结合

吴丰培在编纂史地丛书的同时，非常注重目录工作。他参加了大量的馆藏调查，在大量编纂史地丛书的同时，先后参加了《全国地方志联合目录》、《全国丛书综录》、《全国善本目录》、《全国家谱目录》等目录调查及编制工作，与此同时，吴丰培参加了除本馆以外的《中国历史地图集》（西北地区）及《辞海》民族词目的编辑，既宣传了馆藏，也充分发挥了馆藏的作用。

同时，他利用馆藏资料主持编制了大量馆藏目录。如《馆藏民族书目》、《馆藏家谱目录》、《馆藏丛书目录》、《馆藏年谱目录》、《馆藏善本目录》、《馆藏地方志目录》、《馆藏拓片目录》、《中俄关系图书联合目录》、《中俄关系书籍论文草目》、还编印了《中国少数民族研究资料索引》以及有关民族史、民族文字、民族语文等多种专题索引。如《拉萨楞寺藏文书目》，上下册，8开油印本，收集了藏族学者174人的文集目录，著录图书7824部，分17大类。《北京现存彝族历史文献部分书目》，1981年中央民族学院少数民族语言研究所、彝族历史文献编译组编印，油印本。收书共659种，分11大类。还主编了《藏族史料书目举要》、《西藏史料题记》、《少数民族研究资料索引：1－4辑》（1954—1957年）、《馆藏有关中国民族问题研究文献参考书籍：少数民族文字部分》、《中国少数民族史论文资料索引》、《中央民族学院图书馆藏中国民族研究书目（古籍部分）》、《中国少数民族作家作者文学作品目录索引》、《中国少数民族研究著述综目》、苗族史料《防浦纪略》，其中他主编的《中央民族学院图书馆馆藏中国民族研究书目（古籍部分）》，获得了北京市高校图工委颁发的“优秀成果奖”。

这些馆藏书目的编制不仅是对馆藏民族文献作了很好的梳理整理工作，也给读者提供了很好的检索工具。同时，他长期编制目录所进行的大量文献基础工作，也为他搜集整理边疆史地文献打下了坚实的基础。吴丰培在图书馆的活动和编纂成就，足以在民大图书馆发展史上给他记上厚重的一笔。

3. 与学术研究相结合

吴丰培先生编纂边疆史地丛书具有注重版本，留心明清学者的研究著述，重视丛书的专门化等特点。他勤于治学，著述丰厚。吴是著名的边疆史地学家，尤其在藏学研究领域做出了重大贡献。

他写了大量题跋及说明文字。“边疆丛书目录”则就择优入选的书名、卷次、作者、编印版本都作了简略的说明，并附编者按和简略的评说。

自20世纪30年代起，在他整理西藏史料及编辑的过程中，同时发表了有关藏族历史的一系列史论、史评。包括“清中央政府管理西藏地方的发展”、“清代驻藏官员的设置和职权”、“升泰和有泰”、“关于达赖喇嘛的封号、职权等的考证”等极为重要的藏学研究论文。“七七事变”后，他在辗转各校任教的同时，应《中德学志》之约，写成“达赖出亡事迹考”、“西藏志版本同异考”等文。与此同时，他又陆续写作《清人驻藏大臣传略》、《清朝驻藏大臣制度的建立与沿革》，并分别于1988年、1999年由西藏人民出版社和中国藏学出版社出版。

《清人驻藏大臣传略》一书取材于清历朝实录，自雍正五年（1727）驻藏大臣制度的建立至清末最后一任驻藏大臣，在这185年间曾任职的有136位驻藏大臣。吴在此书一一为他们立传，书后附有“历任驻藏大臣一览表”。它既是一本研究清代驻藏大臣政绩的专著，又是一部不可多得的史料性极强的工具书。

《清朝驻藏大臣制度的建立与沿革》一书，作者以丰富翔实的史料，阐述了百余年间驻藏大臣们秉承清中央政府之命，为了维护多民族国家的统一，不辞劳苦，赴藏履行国家主权的经历。此书还就驻藏大臣设立的起因、年代、职权、职称、任期、员额和驻地等进行广泛和深入的专题研究。

除此以外，他还撰写了一系列论文："十余年来整理民族古籍的回顾"（上海高校图书情报工作研究，1992 年第 1 期）"编纂汉文民族古籍的由来和五年工作的回顾"（民族古籍，1987 年 1 – 2 期）"近来整理出版的明代史乘"（上海高校图书情报工作研究，1992 年第 3 期）"开展中国边疆史地研究浅议"（中国边疆史地研究，91 年第 1 期）、"史料价值高的名著《平定准噶尔方略》"（中国边疆史地研究，91 年第 2 期）、"丝绸之路史料钩沉"（西北民族研究，1988 年第 2 期）、"班禅额尔德尼九世来京的前后"（西南民大学报，1986 年第 1 期）、"《甘新游踪汇编》题记"（中央民大学报，1982 年第 2 期）、"《川藏游踪汇编》题记"（中央民大学报，1982 年第 4 期）。

吴丰培先生长期献身图书馆工作，从 56 年进馆一直到他 80 多岁去世，终身未离开过民大图书馆。他数十年如一日孜孜于民族史料的搜集、钞纂、整理和出版工作。他辛勤的一生，丰硕的研究成果，赋予中国当代边疆史料专家当之无愧。他不仅为中国民族史研究提供了大量史料，也为图书馆人员从事文献开发整理提供了典范。

参考文献：

1. 《士林哲人　藏学者英》，载《中国西藏》1997 年第 3 期。

2. 《硕果累累的边疆研究者吴丰培先生》，载《中国边疆史地研究》1994 年第 2 期。

3.《中央民族学院图书情报、文博、档案学术讨论会论文选编》1991 年 9 月。

4.《编纂汉文民族古籍的由来和五年工作的回顾》，载《民族古籍》1987 年 1－2 期。

日本满文古籍文献及其整理研究概况

黄金东

一、日本满文古籍文献保存状况

满文在清代作为“清文”通行全国，具有特殊地位，被广泛用于社会各方面，因此留下了大量的满文古籍文献。这些满文文献数量庞大，可谓“浩如烟海”。据统计，迄今保存下来的满文档案有200万件以上，其他古籍图书约1000种，若按版本计算，可达2000余种。现存的满文古籍文献主要分布在国内外几十余所图书馆和科研机构。除中国外，其他国家和地区也有收藏，其中以日本收藏数量最多。

日本从古代开始就有中国书籍输入，特别是江户时代(1603—1867)，通过长崎港口，大量中国书籍被输入日本，这当中就有不少的满文古籍图书。进入20世纪以后，日本更是通过不同方式有意识地搜集中国满文古籍文献。1905年，日本《朝日新闻》记者内藤湖南利用日俄战争结束之机对沈阳周边地区的古迹和历史文献进行了调查，发现了沈阳故宫崇谟阁存放的乾隆重抄本《无圈点字旧档》。第二年回国后，内藤湖南在《早稻田文学》上发表了题为《在奉天宫殿看到的图文》一文，对乾隆重抄本《无圈点字旧档》进行了介绍，引起世人注意。1912年，时任日本京都帝国大学教授的内藤湖南与同事羽田亨博士再次来到沈阳，将全套《满文老档》及部分《五体清文鉴》照相后，把底片悉数带回日本。不仅如此，日本搜集中国古籍文献的行动还得到了财阀的支持。1917 年，三菱财阀第三代主持人岩崎久弥出资购买了当时中华民国总统府顾问乔治·莫理逊所珍藏的有关中国及日本的书籍。以此为基础，岩崎久弥于 1924 年拨款 350 万日元作为基金，建立了著名的“东洋文库”。

东洋文库成立后，开始大规模收藏亚洲的书籍。对于满文古籍文献，东洋文库更是物色专人进行搜集。1926 年 9 月—1927 年 6 月间，和田清氏利用从澳大利亚回国途经中国的时机，积极为东洋文库购买满文书籍。而后，在北京的松村太郎氏接受了和田清氏的委托继续为东洋文库搜集满文图书。加上其他的一些搜集，东洋文库满文文献数量不断充实。1968 年包贝等人编写的英文《东洋文库满蒙文书籍目录》共收录了 295 部满文图书文献。实际情况应多于此数，约有 330 种左右。这当中以档案文书居多，如 1936 年从上海的书店购进的《镶红旗档》，共有档案 2400 余件。另外，满文传记家谱类文献也占有一定的比重，计有《宗室王公表传》、《八旗满洲氏族通谱》、《长白山李佳氏家谱》、《满洲旗武职及佐领家谱》等 20 余部。此外，还有用满文翻译的一些儒家经典、文学作品及少量满文医学、历法、天文、算术类书籍。

除东洋文库外，日本收藏满文文献较多的机构是天理图书馆。天理图书馆藏满文文献以英国人弗朗克·豪勒的收集本（即宝玲文库）以及原朝日新闻社社长上野精一的收集本为主。以后，又陆续买进了不少的满文档案和书籍。如善本《金瓶梅》。现在，天理图书馆藏有满文图书约 300 种。1984 年，河内良弘和赵展合作编写《天理图书馆藏满文书籍目录》，共收录满文书籍及相关书目 314 条，内容分为 10 大类，附有满文索引、汉字索引、洋书索引三种。天理图书馆藏满文文献内容丰富，而几部关于西北疆域的档案和图书更突出其馆藏特色。如嘉庆二年(1797)满汉合璧抄本《塔尔巴哈台事宜上谕》，1帙3册；《钦定续纂外藩蒙古回部王公表》，1帙12册；《钦定续编外藩蒙古回部王公传》，1帙12册；嘉庆元年至二十五年（1796—1843）松和等撰《塔尔巴哈台奏稿》，满汉合璧，写本，1帙6册；《吐鲁番事宜清汉奏档》满汉合璧，写本，1帙5册；咸丰四至五年(1854—1855)《伊犁奏折稿》，满汉合璧，6册；咸丰七至十年(1857—1860)《伊犁奏折》，满汉合璧，写本，2帙18册等。

此外，日本其他大学和图书馆也都有零星的收藏。如京都大学人文科学研究所图书馆藏中内藤文库等共藏有满文古籍38部，其中不乏《大清全书》和写本《太祖高皇帝本纪》等珍贵版本。山口大学东亚经济研究所藏有《满汉字清文启蒙》、《满汉合璧子弟书寻夫曲》等书。广岛大学藏有满汉合璧《凉州镶红旗满洲造送光绪三十二年官兵闲散等三代数目册籍》等档案。东京大学东洋文化研究所也藏有一部分自雍正朝开始至嘉庆朝的卖契、典房契、执照等满文文书及一些满文书籍，如《巫山诵念全录》等。

综上，日本很早就有意识通过不同方式搜集满文古籍文献，使得其收藏不仅数量较大，其中不乏精品，甚至孤本，而且种类多样，内容丰富。有这些丰富的文献资料做基础，日本的满文古籍文献整理和研究工作一直都处于比较显著的地位。

二、日本满文古籍文献整理研究回顾

自内藤湖南和羽田亨搜得相关满文文献回国并撰文介绍后，日本国内掀起了研究满文古籍文献及利用相关史料研究清史的热潮，并一直持续到今天。不仅学术上硕果累累，而且人才结构合理，传承有人，不仅有神田信夫、松村润、河内良弘等老前辈，细谷良夫、石桥崇雄、加藤直人等中坚力量，而且有一批年轻博士紧随其后，逐步承担重任。纵观日本的整理研究工作，一个最大的特征便是把重点放在了《满文老档》上，同时兼及其他档案。利用这些档案史料，在对档案自身、八旗制度、清朝兴起史等方面进行了相关的研究工作。以下就日本整理出版《满文老档》等档案，并利用这些史料研究相关问题的概况做一论述。

（一）《满文老档》等档案的整理及翻译出版工作

日本真正对《满文老档》进行翻译是从20世纪20年代后期开始的。最先着手的便是东京帝国大学的语言学家藤冈胜二，他利用东京大学附属图书馆所藏《满文老档》的照片及东洋文库所藏的照片，花费了约10年时间全力将《满文老档》原文转写成罗马字进行翻译。但是很遗憾，藤冈一直到病重逝世也未能完成全部定稿。遗稿由他的学生服部四郎负责编辑，并由岩波书店于1939年进行出版。这是日译《满文老档》第一次全面公开发表，意义重大。1937年，鸳渊一和户田茂喜联名公布了《满文老档日文译稿（一）》，此本为太祖朝第一册。但是不知道什么原因，这项工作并没有持续下去。这之后，羽田亨的门生今西春秋和三田村泰助也对《满文老档》进行了翻译。1938年，今西春秋利用调查故宫博物院所藏《满文老档》的机会，对其进行了全部翻译。他的成果发表在大连满铁图书馆《书香》杂志上，从1943年11月开始连载，但是由于时局的恶化，只连载了六期就停刊了，所以也只发表到太祖朝第五十五册。另一位门生三田村泰助也加入到翻译的行列中来，负责太祖朝前半部分的工作，他把《满文老档》的原文与《满洲实录》、《清太祖实录》的满文相对照校订，逐字附上直译文。这些成果，都在1957年至1962年间分数次发表了。但翻译成果最大，翻译质量最高的还是二战后成立的“满文老档研究会”的译注工作。其成员基本由日本顶尖的满学家组成，如神田信夫、冈本敬二、本田实信、松村润、冈田英弘、石桥秀雄等。译注文从1955年到1963年陆续由东洋文库出版，总共7册，约3000页。全部原文都转写成罗马字，逐字附上直译文，又添加上意译文。而后将人名、地名索引附录在太祖卷和太宗卷卷末。由于该译注的完成，因而初次能把《满文老档》全部原文以及译文作为史料，进行有效地利用了。这是当时日本满学界的顶级研究成果，神田信夫也因此1957年荣获了日本学士院奖。

除了《满文老档》外，日本也对其他档案进行了整理、翻译出版。这些成果大都由财团法人东洋文库出版，如1972年出版了《镶红旗档——雍正朝》；1972年和1975年出版了神田信夫、松村润译注的《旧满洲档——天聪九年》第一、第二部分；1993年出版了神田信夫、松村润、冈田英弘、细谷良夫编《镶红旗档——乾隆朝2》等。

（二）利用满文档案史料进行清史相关问题研究

在相关的整理、译注工作基础上，日本也利用这些档案史料来研究清史相关问题，并且取得了巨大的成就。从对文献本身的研究向结合及利用文献研究八旗制度、清朝兴起史、清朝人物与地名等问题，取得相当大的成就。

1. 对满文档案自身的研究

自从内藤湖南撰文介绍《满文老档》后，满文档案开始引起世人注意，很快在日本学术界引起了研究满文档案的高潮，发表了不少有分量的文章。如今西春秋撰《〈满文老档〉的重抄年代》、《关于满文老档重抄年代的补说》、《满文老档的目次》，神田信夫撰《东洋文库收藏的满文档案》、《清史研究与档案》，三田村泰助撰《满文太祖老档的编纂》、《满文太祖老档考》，松村润撰《关于无圈点老档》、《台湾满蒙语言及文献的实地调查》等。这些文章，有助于帮助我们了解满文档案的由来、价值、收藏情况等，为进一步研究提供了方便。

2. 利用满文档案史料研究八旗制度

在众多的满文档案中，关于八旗制度的有很多，如《满文老档》、《旧满洲档—天聪九年》等都是有关满族早期史和八旗制度史的重要典籍。利用这些史料，日本形成了一支老、中、青结合的研究队伍，而且多有专攻，各学者形成了自己的研究领域和特色。其代表学者和成果主要有：细谷良夫侧重于八旗制度的基层组织，也就是佐领（牛录）的研究，同时在八旗制度史方面也多有建树。他先后发表了《八旗通志初集（旗分志）编纂及其背景——雍正朝佐领改革的一个方面》、《八旗觉罗佐领考》、《布山总兵官考》等论文。松浦茂以东北边民制度的研究和新满洲佐领的研究最为著名。代表作有《康熙前半期为雅拉·新满洲佐领的移住》、《十八世纪末黑龙江下游地方的边民组织》、《清代中期三姓的移住和佐领编成》等。石桥重雄则以清朝八旗制度、内务府、满文史料作为研究方向。发表的相关论文有《清初八旗的形成过程—以天命期为中心》、《关于〈六条例〉》、《清初的额真》、《清初的汗》、《东洋文库所藏的满文〈正黄旗满洲已买得人口银两数目详档〉》等。此外，江夏由树、楠木贤道、柳泽明等后起之秀也在八旗研究方面取得了一定的成果。

3. 利用满文档案研究清朝兴起史

主要有：三田村泰助利用《满文老档》进行相关研究，发表了《满洲国成立过程考察》一文。之后，神田信夫撰写《清朝兴起史的研究——序说从〈满文老档〉到〈旧满洲档〉》、《满洲国号考》、《爱新觉罗考》等都对清朝兴起相关问题提出了许多独到的见解。此外，松村润撰《清朝开国传说研究》一文，对清初的国号、清朝的开国传说等问题进行了突破性研究。

满文档案内容广泛，几乎涉及到满族史及清史的各方面。因此，除了以上几个方面外，日本学者利用满文档案在其他研究领域也取得了一定的成就。如利用满文档案研究历史人物与地名。代表论文有内藤湖南的弟子鸳渊一发表《舒尔哈齐之死》、《褚英之死》，神田信夫撰《（满文老档 > 中的毛文龙等人的书简》等。利用满文档案研究满族的思想、宗教等。这方面的成果有鸳渊一撰《从〈满文老档〉太祖纪所见满族对天地的思想——以abka. Na. ba 三语为对象》、《从〈满文老档〉太宗纪所见满族崇拜天地问题——通过 abka na. ba 三语》及户田茂喜撰《满文满洲实录记载满族对天、地的崇拜》等。

最后，在论述日本满文古籍整理研究工作时，我们还应该提到由神田信夫主编的《日本所藏清代档案史料的诸相》和编著的《满学五十年》，这两部论文集收录了许多有关满文文献整理和研究的大作，堪称日本满文古籍整理和研究成就的集成。此外，日本也出现了对满文文献本身进行研究的专著。这就是松村润的《清太祖实录之研究》。本书是作者多年潜心研究《清太祖实录》的研究成果荟萃。书中内容包括四篇论考和资料编。论考以作者 30 年发表的论文为基础，补以新出史料和最近的研究成果，全面改订而成。在考订文章后还收入了中国第一历史档案馆藏《内国史院档》中被视为《太祖实录》底稿之一的档册全文影印和译注。

综上所述，如果从内藤湖南 1906 年撰文介绍《满文老档》算起，日本的满文古籍文献整理研究工作至今已走过了一个多世纪，在各个方面取得了非凡的成就。一个多世纪以来，日本搜集整理满文古籍，利用满文史料进行相关研究的热情一直都很高涨，并形成了老、中、青相结合的人才队伍，保证了其整理研究工作的高水准。所有这些，我们与日本都存在一定的差距，尤其在人才的培养和储备上，一直都处于青黄不接的状态，满文和满语更是面临灭绝的危险境地。如何有针对性地解决这些问题，进而推动满文古籍整理研究工作的进一步发展，是摆在我们面前的重大课题。

参考文献：

郭孟秀：《满文文献概论》，北京：民族出版社，2004 年。

松村润：《日本满学研究近况》，载《满学研究》第二辑，北京：民族出版社，1994 年。

何溥滢：《日本收藏满文文献概述》，载《满族研究》，1996 年第 4 期。

河内良弘编，赵阿平、杨惠滨译：《日本关于东北亚研究成果选编——关于满学研究论文目录（一）（1895—1968）》，载《满语研究》，2000 年第 1 期。

河内良弘编，赵阿平、杨惠滨译：《日本关于东北亚研究成果选编——关于满学研究论文目录（二）（1895—1968）》，载《满语研究》，2000 年第 2 期。

河内良弘编，赵阿平、杨惠滨译：《日本关于东北亚研究成果选编——关于满学研究论文目录（三）（1895—1968）》，载《满语研究》，2001 年第 1 期。

河内良弘编，赵阿平、杨惠滨译：《日本关于东北亚研究成果选编——关于满学研究论文目录（四）（1895—1968）》，载《满语研究》，2002 年第 1 期。

神田信夫著，董万伦译：《〈满文老档〉、〈旧满洲档〉的翻译和研究》，载《延边大学学报（哲学社会科学版）》，1983 年，第 1 期。

刘厚生、陈思陵：《本世纪中日学者〈旧满洲档〉和〈满文老档〉研究述评》，载《民族研究》，1999 年，第 1 期。

刘小萌：《近年来日本的八旗问题研究综述》，载《满族研究》，2002 年 第 1 期。

试论塔尔寺的藏文文献

周加才让

塔尔寺作为藏传佛教格鲁派六大寺院其中之一，宝藏大量的藏族文献，是藏族文化艺术的宝库，也是一座图书馆，收藏有数千部藏族文献资料，藏族的图书不仅仅是宗教的，而且包括历史文化、艺术舞蹈、天文历算等方面的图书。除了装订的图书以外，还有数千部木版印板。从文字历史来看，藏文有1300多年的历史，从松赞干布时期创立藏文起，直到清末民初，藏族人民创作和翻译的典籍可谓卷帙浩繁，按时间先后顺序，可分为两大类：第一类是吐蕃时期的古藏文文献，包括佛教典籍、敦煌写卷、金铭石刻和木简；第二类是历代藏族学者著述和翻译的大量藏文典籍。据不完全统计，目前在西藏各大寺院及档案馆存有藏文典籍46000多函；甘南藏族自治州的拉卜楞寺藏经卷6万多部（册）；青海塔尔寺除《大藏经》外，收藏藏文经卷约5万多卷；四川德格印经院除藏有经版217500块（双面雕刻）外，还有数量可观、珍贵的藏书。北京各单位藏有藏文经典近2万函；其他各地，特别是民间还藏有大量的藏文古文献。

一、佛教文献

藏传佛教文化是自成一体的佛教文化圈，其经卷典籍卷帙浩繁，内容广瀚，据有人粗略统计，从公元7世纪到20世纪的1950年，藏族文献大约有35000余种，其中文献数量仅次于汉族，而佛教经典居于世界之首。目前，除大量的手写本、金银汁抄本外，其木刻版本就有十几种，有纳塘版、蔡巴版、理塘版、卓尼版、德格版、库伦版、拉萨版、拉加版、昌都版、永乐版、万历版、康熙版、乾隆版、巴克那版、还有日本缩影本康熙版等。一些藏族学者、高僧大德著有丰厚的文集，其内容涉及到佛教文化、民俗文化、自然科学文化、历史传记、语言文字、天文历算、医药、工艺学、文化艺术、哲学、逻辑学、各种仪轨等。这些经典著作是藏族人民的智慧结晶，是中华民族文化宝库乃至世界文化宝库中的一颗璀璨明珠，宝贵财富。其中，藏文巨典《甘珠尔》和《丹珠尔》等佛教丛书都藏在塔尔寺。塔尔寺现存藏经版数万件，印经院所印《宗喀巴师徒三尊全集》、《莲花生遗教》、《四部医典》、《格丹格言集释》、《塔尔寺志》、《阿嘉大师全集》等是享有盛名的重要典籍。塔尔寺还藏有用金、银、翡翠等珍宝合汁写成的一百零一卷《甘珠尔》大藏经和德格版、纳塘版的《甘珠尔》、《丹珠尔》、《般若八十颂》等多种经书。

塔尔寺的佛教文献基本有集体收藏和个人收藏两种情况，如大经堂、三大学院、释迦佛殿、大金瓦殿、文殊菩萨殿、祈寿殿、拉让吉祥新宫中都藏有不同数量的经典。大金瓦殿的书龛内藏有用珊瑚、松耳石、珍珠等研粉末调和的香汁书写的《甘珠尔》大藏经101函，每函用缎布包好，再用夹板夹之，夹板内面用彩绫裱糊，带有函扣函带，十分精致，还有阿嘉活佛赐的用金汁书写的《般若八千颂》一函，《宗喀巴大师全集》手抄本一套，德格版《甘珠尔》一套，纳塘版《甘珠尔》、《丹珠尔》各一函，用朱砂汁和松墨书写的《广中略三种般若经》一套。除大藏经外，其它经典共有70余函。

大经堂内藏有《药师经八百颂》、纳塘版《甘珠尔》一套，内地版《甘珠尔》一套，共225函，附有目录两函，理塘版《大般若经》等20函，《广中略三种般若经》80余函，《五部大论》、杰尊的《中观论总义餐缘项饰》等，共有藏书近400函。释迦佛殿中藏有银汁书写的《般若经》12函，《大般若经》墨印本22函，共34函。文殊菩萨殿内有《大般若经》等130函。祈寿殿上层藏有《广中略三种般若经》、金汁书写的《解脱经》等经典50余函。拉上吉祥新宫内藏有《大般若经》12函。还有一些其他零散典籍。

密宗学院中藏有德格版《甘珠尔》大藏经一套，《广品般若经》、《四续部》（密宗要典）、《道次第论》等经典150函。医明学院藏有用白银2977两作基金而书写的金汁、黑红相间的《甘珠尔》大藏经一套。开头几首为金字，其余黑红相间字。书写整齐美观，分卷用夹板相夹，配以板带扣环，板面浮雕，经卷用黄绸缎包裹之。《四续密典》3函共114卷，青海蒙古亲王献的四川德格版《甘珠尔》和甘南卓尼版《甘珠尔》各一套。《广中略三种般若经》、《四部医典》、《八支注释月光论》、《十八分支》、《秘诀释难》、《根本论释》、《蓝琉璃》、《晶珠本草》、《秘诀密籍》补遗（药典），共计400函。

时轮学院藏有四川德格版《甘珠尔》108函，《丹珠尔》一套206函、《般若经》12函、《时轮根本续》等11函，金汁书写的《贤劫经》1函，以及星算历算等方面的经典20余函。计约有340多函。另外，大经堂二层前檐名叫热萨的佛堂里藏有经典100余函，其中有民国六年在天津印刷的盒式精装汉文《优婆塞戒经》14卷，名叫更萨的佛堂内藏有《甘珠尔》一套。

印经院中除塔尔寺版的各种经典外，还有用金汁和银汁书写的《般若二万五千颂》、《贤劫经》等20余函。近年又从四川德格、西藏拉萨等地购进藏文长条经典700余函，收藏于酥油花馆内临时做的藏经楼中。塔尔寺活佛、喇嘛等私人收藏的经典也十分可观。其数量大概超过寺院藏书的总数，且种类繁多。阿嘉活佛院约收藏500余函，赛朵活佛院约550余函，却西活佛院400余函，西纳活佛院近200余函，嘉雅活佛院约300余函，其中拉萨版的《甘珠尔》和《丹珠尔》各一套。米纳活佛院收藏《甘珠尔》（101函的版本）一套，著名高僧大德的文集303函，另外显密方面的经论有490函，共有长条经典894函。扎西活佛院收藏有宗喀巴大师、察哈尔活佛等的经典80余函。另外卓仓周合仓、关嘉、杨嘉、却藏、安加斯、格嘉、夏格日、佐格、乃隆、香萨等活佛及广大僧人家中都藏有多少不等的经典著作。寺院中还藏有珍贵的贝叶经。1996年8月塔尔寺维修竣工庆典大会上，西纳活佛将一部300多叶的用傣文刻写的贝叶经配上精致的盒子作为礼物奉献给寺院。

寺院现有的二世嘉木样·官却晋美旺布著的《塔尔寺志·珍珠鬘》、四世赛朵续编的《塔尔寺志·悦耳精英》、六世赛朵著的《塔尔寺志》、五世嘉雅著的《密宗学院经堂目录》、密宗学院编的《历代密宗学院堪布目录》、医明学院的《医明学院历代堪布目录》，还有《塔尔寺规章》，各学院规章、《塔尔寺德佑钦莫·取舍明鉴公正生悦》以及各殿堂、学院撰写在间堂布幔或石碑上的《殿堂维修志》等大量经典约有四万多种，这些著作是研究藏族历史，藏传佛教史、寺院、学院历史、佛教显密教义、仪轨、经论、语言文字、天文历算、医药、建筑、文学、诗歌、地相文等的珍贵资料。

二、文学诗歌艺术等方面

除大量佛经外，尚有哲理、史地、音韵、天文、医药方面的著述以及诗歌、小说、戏剧、传记等藏族语言，文学作品。塔尔寺曾出过许多历史名僧，其中著名的有如驻京呼图克图3人（阿嘉、赛赤和拉科）以及却藏、色多、嘉雅、却西、当彩等活佛。又如塔尔寺第三世阿嘉·罗桑嘉央嘉措（公元1768—1816），八世达赖喇嘛强白曾授予他“额尔德尼班智达”称号，1785年进京觐见乾隆被封为“禅师”“驻京呼图克图”名号，任北京雍和宫掌印扎萨克喇嘛和多伦诺印喇嘛。1807年任塔尔寺第四十任法台，不久到外蒙，担任哲布尊丹巴活佛经师。1811年又加封“诺门汗”名称之为阿嘉呼图克图。塔尔寺第二世赛赤活佛罗桑丹贝尼玛在年受雍正帝召请赴京，赐给“禅师”印，1735年被封为掌印喇嘛，1742年受乾隆之命曾与三世章嘉乳必多杰一起将藏文大藏经《甘珠尔》译成蒙文，1752年任塔尔寺第八任法台，1757年创建医明经院，1765年受乾隆皇帝之命与三世章嘉著《三摩地四塔尔寺第六世色多罗桑楚臣嘉措（1908年）》，1871年至1873年任塔尔寺十三任法台，1883年赴北京、外蒙等地，返回后致力于著述，曾著有《密宗译藏文文法根本颂大疏》、《色多全集》、《寺志》等。塔尔寺三世土观洛桑却吉尼玛，曾任塔尔寺三十五任法台并在塔尔寺建有活佛府他的全集有十七函，计5000多页，其中《宗派源流晶镜史》、《佑宁寺志》、《章师传》及《诗集》等著作闻名遐迩。这些高僧大德在阐发宗教义理、记述佛的同时，也记载了藏族历史和风土人情，了解民族传统文化，对藏传佛教文化在甘区的发扬光大无疑起到了一定的积极作用。

此外，塔尔寺还藏有《绘画量度经》等艺术著作。藏族绘画艺术有壁画、唐卡（卷轴画）、木板画和堆绣等类别，其中最有特色的是壁画和唐卡。壁画题材极为广泛多样，包括政治历史画、传记画、宗教画、风俗画、建筑画等；唐卡是一种画在布或纸上的卷轴画，也有画在羊皮上的，多以神佛人物为主。唐卡分刺绣唐卡、缂丝唐卡、织锦唐卡、堆绣唐卡、绘画唐卡、珍珠唐卡等。而在绘画理论和操作规范方面，《绘画量度经》具有非常重要的作用。

《绘画量度经》也称《梵天宝书》《梵天尺度》等，为古印度学者阿斋布著。传入藏区的时期大约在公元7世纪至8世纪。全书共三章：首章讲赤降王从梵天处得到画理真传，从而传播人世；次章讲画像的规范和它的作用（供养与教化众生）；末章讲人物身体各部分的肘量度、比例。《绘画量度经》对绘画，主要是佛像的量度、技法和用色进行了系统论述。作为一部理论著作，它涉及的范围比较广泛，对藏族历代绘画大师的创作实践，具有标准化的指导作用。

三、寺院教育方面

塔尔寺由于规模宏大，经院齐全，学经制度完备，藏经丰富，知名学者和大活佛众多，因而在历史上曾是安多藏区藏族经院教育的最高学府。

首先，塔尔寺有完整的经院教学体系，设有四大经院，其中显宗经院（参尼扎仓）是专门学习显宗经典“五部大论”和研习因明辩经的场所。凡对五部大论学有成就者，经过答辩考试可获“噶久巴”（佛学硕士）和“多仁巴格西”（佛学博士）学位。密宗经院（居巴扎仓），是系统研究密宗教义，修习密宗仪轨的地方，并在春、夏、秋三季举行“勺又真言门三大法会”。这个经院设有“俄仁巴”学位（密宗博士），每年只取一名，授给苦行精进、确有悟证的僧人。医明经院（曼巴扎仓），主要学习藏医理论《四部医典》和药物学知识，并设有“曼仁巴”（医学博士学位）。时轮经院（丁科尔扎仓），主要是学习和研究内、外、别三种时轮的道理和藏历理论、天文测算等方面的知识，兼修时轮金刚仪轨等。凡能记诵基本经典《时轮本续》，而且考试成绩优异者可获“泽仁巴”（历算师学位称号）。该寺还设有法舞院（欠巴扎仓）和上下花院，为藏传佛教艺术（传统神舞和酥油花）的传播和发展，培养和造就了不少僧侣人才。

四、医学方面

塔尔寺不仅宝藏大量的佛教文献、文学，历史上在传承和宏扬藏医学方面塔尔寺也做出了卓越的贡献，有“第二药王山”的美誉，藏有《四部医典》等科学著作。

这部分主要有两类：一是藏医药学类；一是天文历算类。医学著作有宇妥·云丹贡布（708—约 833 年）等所著的《四部医典》《藏医十一条总义》；玛哈亚那、毕若伽纳译之《月王药诊》；第悉·桑杰嘉措所著《蓝琉璃》；成书于 17 世纪的《藏医医决补遗》；成书于 17 世纪的《藏医史》；藏族医学家帝玛·丹增彭措所著《晶珠本草》（或称《无垢水晶宝鬘》、《帝玛·丹增彭措医著选集》）；杜慈居迈所著之《藏医如意大全》，成书于 16 世纪；苏喀·年尼多吉所著的《藏医十万舍利》，成书于约 15 世纪；松巴·益西班觉所著之《松巴医著集》，成书于 18 世纪；弥盼所著之《弥盼医著》，成书于 19 世纪。

改革开放以后，1980 年塔尔寺藏医院组建成立，在整理、继承塔尔寺藏医验方、诊治方法的基础上为藏族同胞解除病痛、培养医药人才贡献了巨大力量，受到藏族群众和医药界的赞誉和好评。回顾历史，藏医的讲学传统可追溯到一千多年以前，一代雪域医药宗师宇孚宁玛·云丹贡波大师在著书、行医，扩大对外医学交流的同时，在西藏工布的曼隆（医药沟）修建“曼吉贡巴达那豆”（胜境医药寺院），培养众多医药人才。其中佼佼者就有五十名医学博士（曼巴本然巴）、五十名医学硕士（曼巴然坚巴）、一百名医学学士（曼巴噶居巴），这里也成为当时研究医学、加工炮制药品、医治疾病、搜集民间验方的重要基地。藏传佛教进入后弘期，各寺院和高僧学习、研究医药学的气氛日益浓厚，成就也很卓越，藏医药学教育象雨后春笋般的迅猛发展。唐东杰波（1385—1507）在拉萨药王山创办藏医药学校，药王山自此成为藏医药事业的象征和最高学府。三世达赖·索南嘉措（1543—1588）还在外蒙库伦、河北承德等地藏传佛教寺庙创立曼巴仓；五世达赖·阿旺罗桑措（1617—1682）加倍关怀扶持医药教育的发展，于1643年在哲蚌寺西宫建成“索柔卓盘林”（医学利济众生院），在日喀则创办藏医专校“章松迪贝林”（仙人聚集院），又在桑普尼玛塘、布达拉宫夏庆角（东阁）等创办藏医药学校。1696年，第司·桑杰嘉措在药王山创办“杰日贝志亚卓盘达那豆敖察热协林”（药王山琉璃利益众生奇妙智慧院，即药王山藏医学校），还于每年7月亲率学员赴朵德、娘热、扎叶巴等地采药实践，现场讲解药物知识，为后人学习与实践相结合创造了典范。随着医药学的进一步普及和佛教文化的推广，各派寺院纷纷创办专门的医药学院，弘扬了藏族文化教育的宝贵财富——藏医学，塔尔寺曼巴扎仓就是在这样的历史背景和趋势下产生的。

从上述著名的医学著作中可以看到古代藏医学科的形成和发展历史概貌，以及12世纪后的藏医药发展概况、强苏二派对《四部医典》发展的贡献、第五世达赖喇嘛时期藏医药的发展概况、多康南北地区藏医药发展概况、直康二派对藏医药发展的贡献，到第十三世达赖喇嘛前半生时期藏医药大复兴的情况等。

藏族天文历算之学是藏族祖先在长期的生产、生活实践中不断探索，并吸收其他民族的相关先进成果发展起来的。它在五明学中属于小五明的星象学，是藏族传统文化的一个重要组成部分，历史悠久，文献丰富，有着鲜明的民族特色。

藏地星算一般分五部分：一是藏族固有的物候历；二是11

世纪从印度引进的时轮历，藏语称“噶孜”；三是7世纪从中原引进的五行算，藏语称“那孜”；四是从克什米尔传入的韵占，藏语称“央恰”；五是18世纪从汉地引进的时宪历，藏语称“贾孜”。藏族的物候历，是生息在青藏高原上的先民们，经过世世代代长期观察日、月、星辰和动植物的物候变化，逐步总结出的早期自然历。时轮历，是1027年，从梵文《时轮历》译为藏文的。传说《时轮历》为佛祖释迦牟尼所传，共12000颂，分5章，第一章讲外时轮（天体运动的规律），第二章讲内时轮，第三章讲灌顶，第四章讲修法，第五章讲内时轮和外时轮相结合。时宪历，是讲汉族传统的夏历和农历。除《时轮历》外，其代表性著作还有：绛巴桑热著，成书于1827年的《时轮历精要》，又叫《商卓特桑热历书》；噶玛巴·饶迥多杰著，成书于1318年的《星算综合论述》；布顿大师著，成书于1322年的《丹孜》；第悉·桑杰嘉措著，成书于1683年的《白琉璃》；止贡·却吉坚参（1793—?）著，成书于1824年的《历算论典——圆月论》；布顿·仁钦珠所著的《布顿历算汇编》等。

从以上天文历算代表作中可以了解到藏族各个地区、历史上各个时代、各学派、大学者的历史概况。

综上所示，塔尔寺作为藏传佛教格鲁派六大寺院其中之一，在藏文文献研究中，具有较高的地位和价值。

图书馆自动化建设研究

中央民族大学图书馆网站开发的技术特点

金丹峰

一、问题的提出

（一）网站内容更新引发程序和页面的较大更改

中央民族大学图书馆网站的第一版系统于 2005 年 10 月开发完成，除新闻发布采用数据库管理外，整个网站均由静态页面构成。在网站的实际运行中，由于网站的内容和功能与实际需求相差较大，特别是在学校本科教学评估阶段，有很多内容需要及时发布在网站上，在图书馆数字化过程中，也有相当多的内容在不断的增加。因此，需要不断地调整网站的栏目和内容，这就需要网站结构、菜单导航，以及内容页的表现形式具有很好的灵活性，而原网站结构的静态表现方式，远不能满足实际需求。如果需要增加栏目，则整个网站从结构到页面表现形式均需要更改。

（二）网站页面更新存在大量重复的修改

在变更网站内容，特别是在增加一级或二级导航菜单或链接时，需要对现有 60 余个静态页面逐一进行手工更改，而这些更改的内容在每个页面上都是相同的。所以，给网站维护人员带来很多重复工作，并且修改操作极易产生错误等问题。

二、技术方案

（一）总体方案

根据网站内容需要重新组织网站栏目，进而确定利用动态导航和代码复用技术重写网站结构代码，以增加网站内容表现的灵活性，提高维护工作效率。主要技术要点包括两个方面，一是通过动态导航菜单实现栏目调整的灵活性；二是通过代码复用技术实现页面表现形式的灵活性。因此，确定开发中央民族大学图书馆网站的第二版系统。

（二）通过网站内容的合理分类建立链接关系

内容的分类是实现有效组织动态导航菜单的基础。整个网站内容被视为一篇文章，其内容被有机地组织在各自的章节中。这

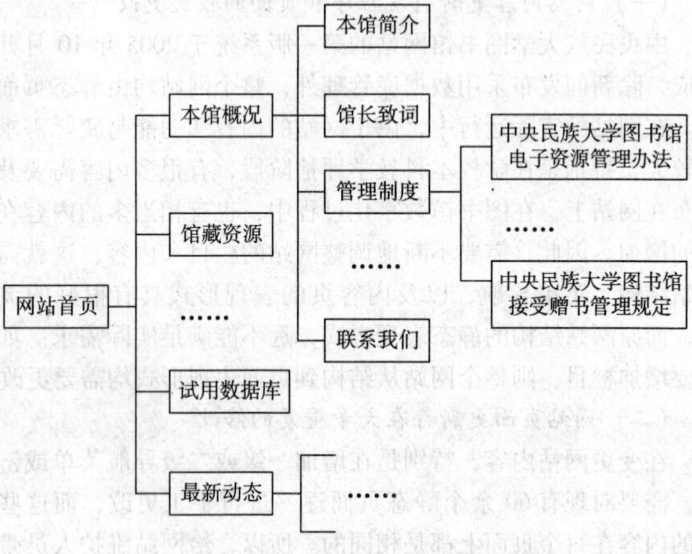

中央民族大学图书馆网站内容关系简略图

里的“章”被定义为一级导航菜单，“节”被定义为二级导航菜单，以此类推。章节之间的关系，可以通过树状模型定义，并通过数据库索引。

只要网站新增的内容被纳入到相应的“章节”中，或通过新增“章节”标题，即可有效添加新内容。以下是经过整理的网站内容关系简略图：

（三）基于页面的有效分割创建可复用的Web控件

通过对图书馆网站所有内容的表现方式进行归纳总结，得出两个基础页面的设计，一个是网站的首页面；一个是表现动态内容的内容页面。

首页面是读者进入网站的入口，它通过美术设计表现中央民族大学图书馆的风采，同时也汇集了网站各主要内容的链接，方便读者快速查找自己想要获取的信息。因此，对于本网站来说，它是唯一的。从导航角度来说，它包含了一、二、三级内容导航的大部分主要链接。图3是经过划分的首页框图，用以作为Web控件设计的依据。它包括LOGO、页脚、主要链接区、图片，以及主要内容与链接等5部分构成。

内容页将负责所有内容的显示，同时负责页面间的链接跳转。它包括LOGO、页脚、一级导航链接、二级导航链接，以及三级导航链接或者具体内容显示等5部分构成。该页面中的内容只有“二级导航链接”和“三级导航链接或者具体内容显示”是动态变更的，并由程序逻辑和数据库控制，而页面风格将是统一的。同时，网站子栏目的增加将不依赖于美工修改页面，而仅通过增加动态导航标识即可。“一级导航链接”可以动态添加或变更，但需要修改首页面代码和经过相应美术处理。

三、实现方法

（一）动态导航

内容页的二级菜单由 Web 控件 MenuSub. ascx 负责，三级菜单由 Board. ascx 负责。在具体实现上，采用了从数据库中提取菜单项数据，通过 GridView 控件动态显示在页面中。同时，在每个菜单项上，又建立一个链接下级菜单的链接。例如，在 MenuSub. ascx 中，显示的是二级菜单项的数据项，并在每个数据项中通过三级菜单的标识 id 建立指向三级菜单的链接。如果三级菜单为多项数据，则在 Board. ascx 中，显示三级菜单，并在每个数据项中建立指向对应文字内容 id 的链接。否则，如果三级菜单为单项数据，则在 Board. ascx 中直接显示二级菜单项直接对应的文字内容。

（二）主窗口的内容显示与三级菜单显示的切换

从图 4 看出，三级导航菜单和网页内容显示都集中在内容页内，因此，会有一个根据具体显示内容进行三级菜单和文字内容切换显示的控制问题。程序判断逻辑是，当被点击的链接内容是末端，即本级菜单项总数为 1 时，就显示该链接的具体内容。这不仅可以显示二级菜单直接对应显示内容的情况，也能实现在 Board. ascx 中显示存在四级、五级等导航菜单的情况，尽管实际应用中，这种情况出现的不多。

（三）代码复用

在 ASP. NET 中，微软为用户提供了一种代码复用机制，它使得用户很容易的建立能够被 ASP. NET 页面重用的代码，这就是 Web 控件。引入 Web 控件机制以后，以往 Web 页面必须作为一个独立而完整的代码段，就可以被划分为多个相互独立的 Web 控件，Web 页面通过调用这些 Web 控件，重新组合成一个新的

Web 页面。利用 Web 控件的独立性，可以把一个复杂的问题简化成多个简单的代码段，从而，使代码效率大大提高，维护难度降低。

事实上，Web 控件更多在重复使用公共 UI 界面上发挥作用。Web 页面中被不断重复使用的部分可以开发成公共 Web 控件，在不同的页面中调用，例如页面中 LOGO、页脚等等。

但与 Web 窗体页不同的是，IE 浏览器不能独立地请求用户控件，用户控件必须包含在 Web 页面内才能使用。

四、代码实现

（一）数据库设计

通过数据库控制页面显示内容的变化主要从两方面考虑，一是页面之间的链接关系，或者说是菜单之间的父子关系；二是所要加载到动态页面上的具体内容的文件名或者其他链接。因此，本网站通过一个表（t_menu）来实现这两个功能，该表定义如下表所示。

菜单及动态页面控制表

主键	列名	数据类型	长度	允许空
√	id	Smallint	2	
	pid	Smallint	2	
	name	Varchar	512	
	url	Varchar	512	√
	image	Varchar	512	√
	page	Text	16	√
	pubdate	datetime	8	√

表 2 是用于控制网站菜单和页面内容的部分实际数据，从中

可以看出，在人工控制菜单之间父子关系的前提下，可通过编号机制表示菜单项之间的关系，但在实际程序中，是按照下述逻辑实现的代码。id 为 1 的“本馆概况”为一级菜单，id 为 15 的“管理制度”为二级菜单，通过 pid = 1 建立与一级菜单“本馆概况”之间的链接关系，id 为 1501 的“中央民族大学图书馆阅览室、自习室管理条例”为三级菜单项，通过 pid = 15 建立与二级菜单“管理制度”之间的链接关系。

动态导航菜单关系示意表

id	Pid	name	Page
0	0	根	
1	0	本馆概况	
15	1	管理制度	
1501	15	中央民族大学图书馆阅览室、自习室管理条例	\ \ Intro \ Rule \ ReaderRoom. txt
1502	15	中央民族大学图书馆电子阅览室管理条例	\ \ Intro \ Rule \ eClub. txt
1503	15	中央民族大学图书馆电子资源管理办法	\ \ Intro \ Rule \ eResource. txt
1504	15	中央民族大学图书馆学者文库、学位论文库管理条例	\ \ Intro \ Rule \ PaperLib. txt
1505	15	中央民族大学图书馆接受赠书管理条例	\ \ Intro \ Rule \ Donation. txt
1506	15	中央民族大学图书馆多功能报告厅管理使用条例	\ \ Intro \ Rule \ ReportRoom. txt

（二）Web 用户控件的实现

根据图 4 所示内容页的页面结构设计，整个页面由 5 个 Web 用户控件构成，详见下表。

用户控件表

序号	控件名称	文件名	功能
1	内容页 LOGO	Header. ascx	展示本图书馆标志，该部分内容是静态的。
2	一级导航链接	MenuMain. ascx	提供一级菜单的链接和跳转，依据现有内容，该部分通常是不变更的。但设计上提供了变更的机制。
3	二级导航链接	MenuSub. ascx	提供栏目内的分类菜单，即二级菜单，该部分可通过数据库灵活添加。
4	三级导航链接或具体内容显示	Board. ascx	该控件用于显示某栏目内分类的内容清单，即三级菜单。同时，也可用于显示二级菜单或三级菜单的具体内容
5	内容页页脚	Footer. ascx	用于显示版权及图书馆联系方式等信息的静态页面。

网站的所有内容都是在这三个级别的导航菜单控制下显示。动态变更的菜单部分是由 MenuMain. ascx（一级）、MenuSub. ascx（二级）和 Board. ascx（三级）三个 web 控件管理。这些控件从数据库中读取各自级别的菜单数据项并处理显示。

以下是内容页 Content. aspx 调用控件的代码。从中我们可以看出，该页面已简化为对表 1 中 5 个控件的调用。

```
<%@ Page Language ="C#" AutoEventWireup ="true"
CodeFile ="Content. aspx. cs" Inherits ="Content" % >
<%@ Register TagPrefix ="cunlib" TagName ="Header"
Src ="controls/Header. ascx" % >
<%@ Register TagPrefix ="cunlib" TagName ="Footer"
Src ="controls/Footer. ascx" % >
<%@ Register TagPrefix ="cunlib" TagName ="MenuMain"
Src ="controls/MenuMain. ascx" % >
```

```
<%@ Register TagPrefix = "cunlib" TagName = "MenuSub"
Src = "controls/MenuSub. ascx" % >
<%@ Register TagPrefix = "cunlib" TagName = "Board"
Src = "controls/Board. ascx" % >
<! DOCTYPE html PUBLIC " -//W3C//DTD XHTML 1. 0 Transi-
tional//EN" "http: //www. w3. org/TR/xhtml1/DTD/xhtml1 - transi-
tional. dtd" >
<html xmlns = "http: //www. w3. org/1999/xhtml" >
<head runat = "server" >
    <title >中央民族大学图书馆 </title >
    <link href = "MainStyles. css" type = "text/css" rel = "stylesheet" >
</head >
<body >
   <form id = "formContent" runat = "server" >
      <div >
         <table border = "0" width = "900" cellpadding = "0" cellspac-
ing = "0" >
            <tr >
               <td >
               <! --显示网站 Logo -- >
                  <cunlib: Header ID = "Header"
runat = "server" > </cunlib: Header >
               </td >
            </tr >
            <tr >
               <td >
               <! --显示一级导航菜单 -- >
                  <cunlib: MenuMain ID = "MenuMain"
```

```
runat = "server" > </cunlib: MenuMain >
            </td >
          </tr >
          <tr >
              <td >
                  <table border = "0" width = "100% " cellpadding = "0"
cellspacing = "0" >
                      <tr >
                          <td width = "172" height = 480 valign = "top" >
                              <! --显示二级导航菜单 -->
                              <cunlib: MenuSub ID = "MenuSub"
runat = "server" > </cunlib: MenuSub >
                          </td >
                          <td width = "728" valign = "top" >
                          <! --显示三级导航菜单或者文字内容 -->
                              <cunlib: Board ID = "Board"
runat = "server" > </cunlib: Board >
                          </td >
                      </tr >
                  </table >
              </td >
          </tr >
          <tr >
              <td >
                  <! --显示页脚 -->
                  <cunlib: Footer ID = "Footer"
runat = "server" > </cunlib: Footer >
              </td >
```

```
            </tr>
          </table>
        </div>
    </form>
</body>
</html>
```

以下是 MenuSub. ascx 的部分代码片断，该段代码建立动态二级菜单，并赋予每个菜单项到下级菜单的链接。

```
<! --显示二级动态菜单-->
<asp: GridView    ID="GridViewMenuSub"    runat="server"
AutoGenerateColumns="False" BorderWidth="0px" CellPadding="0"
RowStyle-Height="21">
  <Columns>
    <asp: HyperLinkField            DataTextField="name"
DataNavigateUrlFields="id"
DataNavigateUrlFormatString="../content. aspx? bid= {0}"
Target="_ self"/>
  </Columns>
</asp: GridView>
```

（三）动态内容页面控件的特殊处理

动态内容是指从“本馆概况”到“最新动态”等网站所有的具体文字内容。这些内容也在 Board. ascx 控件中显示。因此，Board. ascx 既负责显示菜单也负责显示具体网页内容。该控件通过辨识是否存在次级菜单（即三级菜单）来决定是显示三级菜单，还是显示网页内容，包括对应二级菜单项和三级菜单项的具体文字内容。Board. ascx 控件中所显示的内容被编制成是一段独立的 HTML 代码段，为了便于内容页的直接修改，将其存为普通的文本文件，该文件的路径存储在控制表 t_ menu 中，Board. ascx

控件读取控制表 t_ menu，提取该文本文件的路径信息，并将该段 HTML 代码嵌入到 Board. ascx 中。由于网站维护人员增加或修改新内容仅需要处理独立的 HTML 代码段，不再需要更改原来整个网页的要素，包括导航菜单及其之间的链接关系，以及美工处理等，而该段代码又被定义成为简单的模板，因此，内容页更新的编辑工作得到了大大简化。

以下是 Board. ascx 部分页面代码。其中同时罗列了三级菜单显示控件和内容显示控件，并且通过设置 Web 控件的可见性来切换三级导航菜单和动态文字内容的显示。

```
<tr>
  <td align="left" height="20">
  <! --显示动态内容标题-->
   <asp: Label ID="LabelBoardTopic" runat="server" Font-Bold
="True" Font-Size=15px
        ForeColor="Navy"></asp: Label>
  </td>
</tr>
<tr>
  <td align="left">
  <! --显示动态内容文字-->
  <asp: Label ID="LabelBoard" runat="server"></asp: Label>
  <table border="0" width="720" cellpadding="0" cellspacing="0">
  <tr>
    <td>
    <! --显示三级动态菜单-->
    <asp: GridView  ID="GridViewBoard"  runat="server"
AutoGenerateColumns="False"  BorderWidth="0px"  CellPadding="0"
RowStyle-Height="20">
```

```
            < Columns >
                < asp: HyperLinkField        DataTextField ="name"
DataNavigateUrlFields ="id"
DataNavigateUrlFormatString =".. /Content. aspx? bid =  {0}"
Target ="_ self" / >
            < /Columns >
        < /asp: GridView >
    < /td >
  < /tr >
  < /table >
  < /td >
< /tr >
```

（四）关于软件架构和数据层的说明

网站架构采用了层次化的设计思想，实现了相互独立的表示层、应用层、数据层。上述 Web 用户控件通过后台代码调用数据层的数据对象，从而获取动态数据。

Web 用户控件是在表示层实现了模块化，使得本网站系统在层次化的基础上具有更好的扩展性和灵活性。

五、结论

经过重新开发的中央民族大学图书馆第二版系统从 2007 年 9 月正式上线运行，其灵活的结构很好的适应了两年来数字化图书馆建设发展的需要。整个网站虽然仅由 2 个主要框架页面完成，却表现了丰富的内容，同时降低了维护人员的工作量，特别是在简化网站的平面设计工作方面效果尤为明显，而关键的技术要点是采用了动态导航菜单和代码复用技术的设计方案，因此，值得在以后的网站开发建设方面借鉴。

参考文献：

1. 启明工作室：《ASP. NET + SQLServer 网络应用系统开发与实例》，北京：人民邮电出版社，2005。

2. 《在 ASP. NET 中使用用户控件》，http：//www. mscto. com/dotnet/2009011561583. html

浅谈中央民族大学图书馆随书光盘的管理和利用

刘　洋

随着近年来计算机的普及，很多的图书出版物在出版纸质图书的同时都会随书附上光盘资料，作为纸质图书的电子版或者是对图书中的例子或部分章节进行演示解说之用。随书光盘的出现丰富了原书的内容，使得原有的纸质图书的内容形象化生动化，对图书起着辅助学习的助手作用。目前图书的配盘率也越来越高，图书馆采购的图书中有越来越多的随书光盘，而且种类不同，如何管理和利用随书光盘并最大限度的发挥它的作用，使之更好的为科研和教学服务，成为我馆的一个重要工作，也给我馆工作人员提出了新的挑战。

一、我馆随书光盘的特点

我馆是少数民族院校图书馆，除常见的理工类图书配有讲解和实例解说或者演示光盘外，我馆购置的一些艺术类的图书也常配有一些音像资料，另外还有一些单独购买的独立光盘。目前统计我馆的馆藏光盘的种类要有三千多种，并且在不断的增加中。

随书光盘若流通，常会造成光盘的损坏，以及利用率不高等一系列问题。以前我馆的随书光盘没有处在流通状态，长期处于馆藏状态。

二、随书光盘管理模式分析比较

1. 光盘随图书一起流通

这是一种早期的模式，在流通过程中只把光盘视为图书的普通附件，随馆藏借阅图书一起流通。

优点是：方便了少部分借阅读者。

缺点是：随书光盘流通，常会造成光盘的损坏，以及利用率不高等一系列问题。

2. 刻录随书光盘

学校图书馆提供随书光盘的刻录服务。

优点是：随书光盘得到了有效的利用，不易损坏。

缺点是：对于读者来说不方便，需要携带空白的光盘来刻录，不能及时的利用，对于图书馆来说，需要派出专门的工作人员去完成随书光盘的刻录，浪费了人力和时间。

3. 基于光盘发布系统的网络化管理模式

网络化管理是一种将光盘的数字化资源通过技术处理放置在图书馆光盘网络镜像服务器上，供特定用户通过网络访问的服务模式。

优点是：光盘不易损坏，利用率高，实现一次上传，全校允许范围内的共享。

缺点是：对于读者来说，需要具备计算机设备和上网条件，此外还要具备一些基本的计算机网络常识和计算机操作技能。对于图书馆工作人员来说需要对于随书光盘的上传发布熟练掌握，另外随着随书光盘资源的日益增加，对于服务器的存储需求也会迅速增加。

三、我馆随书光盘的网络化管理

目前我馆使用的是畅想之星非书资源管理平台，采用 IP 过滤技术，限定读者在校园网内使用。

1. 平台特点介绍

我馆购买的非书资源平台的主要特点是：无源码，可视化，开放性，面向对象，集成异构系统，易扩充。

该系统具有随书光盘管理与检索功能。结合自动化的检索功能和图书相应的 Marc 字段，将图书馆管理系统与随书光盘发布系统整合起来，以实现网络化管理。将随书光盘拷贝到图书馆专用服务器上，发布到校园网，供全校师生在线浏览或下载使用。

2. 读者使用途径

我馆读者目前可以从两个途径检索到随书光盘。

第一：读者可以很方便地从图书馆公共目录查询系统（OPAC）检索到所需图书，通过点击书目信息下方“畅想之星非书资源”旁边的按钮“运行”、“下载光盘”即可链接到非书资料系统中该图书的随书光盘网址。

第二：通过登录图书馆主页，点击随书光盘资源平台，登录到该系统。通过输入查询条件查找自己需要的光盘资料。

读者可以直接运行光盘，直接运行需要安装平台使用的虚拟光驱；也可以下载到本地自己的计算机上，此时在使用时，除可以使用平台提供的虚拟光驱外，也可以使用自己在计算机上安装其他类型的虚拟光驱 Daemon Tools，安装镜像文件即可使用。

3. 光盘的制作以及上传

该平台提供了可视化的设计过程，馆员经过培训后即可掌握，从而实现光盘的实时上传。

该平台提供了各种格式资料的批量上传，有数据文件(.rar)，虚拟光盘（.iso），视频文件（.wav，.rm/.rmvb），音频文件（.mp3，.wma，.rm），课件（.csf，.flash，.ppt），电子图书（.caj，.doc，.pdf，.html，.exe），图片（.bmp，.gif，.jpg，.tif)，文本等。在上传光盘资料的同时，有些是需要转换格式的，比如一些音像资料，比如CD在制作的时候需要将音轨用抓轨工具将其转换成mp3格式的，比如DVD在制作的时候需要用转换工具将其转换成wmv格式后上传。

在制作光盘文件的同时需要工作人员对光盘的内容有一定的了解，才能选择对的格式上传，同时，一些光盘是需要序列号才能查看的，所以在制作的时候需要工作人员将光盘的序列号写入光盘的详细信息里。

4. 物理光盘的处理

我馆的物理光盘在制作上传后，将母盘贴标分类整理后典藏，其他副本将随书进入流通。这样读者不仅可以在我们的随时光盘平台中查阅光盘也可以直接借阅图书查阅书中的光盘副本。书盘一体大大的方便了读者。

5. 使用效果

非书资源管理平台的使用，使我馆的随书和随刊光盘以及独立光盘发挥了其应有的作用，数据在不断的更新中，方便了读者，提高了光盘的利用率，方便读者使用馆藏各种载体的非书资料，也解决图书馆非书资料借阅服务的困难，提高了我馆在网络环境下信息服务的水平。

四、目前我馆随书光盘网络化管理中存在的问题

1. 存储空间

随书光盘资源数量日益增长，光盘单盘容量由过去几百MB

发展到现在几个 GB，服务器需要有足够的硬盘存储空间来存储光盘数据。然而服务器的存储空间终究是有限的，随着光盘资源的不断增加，服务器容量不足的问题日益显现出来。目前我馆的光盘存储达到了几个 TB，还在不断的增长中。

2. 著作权风险

随书光盘在我国是受著作权法保护的，电子出版物的著作权，由随书光盘的制作者或出版者享有，未经著作权人同意不得复制、出版和发行。

高校图书馆服务对象限于本单位及本系统读者，其目的是为教学和科研服务的，不属于赢利性质，因此不构成对著作权的侵犯。

图书馆在开发和利用光盘资源的同时，应有义务将随书光盘的使用控制在合理范围之内。

《信息网络传播权保护条例》第七条规定：图书馆、档案馆、纪念馆、博物馆、美术馆等可以不经著作权人许可，通过信息网络向本馆馆舍内服务对象提供本馆收藏的合法出版的数字作品和依法为陈列或者保存版本的需要以数字化形式复制的作品，不向其支付报酬，但不得直接或者间接获得经济利益。当事人另有约定的除外。

根据此条例的规定，我馆对于随书资源的管理实行的是实行 IP 限制，校园网内可以下载，以避免非法使用和版权纠纷。

3. 对我馆工作的新要求

首先，编目工作。由于以前馆内的光盘无法借阅，所以在编目的 MAR 信息里面标注光盘信息的字段删掉了，这需要在以后加注上。

其次，时间问题。如果要使新增加的光盘能与新上架的书同步的话，只能是增加原有人员的工作量。假如集中导入数据，可能与新书上架的时间有一定的间隔，不能同步。

4. 对读者的要求

现在购买的平台需要下载客户端，虽然现在已是电脑普及的时代，但是很多的人初次接触的话对于下载客户端还是有一定的疑问。当后台的程序做出更改，可能还需要原有的用户卸掉以前的客户端重新下载安装，有一定的隐患，造成了使用上的一些小问题小麻烦。

参考文献：

1. 肖志向、李国栋：《网络环境下高校图书馆随书光盘的开发与利用》，2009 年。

2. 万湘容：《基于 FTP 的随书光盘资源网络化》

3. 文齐贤：《高校图书馆随书光盘的管理与利用探讨》，2008 年。

试论数字图书馆的网络信息传播特色

吴中平

目前，全球已经经历了以数字化、网络化和信息化为主要浪潮的技术革命。这场革命不但对社会形态、产业结构和经济活动产生巨大的影响，而且正在支配人们的日常生活和智力活动，使人类社会发生了革命性的变化。图书馆从传统模式转向数字化，并形成数字图书馆的优势主导，这是社会形态转变在图书情报领域中的一种表现。在知识经济形成和发展中，数字图书馆就是知识产生、传播和运用的重要环节，是知识经济发展的重要基础设施。数字图书馆所需要的多种信息技术和设备，又将会给产业工业带来巨大的市场。而数字图书馆所具备的知识存储、传播、检索的强大功能，将为知识经济的发展提供有效的工具和重要的手段。进入21世纪，图书馆正在朝网络化、电子化和数字化的方向发展，图书馆的发展出现了“质”的飞跃。电子化信息的远程检索和网上提供已成为越来越普遍的服务方式。建设数字化图书馆对知识经济和产业经济的发展具有重要意义。如何总结数字图书馆在网络信息传播中的作用与地位，吸取数字图书馆发展过程中的经验和教训，走符合中国国情的图书馆发展模式道路，是我们认真探讨的问题。

（一）卷入传播产业的数字图书馆

1. 数字图书馆的传播本质

数字图书馆是建立在计算机网络技术上的数据库信息系统。它是一个“互联空间”，通过计算机网络，把分布在世界各地的数据库有组织地连接起来，超越了空间和时间的约束，使读者在任何时候，任何地方都可获取所需的信息资源。数字图书馆将本馆资源与外馆、乃至区域间、全球间信息机构网络互联，组成了一种你中有我、我中有你的共享境界，没有了明显的馆际界限。由于“馆”的概念已经拓展，数字图书馆的馆藏超越了传统意义上的“馆藏”概念，同时也改变了馆藏信息的内容结构，使馆藏结构发生了巨大的变化。由此可以看出，馆藏资源数字化、服务形式计算机网络化信息获取连接化、服务范围社会化和信息资源共享化是数字图书馆最主要的特征。类型各异的数据库、迅速增长的网站、印本期刊数字化数量的上升，大量报告、论文、电子图书等全文资源的使用，说明学术和文化内容的传播形式发生了巨大变化。

传统图书馆最主要的职能是收藏，并在对所收藏的图书资料进行保存和组织的基础上为读者提供各种服务。然而，数字图书馆系统，是对有价值的图像、文本、语音、影像、影视、软件和科学数据等多媒体信息进行收集，进行数字化加工、存储和管理，实施知识增值，并提供基于网络的电子存取服务。数字图书馆还涉及到知识产权、存取权限、数据安全等一系列管理问题。而当今数字图书馆拥有的一切条件，都使其具备了传播产业的功能。

传播功能，实际上是传播对于社会或社会中人的群体、个体所产生的作用和影响。就其本质而言，传播功能是一种传播效应。图书馆作为社会的一个文化部门，以其无可匹敌的资源优势和专业能力，向社会及个人传递着文化知识信息，影响着社会及个人的政治、经济、艺术、思想以及生活的方方面面，从而产生了巨大的文化传播效应。

2. 网络信息传播的特点

传播是世界的普遍现象，既有自然属性，又具有社会属性。我们在此讨论的传播只限定在人的社会传播。传播的英文为Communication，是传递、输送、沟通、交流、共享的意思。传播是人类信息交流的过程，是人与人之间的信息传递与分享，一般可分为“人际传播”和“大众传播”两类。传播所传递的信息有两种形式，一种是语文信息，如音色、音质、音量。另一种是非语文信息，就是体态语言、肢体语言、身体语言。数字图书馆的传播活动不仅仅是文献传播，更是一种网络信息传播，因此它离不开网上的人际沟通，不仅传播语文信息，还传播着非语文信息，同时兼具有“人际传播”和“大众传播”两方面的特点。网络信息传播是在网络信息资源不断丰富的情形下，以人类对信息传播的需要为牵引力，以网络信息传播技术为推动力等诸多因素共同作用下产生的。

传播总是出现在一定的环境或情境之中。传播的背景从理论上来说可以分成各种有用的形式。例如，你可以把该领域按职业划分成诸如健康、商业、专业和教学指导传播等，也可按照不同的环境划分成多少与技术有关或无关的。传播环境就是整个传播事件，包括参与者（谁），情境（何处），以及所显示的活动（作了什么）。文化间的传播常被认为与文化内的传播相比具有不同的语境。网络信息传播实现了数字化信息传递、交流、共享，将现实社会的人们联系在一起，并在信息的提供传播者与信息接收使用者之间形成一种新型互动关系。

从根本上讲，网络信息传播具有以下特点：第一，它是网络虚拟空间的人类传播行为和传播活动的一种形式，网络信息传播过程受社会环境的制约，同时对社会环境有巨大的影响作用；第二，在原来现实社会关系的基础上，网络信息传播又形成一种虚拟空间的网络社会关系，是一定社会关系的体现，而这种社会关系，通过网络信息传播的互动行为而不断完善、变化和发展；第三，它是一种信息共享活动。人类社会信息通过网络传递、交流、扩散和利用；第四，网络信息传播具有目的性，期望产生影响，引起反映。因此，网络信息传播要求信息传播方和接收方必须要有可交流、能共通的意义空间；第五，网络信息传播的物质基础和技术支持是互联网，要研究网络信息传播，就必须研究如何充分发挥互联网的特点，以更好地实现网络信息的生产、传递、交流、获取、吸收和利用。

数字图书馆是文化信息交流网络中的重要组成部分，它主要是通过互联网技术来构建一个信息传播方和接收方可以互相交流、共同沟通的意义空间。美国图书馆学家 J. H. 谢拉认为，文化通过交流传播系统将我们作为人类这一物种进行着塑造，并塑造着个人。因此，图书馆的信息文化传播功能也应该是图书馆学研究的重要内容。

（二）数字图书馆传播的历史与规律

1. 图书馆的信息传播者历程

由藏书楼时期、书院时期、到现代的数字图书馆或复合图书馆，历史发展总是在经历承载、选择、更新后最终会留存下来某些属性和特征。中国最早的图书馆形成于殷商晚期到西周时期，这个时期的图书馆以藏为主，其图书形态为刀刻的甲骨，其传播功能的表现形式也以口授为主。秦汉以后，随着生产力的发展和技术水平提高，造纸业兴起，印刷术广泛应用，社会分工逐步发展，社会上出现了一批私人藏书楼及各种类型的书院，并最终形成一定的藏书制度。公元 105 年，东汉太监蔡伦发明纸张，公元 1041 年，平民毕升发明活字印刷。今天，纸张作为主要文化载体的地位，某种程度上逐步被电子存储器取代，复印文字内容的印刷术也部分让位于网络电子出版。图书馆的功能从以藏为主，过渡到以“用”为主，即传播文化信息为主，图书馆的信息传播效应得到更大发挥，图书馆的传播功能至此基本形成。到二十一世纪，数字图书馆的产生与发展更加放大了这一传播效应，成为网络信息传播的一个重要平台和新型渠道。

2. 数字图书馆传播的内外环境

就数字图书馆在其文化传播语境中的位置而言，数字图书馆传播的环境有内在环境和外在环境之分。数字图书馆自身就是一个小型的传播体系，其内部有参与者（馆员与读者）、情境（数字门户及虚拟空间）、活动（电子图书借阅），从而构成一个完整的传播事件。从参与者角度来看，因为每位馆员、读者所擅长的领域不同，人格特质也不同，如何将合适的馆员放在合适的职位上、如何了解具有各种不同经验背景的读者，关系到与读者的传播互动是否能够顺利进行。此外，馆内各项政策是否合宜、栏目规划是否适当、馆藏资源是否充足，种种因素也都影响了图书馆与读者传播的成败，即传播的效果所在。

然而，人们创建图书馆是为了满足社会需要。当图书馆不能完成既定任务和使命时，社会就有可能、也一定会将之抛弃，这将直接影响到数字图书馆门户与内容的访问量。图书馆的传播行为还必须与其外在环境相适应。美国著名新闻理论家李普曼在其重要著作《舆论学》一书中，提出的“两个环境”的理论。一是人们生活在其中的现实环境，一是大众传播所造成的虚拟环境。人们出于一种心理定势，往往会把虚拟环境当作现实环境来接受，并按照现实环境的价值观念来展开行动，这就是有名的“托马斯公理”。无论是虚拟环境还是现实环境，都会对数字图书馆的传播与影响力产生直接或间接的影响。

3. 数字图书馆传播行为的微观剖析

整个数字图书馆如同一个传播的中心，即人们通常意义上所说的“互动媒体”。在进行信息传递服务前，馆员首先要熟悉馆藏数据，也就是馆员要与数据相互传播，图书本身向馆员传播了许多语文讯息，如题名、著者、出版者、出版年等。其次，馆员与读者也要相互传播，馆员如同信息资料与读者之间的桥梁。当读者已经能够成为自我的主人时，读者也就能够与数据相互传播，可以自行找到自己所要的数据，这也是数字图书馆服务的最高境界。当然，最为大家所熟悉的当为馆员与读者之间语文讯息的交流传播。

作为数字图书馆的主动使用者，读者所需信息并不是人人相同，就像在电视屏幕或广播上接收的内容那样形形色色。在数字图书馆中每个人选的都是与自身需求有关的信息，而且如果需要这些信息，还可以有条件地反复使用。而在这个交流传播过程中，不仅传播着图书信息、语言交流等语文信息，还传播着馆员素养与服务质量、数字图书馆的人文氛围与风格等非语文信息。

根据有关专家的研究，就图书馆与读者交流的角度而言，其基本传播模式可以分为以下四种：

（1）单向主动式，它是图书馆根据读者信息需求将信息资源传递给事先确定读者的过程。如定题情报服务、决策支持服务等。

（2）多向主动式，它是图书馆根据自身的任务和目的，组织信息资源并将其传递给事先没有确定的读者的过程。其最主要的形式就是二次文献的报道。

（3）单向被动式，它是图书馆根据读者的需求为他们提供所需求的信息的过程。其主要形式是信息咨询服务。

（4）多向被动式，不同的传播方式将带来不同的传播效果。图书馆只要根据具体情况灵活地将四种基本的传播方式结合起来，一定会取得最佳的传播效果。对于网络传播来说，以上四种模式在本质上同样符合数字图书馆的传播规律。

3. 网络传播与未来数字图书馆

进入21世纪，信息和传播技术广泛应用于人类生活，并对其产生了巨大影响。网络信息成为数字图书馆的重要信息资源，网络已成为电子信息传播的重要媒介，它使图书馆的馆藏观念发生了根本性的变化，从而使图书馆的这一文化传播功能具有了新的涵义。计算机、网络、通讯技术、虚拟技术、数字化等技术在图书馆的应用将很大程度上改变了图书馆在人们往日心中的形象，使新时代的人们将数字图书馆接纳为一个亲密的信息伴侣。

针对信息时代的现状，有位专家发出这样的感慨："我们正被信息淹没却乏于知识"。在信息的海洋中，人们面对着无数种网络信息传播的方式难免有所失措。数字图书馆作为一种相对专业的数据信息处理与传递途径，正发挥其超越时间和空间的优势，激励人们交流、记录和传递知识，为人类提升知识和保存文化。

随着网络数字化技术的飞跃发展，类似 PDA 等无线网络信息终端大规模普及运用，信息资源共享的网络化数字图书馆成为现实，数字图书馆将会从根本上改变传统的运作方式，无纸张、全天候、全方位地为网络所覆盖的任何地点的读者提供快速高效优质的服务，读者将凭一个信息终端足不出户而翻全球书、知天下事。数字图书馆的信息辐射范围将空前扩大，网络传播成为图书馆的首要使命是网络环境下图书馆未来发展的必然趋势，相信在未来的发展中，数字图书馆将成为繁荣我国媒体传播市场的一支生力军，必将促进我国网络传媒产业的飞跃发展。

浅析防火墙技术与网络安全

张 强

现代社会计算机网络技术得到了突飞猛进的发展，网络安全问题也日益明显。常见的影响网络安全的问题主要有病毒、黑客攻击、系统漏洞、资料篡改等，这就需要我们建立一套完整的网络安全体系来保障网络安全可靠的运行，网络安全技术是一个复杂的系统工程，通常网络安全保证系统的实现方法可分为两大类：“防火墙”技术为代表的被动防卫型和建立在数据加密、用户授权机制上的开放型网络安全保障系统。前者是通过在网络世界上建立相应的网络通信监控系统来达到保障网络安全的目的。而后者的特征则是通过网络数据的可靠加密和用户确认，在不影响网络开放性的前提下实现网络的安全。本文就是来谈谈怎样通过防火墙技术来保证网络上的安全。

一、防火墙技术的基本概念

防火墙技术是一种用来加强网络之间访问控制，防止外部网络用户以非法手段进入内部网络，访问内部网络资源，保护内部网络操作环境的特殊网络互联设备。它对两个或多个网络之间传输的数据包如连接方式按照一定的安全策略来实施检查，以决定网络之间的通信是否被允许，并监视网络运行状态。

不同的防火墙侧重点不同。从某种意义上来说，防火墙实际上代表了一个网络的访问原则。如果某个网络决定设定防火墙，那么首先需要有网络决策人员及网络专家共同决定本网络的安全策略（security policy），即确定哪些类型的信息允许通过防火墙，哪些类型的信息不允许通过防火墙。防火墙的责任就是根据本单位的安全策略，对外部网络与内部网络交流的数据进行检查，符合的予以放行，不符合的拒之门外。

二、防火墙的类型

在设计防火墙时，除了安全策略以外，还要确定防火墙类型和拓扑结构。根据防火墙所采用的技术不同，我们可以将它分为四种基本类型：包过滤型、网络地址转换—NAT、代理型和监测型。

1. 包过滤型

包过滤型产品是防火墙的初级产品，其技术依据是网络中的分包传输技术。网络上的数据都是以“包”为单位进行传输的，数据被分割成为一定大小的数据包，每一个数据包中都会包含一些特定的信息，如数据的源地址、目标地址、TCP/UDP 源端口和目标端口等。防火墙通过读取数据包中的地址信息来判断这些“包”是否来自可信任的安全站点，一旦发现来自危险站点的数据包，防火墙便会将这些数据拒之门外。系统管理员也可以根据实际情况灵活制订半段规则。包过滤技术的优点是简单实用，实现成本较低，在应用环境比较简单的情况下，能够以较小的代价在一定程度上保证系统的安全。但包过滤技术的缺陷也是明显的。它是一种完全基于网络层的安全技术，只能根据数据包的来源、目标和端口等网络信息进行判断，无法识别基于应用层的恶意侵入，如恶意的JAVA小程序以及电子邮件中附带的病毒。有经验的黑客很容易伪造IP地址，骗过包过滤型的防火墙。

2. 网络地址转换——NAT

网络地址转换是一种用于把IP地址转换成临时的、外部的、注册的IP地址标准。它允许具有似有IP地址的内部网络访问因特网。它还意味着用户不需要为其网络中每一台机器取得注册的IP地址。当符合规则时，防火墙认为访问是安全的，可以接受访问请求，也可以将连接请求映射到不同的内部计算机中。当不符合规则时，防火墙认为该访问是不安全的，不能被接受，防火墙将屏蔽外部的连接请求。网络地址转换的过程对于用户来说是透明的，不需要用户进行设置，用户只要进行常规操作即可。

3. 代理型

代理型防火墙也可以被称为代理服务器，它的安全性要高于包过滤型产品，并已经开始向应用层发展。代理服务器位于客户机与服务器之间，完全阻挡了二者间的数据交流。从客户机来讲，代理服务器相当于一台真正的服务器；而从服务器来看，代理服务器又是一台真正的客户机。当客户机需要使用服务器上的数据时，首先将数据请求发给代理服务器，代理服务器再根据这一请求向服务器索取数据，然后再由代理服务器将数据传输给客户机。由于外部系统与内部服务器之间没有直接的数据通道，外部的恶意侵害也就很难伤害到企业内部网络系统。代理型防火墙的优点是安全性较高，可以针对应用层进行侦测和扫描，对付基于应用层的侵入和病毒都十分有效。其缺点是对系统的整体性能有较大的影响，而且代理服务器必须针对客户机可能产生的所有应用类型逐一进行设置，大大增加了系统管理的复杂性。

4. 监测型

监测型防火墙是新一代的产品，这一技术实际已经超越了最初的防火墙定义。监测型防火墙能够对各层的数据进行主动地、实时地监测，在对这些数据加以分析的基础上，监测型防火墙能够有效地判断出各层中的非法侵入。同时，这种监测型防火墙产品一般还带有分布式探测器，这些探测器安置在各种应用服务器和其他网络的节点之中，不仅能够监测来自网络外部的攻击，同时对来自内部的恶意破坏也有极强的防范应用。据权威机构统计，在针对网络系统的攻击中，有相当比例的攻击来自网络内部。因此，监测型防火墙不仅超越了传统防火墙的定义，而且在安全性上也超越了前两代产品，虽然监测型防火墙安全性上已超越了包过滤型和代理服务器防火墙，但由于监测型防火墙技术的实现成本较高，也不易管理，所以目前在实用中的防火墙产品仍然以第二代代理型产品为主，但某些方面也已经开始实用监测型防火墙。基于对系统成本与安全技术策划成本的综合考虑，用户可以选择性地使用某些监测型技术。这样既能够保证网络系统的安全性需求，同时也能有效地控制安全系统的总拥有成本。实际上，作为当前防火墙产品的主流趋势，大多数代理服务器（也称应用网关）也集成了包过滤技术，这两种产品是基于应用的，应用网关能提供对协议的过滤。并且通过代理应用，应用网关能够有效的避免内部网络的信息外泄。正是由于应用网关的这些特点，使得应用过程中的矛盾主要集中在对多种网络应用协议的有效支持和对网络整体性能的影响上。

三、防火墙的基本构件和技术

防火墙是用来实现一个组织机构的网络安全措施的主要设备。在许多情况下需要采用验证安全和增强私有性技术来加强网络的安全或实现网络方面的安全措施。因此有必要来讨论一下防火墙的基本构件和技术。

1. 筛选路由器（Screening Router）

许多路由器产品都具有根据既定规则对报文分组进行筛选的功能，这些规则包括协议的类型、特定协议类型的源地址和目的地址字段以及作为协议一部分的控制字段。例如在常用的 Cisco 路由器上就具有这种对报文分组进行筛选的功能，这种路由器被称为筛选路由器。最早的 Cisco 路由器只能根据 IP 数据报头部内容进行过滤，而目前产品还可以根据 TCP 端口及连接建立的情况进行过滤，而且在过滤语法上也有了一定改进。

筛选路由器提供了一种强有力的机制，可用于控制人和网络端上的通信业务类型。而通过控制一个网络段上的通信业务类型，筛选路由器可以控制该网络段上网络服务的类型，从而可以限制对网络安全有害的服务。

2. 分组过滤（packet filtering）技术

分组过滤可以用来实现许多种网络安全策略。网络安全策略必须明确描述被保护的资源和服务的类型、重要程度和防范对象。通常，网络安全策略主要用于防止外来的入侵，而不是监控内部用户。例如，阻止外来者入侵内部网络，对一些敏感数据进行存取和破坏网络服务是更为重要的。这种类型的网络安全策略决定了筛选路由器将被置于何处，以及如何进行编程用来执行分组过滤。良好的网络安全的实现同时也应该使内部用户难以妨害网络安全，但这通常不是网络安全工作的重点。网络安全策略的一个主要目标是向用户提供透明的网络服务机制。由于分组过滤执行在 OSI 模型的网络层和传输层，而不是在应用层，所以这种途径通常比防火墙产品提供更强的透明性。

3. 双宿主机（dual - homed host）

采用主机替代路由器执行安全控制功能，故类似于包过滤防火墙。双宿主机即一台配有多个网络接口的主机，它可以用来在内部网络和外部网络之间进行寻径。如果在一台双宿主机中寻径功能被禁止了，则这个主机可以隔离与它相连的内部网络和外部网络之间的通信，而与它相连的内部和外部网络都可以执行由它所提供的网络应用，如果这个应用允许的话，它们就可以共享数据。这样就保证内部网络和外部网络的某些节点之间可以通过双宿主机上的共享数据传递信息、但内部网络与外部网络之间却不能传递信息，从而达到保护内部网络的作用。它是外部网络用户进入内部网络的唯一通道，因此双宿主机的安全至关重要，它的用户口令控制安全是一个关键。

4. 代理服务（Proxy Service）

代理服务使用的方法与分组过滤器不同，代理（Proxy）使用一个客户程序（或许经过修改），与特定的中间节点连接，然后中间节点与期望的服务器进行实际连接。与分组过滤器所不同的是，使用这类防火墙时外部网络与内部网络之间不存在直接连接。因此，即使防火墙发生了问题，外部网络也无法与被保护的网络连接。

代理服务可以提供详细的日志纪录（log）及审计（audit）功能，这大大提高了网络的安全性，也为改进现有软件的安全性能提供了可能性。代理服务通常由两个部分构成：代理服务器程序和客户程序。相当多的代理服务器要求使用固定的客户程序。如果网络管理员不能改变所有的代理服务器和客户程序，系统就不能正常工作代理。使网络管理员有了更大的能力改善网络的安全特性。

5. 应用层网关（application level gateway）

应用层网关可以处理存储转发通信业务，也可以处理交互式通信业务。通过适当的程序设计，应用层网关可以理解在用户应用层（OSI 模型第七层）的通信业务。这样便可以在用户层或应用层提供访问控制，可以用来对各种应用程序的使用情况维持一个智能性的日志文件。能够记录和控制所有进出通信业务，是采用应用层网关的主要优点。在需要时，在网关本身中还可以增加额外的安全措施。

6. 堡垒主机（bastion host）

堡垒主机指的是任何对网络安全至关重要的防火墙主机。堡垒主机是一个组织机构网络安全的中心主机。因为堡垒主机对网络安全至关重要，对它必须进行完善的防御。这就是说，堡垒主机是由网络管理员严密监视的。堡垒主机软件和系统的安全情况应该定期的进行审查。对访问记录应进行查看，以发现潜在的安全漏洞和对堡垒主机的试探性攻击。双宿主机是堡垒主机的一个实例，因为他们对网络的安全至关重要。

四、结束语

随着 Internet 在我国的迅速发展，防火墙技术引起了各方面的广泛关注。目前使用较多的是路由器上采用分组过滤技术提供安全保证。防火墙技术还处在一个发展阶段，仍有许多问题有待解决。因此，密切关注防火墙的最新发展，对推动 Internet 在我国的健康发展有着重要的意义。

参考文献：

1. 林柏钢：《网络与信息安全教程》，机械工业出版社，2005 年。

2. 劳帼龄：《网络安全与管理》，高等教育出版社，2003 年。

民族高校图书馆网站改版建设

——以中央民族大学图书馆为例

韩　芬

（一）引言

高校图书馆网站作为一种信息环境、一种传播媒介、一种服务窗口，已成为现代高校所必备的有效连接校内外资源的载体，已成为人们快速获取、发布信息的重要渠道。它实现了在网络环境下资源的整合与利用，给读者营造了一个很大的获取信息的自由空间，因而越来越受到读者特别是高校读者的青睐。如今，网站建设已成为图书馆评估工作中的重要指标，图书馆要想提高信息服务的质量与水平，就必须加强网站的建设力度。为了更好地发挥图书馆网站的作用，更大限度地满足读者需求，经过对现有图书馆网站主页的分析，结合我馆新的需求，对图书馆网站进行了改版。

（二）改版网站新增内容及功能

针对原有网站存在的不足，新网站在内容、功能和可维护性方面都作了改进。新增加的功能包括读者认证、加强交互、权限分级管理、流量统计以及多语言支持等。

1. 读者认证功能

在首页，用户通过输入个人卡号、密码和验证码获取本地自动化系统的认证，系统认证成功后，用户不仅可享受查阅个人图书借阅信息，进行续借和预约，而且可以进入虚拟参考咨询、推荐购书等信息服务。登录时采用图片验证码，它是包含无规律字符信息的图片。普通用户用肉眼就可以辨认其中的字符信息，但通过恶意软件自动登录的行为（用意不善的用户用行为不合法的软件登录系统或网站，而不用人工输入号码和密码）就会被有效阻止，从而有效提高了网站安全性。

2. 增强交互功能

为了让网页更趋于人性化，交互式沟通功能的实现也是图书馆网站建设的关键。让读者把他们的需求反映到网站上，通过馆员与读者在网站上的互动来提高图书馆的服务水平。

（1）虚拟参考咨询服务。通过对读者经常咨询的问题进行系统的分析和归纳，给出准确的参考解答，由此在图书馆网站上建立分类详细合理且具有检索功能的 FAQ 数据库（即常见问题数据库）。读者只需输入所要咨询的问题，就可从 FAQ 数据库中获得准确的答案，从而实现快速地自助式参考咨询。对于 FAQ 数据库中查询不到的问题，可通过表单的方式提问。当读者输入卡号与密码经系统确认后方可执行提交问题的操作。否则是无效操作。提交问题主要包括问题类别、标题、内容、发布时间。按照问题类别分别发送到各部门相关的负责咨询的馆员处，由他们进行解答和回复。

（2）推荐购书系统。允许读者通过网站向图书馆推荐购买书籍、纸质期刊和电子资源。增强了读者与图书馆之间的交流，使图书馆能更好地了解读者的需求、更好的为读者服务。

3. 权限分级管理

权限管理就是将应用系统所提供的功能按照用户身份的不同所进行的授权。通过对用户的授权，使不同级别的用户只能使用它有权使用的系统功能。

本网站根据不同的栏目进行设置管理权限。

权限主要分为系统管理员权限、办公新闻权限、采访员和咨询员权限。

办公新闻权限：仅有在后台输入、查询、修改、删除办公新闻中具体信息的功能的权限。在后台进行身份验证登录后，通过一个操作简单的界面，工作人员只需录入文字和上传图片，通过已有的模板格式与审核流程便可发布到网站上。采访员和咨询员权限：在后台进行身份验证登录后，就可以对学生提出的问题和推荐的图书等进行相应的处理。系统管理员权限：对所有的栏目有查询、修改、删除等功能。具有在后台为用户添加或修改权限，对整个网站进行维护。

4. 流量统计

一个完整的网站都有自己的统计模块，而图书馆网站更为需要。图书馆网站是一个 24 小时提供服务的虚拟网站，它除了为读者提供资源，也要记录很多与这些资源相关的数据，因为这些数据不仅能指导网站更好地为读者服务，同时也能反映我们所提供资源的利用率和优劣势。改版后的网站提供首页、栏目页、动态新闻的访问次数统计和参考咨询中各问题的访问次数统计。

5. 多语言支持

考虑到民族院校的特色，图书馆网站需要为各少数民族读者服务，网站除了在设计上和特有的少数民族资源体现网站风格外，还应支持多种语言。改版后的图书馆网站支持中文、英文和维文，其他少数民族语言还待后续开发中。

（三）结束语

经过此次改版，我们根据民族高校图书馆网站读者的具体需求，通过增加读者认证、权限分级管理、流量统计以及多语言支持等功能，并加强交互功能，提升了图书馆网站的服务水平。我们深刻体会到图书馆网站的设计与维护是需要花大力气投入的一项系统工程，高校图书馆网站的设计者应根据各馆实际情况，一切从读者的需求出发，加强网站服务广大师生的功能，使图书馆的服务水平更上一个台阶。

参考文献：

1. 胡斌：《大学图书馆网站建设的思考》，载《塔里木大学学报》2007年第2期。

2. 张翼：《浅谈高校图书馆网站栏目设计》，载《运城学院学报》2007年第3期。

3. 王晓玲：《浅谈高校图书馆电子资源的利用》，载《科技情报开发与经济》2008年第6期。

4. 吴淼：《浅谈高校图书馆网站系统功能的开发》，载《科技情报开发与经济》2008年第4期。

5. 宋毓：《高校图书馆网站改版设计理念与实践探索》，载《科技情报开发与经济》2008年第3期。